다문화교육의 이론과 실천

| 사회교육론 |

다문화교육의 이론과 실천

| 사회교육론 |

양근숙·정지현·권미영 공저

동문사

Preface

머리말

단군 이래 한민족의 정체성을 중시하던 한국 사회는 결혼이주민, 외국인노동자, 북한이탈주민 등의 유입으로 다양한 인종과 문화가 공존하는 다문화사회로 이행하고 있습니다. 21세기 메가트렌드로 자리 잡은 이주 현상이 증가하면서 전 세계는 곳곳이 다문화 공간이고, 다문화사회로 진입한 한국 사회 역시 다양한 사회현상과 갈등을 겪고 있습니다. 다양성과 차이로 인한 갈등을 애써 피해가거나 간과하지 않고 맥락적으로 이해하고 수용할 때 갈등은 성장의 기회가 될 수 있습니다. 다양성과 차이는 국경을 넘어 외부로부터 유입된 타문화만을 의미하는 것이 아니라 지역, 종교, 언어, 세대, 성별, 신체적 차이, 신념, 정치적 지향 등이 교차하면서 사회구성원 모두가 이미 경험하고 있는 것입니다. 이에 특정집단의 문화를 일방적으로 이해와 수용의 대상으로 삼지 않고, 사회구성원 모두가 서로의 정체성과 상호문화를 존중하는 방향에서 다문화교육을 다시 고민해야 합니다.

성공적인 다문화사회로의 안착은 이주민의 다양성과 차이를 어떠한 관점과 접근방식으로 처우하고 포용하느냐에 따라 그 양상이 다르며, 사회통합 정책의 방향성에 따라 다문화교육의 지향점과 목표도 달라집니다. 그동안의 한국 다문화교육은 이주민의 인권과 문화적 다양성에 대한 인정과 존중보다 이주민이 한국 사회에 잘 적응하고 한국인처럼 살아가기를 바라는 동화주의 관점의 이주민 대상 교육에 집중되어 왔습니다. 그리고 선주민 대상의 다문화교육은 다른 나라의 생활풍습이나 전통문화를 체험해 보는 타문화 체험교육으로 인해, 다문화사회에 대한 편견, 부정적인 정서, 의식 등을 개선하지 못하였습니다.

이렇게 국내 다문화교육 현장에서 다문화 혹은 다양성의 개념이 이주민과 한국의 선주민을 분리하는 개념으로 이해되거나 다른 나라의 문화 차이를 단순히 체험하는 정도로 인식됨으로써 오히려 다문화교육이 선주민과 이주민 간에 이원적이고 위계적인 지위를 부여해 온 측면을 부정할 수 없습니다.

이 책은 다양성과 차이에 대한 이러한 기존의 소극적 다문화주의 및 다문화교육에 대한 성찰로부터 시작되었습니다. 다문화주의는 개인과 집단의 다양한 정체성을 아우르며 상호문화 존중과 조화로운 공존을 강조하는 개념이며, 다문화교육은 학습자의 다문화 역량 증진을 통해 학습자의 삶에서 실천적으로 적용되도록 하기 위한 것입니다. 요컨대 다문화교육은 학습자가 개인과 집단의 다양성을 맥락적으로 이해함으로써 상호문화를 존중하고, 다문화사회에서 특정집단에게 가해지는 편견과 차별적 시선을 해체·변화시킬 수 있는 주체로 성장하도록 해야 합니다.

이 책은 이러한 성찰을 토대로 인지 영역의 학습뿐만 아니라 학습자가 다양성·다문화적 가치를 내면화하고, 자신의 삶에 실천적으로 연계되도록 정서 영역, 실천 영역을 함께 고려하는 방향으로 설계되었습니다. 그리고 무엇보다도 학습자가 학습의 주체로서 능동적으로 참여하여 비판적으로 사고할 수 있는 교육 방법을 담고자 하였습니다. 각 장에서 주제별로 학습자들이 함께 토론하고 활동할 수 있도록 읽기자료 및 생각할 거리를 제공하는 활용자료를 첨부하였습니다. 또한 교수자의 일방적인 강의가 아니라 학습자들이 주도적으로 참여하여 상호작용할 수 있도록 발문 및 다양한 활동을 제시하였습니다.

또한 다문화교육을 실행하는 현장의 교사, 다문화교육 전공자, 다문화교육 강사, 예비교사 등이 다문화교육을 이해하고 실천하는 데 실질적인 도움을 주고자 하였습니다. 무엇보다 실제 다문화교육이 이루어지고 있는 학교 현장과 다양한 강의 현장에서 학습자들의 다문화적 역량을 기를 수 있는 실제적인 방법과 사례를 담았습니다. 따라서 이 책이 실천적 다문화교육 수행을 위해 다문화교육 현장에 계시는 여러 교수자에게 작게나마 도움이 될 수 있기를 바랍니다.

이 책의 구성은 크게 이론과 실천 두 부분으로 되어 있는데, 이론 부분은 1장과 2장에서 이주와 다문화사회, 다문화사회의 통합이론과 정책을 다루었으며, 3장과 4장에서 다문화교육의 이론을 다루었습니다. 그리고 5장과 6장에서는 유형별 다문화교육의 흐름과 실천을 다루고, 진일보한 다문화교육의 방향에 대해 몇 가지 제언을 하였습니다. 이를 구체적으로 살펴보면 다음과 같습니다.

제1장에서는 다문화사회 관련 이론으로 이주와 이주민에 대한 이해와 사례를 통해 다문화사회 형성에 대해 이해할 수 있도록 하였고, 이주로 인해 형성된 다문화사회의 문화적 다양성에 대한 이해와 문화를 대하는 우리 사회의 태도를 다양한 사례를 통해 알아보았습니다.

제2장은 다문화사회 통합과 관련된 이론과 정책을 통해 다문화사회 전개와 사회통합이론, 그리고 사회통합이론이 반영된 세계의 다문화정책 사례를 고찰함으로써 우리 사회의 다문화정책 방향성에 대해 고민할 수 있도록 하였습니다.

제3장은 다문화교육에 대한 이론을 통해 왜 다문화교육이 필요한지부터 다문화교육에 대한 학자들의 정의와 목표, 다문화교육 접근 방법에 대해 알아보았습니다.

제4장은 다문화교육을 위한 교수·학습방법을 통해 다문화적 상황의 교실환경에 대한 이해와 학습자와 교수자의 상호작용을 촉진하고 실천을 부르는 활동중심 교육 관련 이론과 사례를 제시하였습니다.

제5장은 다문화교육 실천 현장과 한국 사회의 다양한 다문화교육 유형을 통해 한국 다문화교육의 추진체계 및 정책, 유형별 교육프로그램 현황을 다루었습니다. 유형별 교육으로는 상호문화교육, 다문화감수성교육, 문화다양성교육, 세계시민교육으로 구분하여 각각 개념, 교육목표, 교육내용 및 방법, 교육프로그램 예시를 통해 구체화하였습니다.

제6장에서는 한국 다문화교육의 현장 분석과 한국 다문화교육 방향에 대한 성찰을 통해 실천적 다문화교육을 위한 몇 가지를 제언하였습니다.

현장의 다문화교육은 용어가 통일적이지 않아 다소 혼란이 야기되고, 추진 주체에 따라 교육목표 및 방향에 차이가 있으며, 이에 따라 교육내용 및 방법 또한 다양합니다. 이 책은 현장의 다양한 관점과 추진 내용을 포괄적으로 다루는 데에 한계가 있습니다. 다만 이 책은 모두를 위한 다문화교육, 학습자의 인식 확장 및 문화 역량 증진을 통한 삶의 태도 변화를 지향합니다. 모쪼록 교육 현장에 계신 교수자들에게 이 책이 고민의 지평을 넓히는 데 작게나마 도움이 되기를 바랍니다.

이 책이 나오기까지 많은 분들의 노고가 있었습니다. 2년여 간의 집필 과정을 항상 응원해 준 집필진의 가족들께 감사를 드립니다. 그리고 바쁜 일정에도 교정 작업에 흔쾌히 응해 주신 동료 교수님들께 진심으로 고마움을 전하고 싶습니다. 또한 다문화교육에 대한 열정으로 이 책의 출간을 위해 애써 주신 도서출판 동문사의 이중수 사장님과 유재영 상무님, 집필진들이 놓친 오류들을 세심하게 찾아 일일이 작업해 주신 편집자 및 모든 관계자분께 깊은 감사의 마음을 전합니다. 끝으로 부족하지만 2년 전 여름 방학 동안 사천에서 합숙하며 집필 계획을 세운 이후, 방학마다 김포 등지에서 합숙하며 진행 사항을 논의하고 점검하던 땀방울이 일궈 낸 결실의 기쁨을 세 명의 집필진과 함께 공유하고자 합니다. 그럼에도 한편으로는 부족한 부분을 성찰하며 이를 보완할 차기 출간에 대한 계획도 세워 봅니다. 다시 한번 모든 분께 진심으로 감사를 드립니다.

2024년 1월

저자 일동

Contents

차례

Chapter 01

이주와 다문화사회

들어가며

자주 꿈을 꾸어요.
나는 흑룡강변의 넓은 논과 밭이 펼쳐진 고향집에서
개구리 자장가를 듣고 있어요.
개굴개굴
(중략...)
오늘도 꿈을 꾸어요.
장화를 신고, 버스, 기차, 비행기를 타고
그리운 고향으로 달려가요.
개굴개굴

- 꿈을 꾸어요 中(임은숙, 2022) -

01 이주의 이해

1) 이주와 이주민의 개념

(1) 이주의 개념

현대사회는 교통과 통신의 발달로 인적, 물적, 지적 교류가 활발해지고 세계화, 국제화, 지구촌화되면서 국내외 이주자가 10억 명에 이르는 이주의 시대를 열었다. 이주는 국경을 넘었거나 혹은 특정 국가 내에서 사람이나 집단의 이동을 나타내는 개념으로, 그 기간과 구성, 원인 등에 상관없이 국내외에서 일어나고 있는 모든 형태의 인구이동을 의미한다. 즉 이주는 주로 사람들의 평소 거주지(usual residence)를 국경을 넘어 옮기는 국제인구이동 현상을 의미한다. 그리고 이주와 함께 사용하는 '이민'은 국가의 경계를 넘는 인구이동으로 국제이주에 한해 사용되는 개념이다. 한국에서는 결혼을 이주의 이유로 선택한 사람들을 '결혼이민자', '결혼이주여성'이라고 부른다.

이처럼 이주를 국제인구이동 현상으로 바라보는 관점에서는 이주의 출발지와 도착지로서의 공간성과 도착지에서의 거주시간, 즉 시간성이 포함된 개념이다. UN에서는 이주 혹은 국제이주의 개념을 시간성과 공간성을 고려하여 다음과 같이 정의하고 있다. 이주 또는 국제이주(International migration)는 적어도 1년 이상의 의도적 체류를 동반한 국제인구이동을 말한다. 이를 정리하면 표 1-1과 같다.

표 1-1 UN의 국제이주에 대한 정의

구분		정의
장기 국제이주	1980년	• 이전에 그 국가에서 1년 이상 계속해서 체류한 적이 전혀 없거나 또는 최소 한번 1년 이상 체류했다 하더라도 마지막 체류일로부터 1년 이상을 계속해서 그 국가에 머물지 않은 경우 • 적어도 1년 이상 체류할 의도를 가지고 일국에 입국한 사람
	1998년	• 개인이 자신의 나라를 떠나 외국에 들어가 적어도 1년 이상 그곳에서 체류하면서 살아가는 것('1년 이상'을 '적어도 1년'으로 개정)
단기 국제이주		• 3개월에서 1년 사이의 체류

(2) 이주민(Migrant)

이주민(Migrant)은 원래 살던 곳을 떠나 있는 사람들 모두를 이주민이라고 할 수 있지만, 대개 다양한 이유로 인해 임시적 또는 영구적으로 국경을 넘어 다른 지역으로 이동한 사람들을 말한다. 이 경우 법적 지위와 관련해서 이주노동자나 밀입국자(smuggled migrants), 난민이나 이재민, 경제적 이주자, 가족 재결합 등의 목적을 위해 이동하는 사람들, 국제법에서 이주민으로 구체적으로 명시되지 않은 유학생 등도 포함된다.

그렇다면 사람들은 왜 이주하는가? 이주민들이 처한 다양한 환경과 동기에 따라 이주민의 유형을 나눌 수 있다. Stalker는 이주민들이 이동하게 된 경위와 방식을 크게 정착민(settler), 계약노동자(contract worker), 전문직종사자(professional), 미등록노동자(undocumented worker), 난민과 망명신청자(refugee and asylum seeker) 등 다섯 가지로 분류한다(Stalker, 2004). 그러나 Stalker의 분류는 각 범주와 개념들이 모호하고 중첩되어 있기도 해서 실제적인 상황에서는 이주 유형 간에 엄격한 경계가 나타나지 않고 여러 가지 조건들이 복합적으로 나타난다.

단위: %

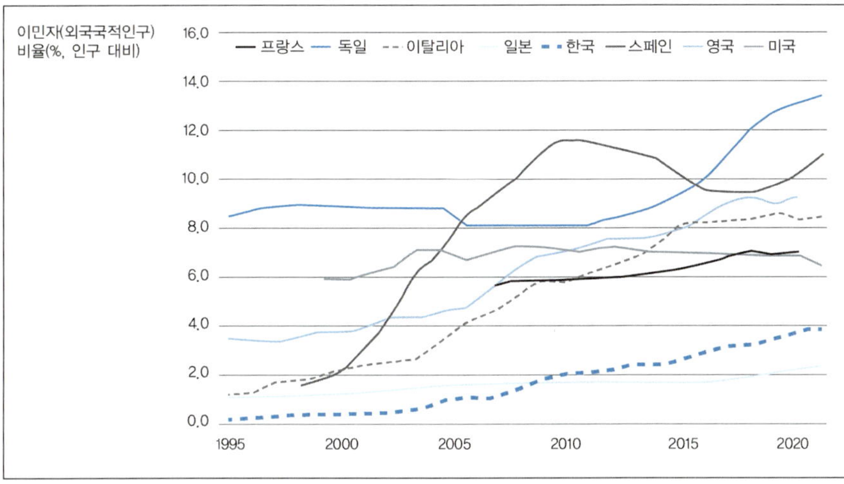

주: 외국국적 인구 기준(Foreign-born population by Nationality) 기준으로 작성. 일부 국가의 경우 특정 연도 자료가 누락됨.

그림 1-1 OECD 주요 국가의 이민자 비율 변화추이(1995~2020)

출처: International Migration Database(OECD, 2023).

단위: 천 명, %

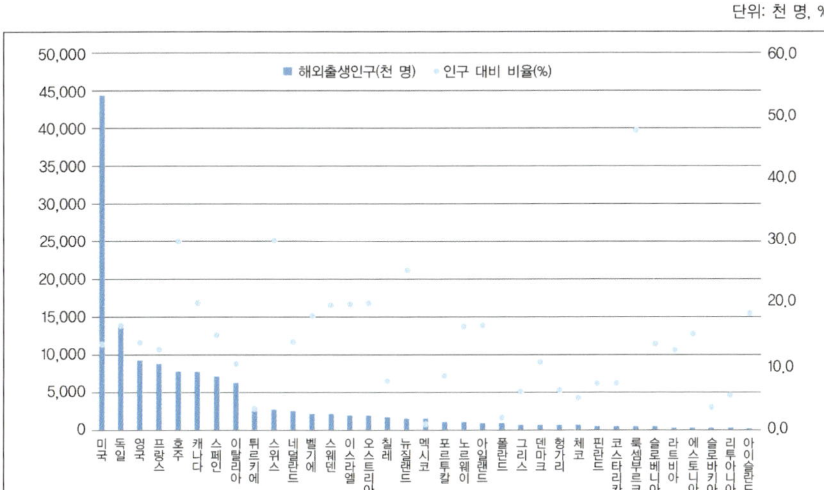

그림 1-2 OECD 국가의 해외출생인구(2020)

출처: International Migration Database(OECD, 2023).

정리하면, 이주민(Migrant)은 이주의 이유나 자발성의 여부, 법적 지위, 체류기간과 관계없이 자신의 거주지역 또는 거주국을 떠나 다른 지역 또는 다른 국가로 이주하는 모든 사람을 의미한다.

활용자료 **2023년 미국 아카데미 – 영화 '에브리씽'의 미셸 여 그리고 키 호이 콴, 두 배우의 꿈**

그림 1-3 2023 아카데미 여우주연상을 수상한 미셸 여
(출처: 연합뉴스)

2023년 3월 12일(현지시간) 미 로스앤젤레스 '돌비 극장'에서 열린 제95회 아카데미 시상식에서 미셸 여(양자경, 60세)가 영화 '에브리씽 에브리웨어 올 앳 원스'로 아시아 배우 최초로 여우주연상 트로피를 들어 올렸다. '에브리씽 에브리웨어 올 앳 원스'는 세탁소를 운영하며 힘들게 미국에서 살아가던 이민자 에블린(미셸 여 분)이 멀티버스 속 다양한 자신을 탐험한다는 내용의 SF 영화이다.

여는 수상 소감을 통해 "이 시상식은 역사를 만들어 가고 있습니다."라고 말했다. 아시아계, 여성, 젊음을 벗어난 나이 등 연기할 기회를 빼앗아 가던 수많은 장애를 넘어 마침내 영화의 전당 꼭대기에서 오스카 트로피를 거머쥔 것이다. 유색인종 여성으로서는 두 번째 여우주연상 수상이다.

그리고 영화 '에브리씽 에브리웨어 올 앳 원스'를 통해 남우조연상을 받으며 다시 한번 주목 받은 배우 키 호이 콴(51)은 청중을 향해 "꿈은 여러분이 믿어야 하는 것"이라면서 "난 내 꿈을 거의 포기할 뻔했다"고 말했다. 베트남계 중국인 난민 출신인 콴은 영화 '구니스(1985)', '인디아나 존스: 미궁의 사원(1984)'과 같은 영화에서 아역 스타로 이름을 알렸으나, 이후 오랜 공백기를 겪었다.

콴은 무대에 올라와 울먹이며 "사람들은 이러한 이야기는 영화 속에나 존재한다고 말한다. 그런데 지금 이런 일이 내게 일어나고 있다는 걸 믿을 수 없다. 진정한 아메리칸 드림"이라고 말했다.

"저의 인생 여정은 (난민) 보트에서 시작했습니다. 이후 1년간 난민 캠프에 있다가 어떻게 이렇게 세월이 흘러 할리우드에서 가장 큰 무대에 서게 됐습니다. 절 다시 반겨주셔서 감사합니다."

출처: 한겨레. 양자경, 오스카 여우주연상…아시아여성 최초. 2023.3.13.
https://www.hani.co.kr/arti/culture/culture_general/1083344.html

- 유독 유색인종의 수상에 인색한 아카데미시상식에서 동양계 배우가 주·조연인 영화로 수상한 것은 배우 개인에게 뿐만 아니라 이주민들에게도 의미 있는 일이다. 기사 원문을 찾아 읽고 홍콩에서 성공을 이룬 여배우 미셸 여(양자경)가 수상 소감에서 밝힌 할리우드에서 이룬 '꿈'과 키 호이 콴의 '아메리칸 드림'은 무엇을 의미하는지 찾아 말해 봅시다.

한국 사회에서 이주민의 범주는 결혼이민자, 외국인노동자, 유학생, 다문화가정 자녀, 중도입국 자녀 등이 포함된다. 그러나 이주민의 정의 또는 개념이 법률이나 정부 문서에서 서로 다르게 지칭되고 있어 이주민의 대상이나 정책 수립에 혼선을 주는 문제점을 안고 있다(유민이, 2019; 이창원, 2015).

정부 부처별 이주민 관련법과 정책, 용어를 살펴보면 정부에서 지칭하는 외국인의 용어는 부처마다 차이가 있음을 알 수 있는데, 법무부의 「재한외국인 처우 기본법」의 '재한외국인'은 대한민국 국적을 가지지 않은 자를 의미하는 반면, 행정안전부의 '외국인주민'은 국내에 90일 이상 체류한 국적 미취득자와 한국 국적 취득자, 결혼이민자 및 국적 취득자의 자녀들을 포함하고 있다(이창원, 2015).

'결혼이민자'의 경우에도 여성가족부 「다문화가족지원법」에서는 외국 국적 결혼이민자와 귀화자를 모두 포함하지만 법무부 「재한외국인 처우 기본법」에서는 귀화자는 포함하고 있지 않다. 이처럼 부처마다 법과 정책에 따라 이주민을 의미하는 동일한 용어들이 다르게 정의되고 범주화되어 결과적으로 이주민에 대한 현황 파악이 어렵고, 정책 성과와 목표 설정에 어려움을 주며 이로 인해 이주민 정책의 사각지대가 발생할 수 있다는 지적을 받는다(이창원, 2015).

부처별 이주민 관련 용어와 정의를 정리하면 표 1-2와 같다.

표 1-2 법과 정책에서의 이주민 관련 용어와 정의

법과 정책	이주민 관련 용어	정의
재한외국인 처우 기본법 (법무부)	재한외국인	• 대한민국의 국적을 가지지 아니한 자로서 대한민국에 거주할 목적을 가지고 합법적으로 체류하고 있는 자
	결혼이민자	• 대한민국 국민과 혼인한 적이 있거나 혼인 관계에 있는 재한외국인
다문화가족 지원법 (여성가족부)	다문화가족	• 결혼이민자와 출생·인지·귀화에 따라 대한민국 국적 취득자로 이루어진 가족 • 인지·귀화에 따라 대한민국 국적 취득자와 출생·인지·귀화에 따라 대한민국 국적 취득자로 이루어진 가족
	결혼이민자	• 재한외국인 처우 기본법의 결혼이민자 • 귀화에 따라 귀화 허가를 받은 자
지방자치단체 외국인주민현황 (행정안전부)	외국인주민	• 한국 국적을 취득하지 아니한 자 (90일 미만 단기체류자 제외) • 한국 국적 취득자(혼인귀화자, 그 외 국적 취득자) • 외국인주민 자녀

법과 정책	이주민 관련 용어	정의
	외국인주민 자녀	• 한국 국적을 취득한 자의 자녀 • 한국인과 결혼한 한국 국적을 가지지 않은 자의 자녀로 국적법 제2조에 따라 출생과 동시에 한국 국적을 취득한 자녀
다문화학생통계 (교육부)	다문화가정 자녀	• 국제결혼가정 자녀 중 국내 출생 자녀 • 중도입국 자녀 • 외국인 가정 자녀

출처: 이창원(2015)의 〈표 1〉 정부의 국내 이주민 지칭 용어와 내용 재구성.

활용자료 우리 속의 다양한 외국인 주민 소개하기

다문화사회를 선언한 대한민국은 다양한 이주민들과 함께 살아가고 있다. TV를 켜면 혹은 유튜브를 틀면 아니, 버스를 타고 시장에 가면 이제는 흔하게 만난다. 결혼이주민으로 한국에 와 당구의 여신으로 불리는 캄보디아 출신 이주민 '피아비', 튀르키예 출신으로 유튜브를 운영하는 방송인 '알파고 시나씨', 그리고 다문화강사로 엄마로 며느리로 아내로 살아가고 있는 재중동포 '*** 씨', 이주노동자로 한국에 온 '*** 씨', 한국으로 유학 온 '*** 씨', 그리고 한국으로 시집 간 딸네 농사를 도우러 온 계절노동자 '*** 씨' 등.

▪ 일상의 다양한 공간에서 우리와 함께 살고 있는 이주민들을 좀 더 자세히 알아봅시다. 우리의 이웃으로 살고 있는 이주민들을 소개해 봅시다.

그림 1-4 알파고 시나씨
(출처: 연합뉴스)

그림 1-5 당구선수 스롱 피아비
(출처: 중앙일보)

2) 이주의 원인과 유형

(1) 이주의 원인

이주민들은 자신이 살던 곳에서 무슨 이유로 이주를 하는 것일까? 이주의 원인은 크게 경제적 요인, 국가 행정적 요인, 인구학적 요인, 분쟁, 환경적 요인, 다국가적 네트워크로 나눌 수 있다.

❶ 경제적 요인

국가별 삶의 질과 임금의 차이는 이주자들을 유입국으로 끌어들이는 자석과 같은 역할(pull-factor)을 한다. 주로 선진국의 저출산 고령화로 인한 노동력 부족으로 저개발국가의 생산가능인구가 선진국으로 이동한다. 특히 노동이주는 송출국이나 유입국 사회의 경제 발전에 기여하고 있는 이주유형으로, 최근에는 불법 혹은 미등록 이주자의 증가와 이들에 대한 노동 착취 문제가 대두하면서 국제사회의 쟁점이 되고 있다.

활용자료 **근무 8달 만에 폐질환…이주노동자에게 무슨 일이?**

SBS 뉴스 2022년 9월 10일자 기사에는 열악한 이주노동자 문제를 다루고 있다. 금속의 표면을 깎는 일을 하는 이주노동자에게 날리는 먼지와 쇳가루가 눈에 보일 정도인데 방진 마스크 대신 얇은 면 마스크를 지급한 회사. 일한 지 8개월째 몸의 이상을 느낀 이주노동자가 병원에서 받은 진단은 병원 진단은 간질성 폐질환. 광부들이 많이 걸리는 진폐증과 유사한데, 암이 될 수도 있는 난치성 질환이다.

"나 이거 마스크 체인지 해줘요. 바꿔주세요. 바꿔주세요."라는 이주노동자의 요구에도 방진마스크를 지급하지 않아 일반 마스크로 그라인딩해야 했다고 한다. 이미 폐질환으로 두 명의 노동자가 치료를 받고 있는 상황이었는데도 노동환경은 개선되지 않았다고 한다.

출처: SBS뉴스. 근무 8달 만에 폐 질환…이주노동자에게 무슨 일이?. 2022.09.10.
https://news.sbs.co.kr/news/endPage.do?news_id=N1006892265&plink=ORI&cooper=NAVER&plink=COPYPASTE&cooper=SBSNEWSEND

▪ 관련 기사의 원문을 자세히 읽고 이주노동자들의 노동환경과 문제점에 대해 찾아봅시다.
관련 기사 원문은
https://news.sbs.co.kr/news/endPage.do?news_id=N1006892265&plink=ORI&cooper=NAVER&plink=COPYPASTE&cooper=SBSNEWSEND으로 검색하세요.

- 기사 내용 분석 :

❷ 인구학적 요인

선진국의 저출산, 고령화 현상에 따른 노동력 부족은 개발도상국의 노동력 과밀과 맞물려 인구의 이동을 일으킨다. 그리고 여성이주는 1990년대 신자유주의 경제체제로 전환되면서 저개발도상국의 빈곤과 실업사태 양산으로 인한 자본과 노동이 전 지구적으로 일어나는 이주의 시대와 관련되어 있다.

특히 다른 선진국으로 이동한 아시아 여성이 돌봄이라는 노동의 이주인 반면, 한국으로 이주한 여성들은 한국 사회의 사회구조적 요인인 '혼인수급불균형'이라는 문제와 만나면서 국가 주도의 국제이주와 국제결혼이라는 특징을 가지게 된다(박은정, 2019).

활용자료 **홍콩의 이주 육아노동자제도와 한국의 외국인 가사도우미제도**

동남아시아 여성의 돌봄이주는 일본, 홍콩, 한국, 싱가포르로 향한다. 맞벌이로 인한 가사와 육아에 대한 문제해결의 필요와 모국의 경제적 상황이 열악하여 일자리를 필요한 요구가 만나 이주 육아 노동자제도를 만들었다. 미디어오늘의 '홍콩 거리로 내몰린 필리핀 여성 노동자들' 기사에서는 홍콩의 육아 이주노동자들의 열악한 노동환경을 다루고 있다.

그리고 한겨레신문의 2023년 5월 10일자 기사는 고학력 여성의 저출산 및 육아부담을

그림 1-6 **외국인 가사근로자 도입 시범 사업에 대한 공청회에 반대 푯말을 들고 있는 한국여성노동자회 등 시민사회단체 회원**(출처: 경향신문)

줄이고자 정부가 서울시와 함께 '외국인 가사도우미 도입'을 두고 여성계와 시민사회는 '저출생 1위 국가 홍콩의 이주육아 노동자제도'와 동일한 것으로 반발하고 있다.

▪ 홍콩의 이주 육아노동자제도에 대한 자료를 분석하여 정부와 서울시의 외국인 가사도우미제도 도입에 여성계와 시민사회가 반발하는 이유를 찾아봅시다.

- 홍콩의 이주 육아노동자 관련 기사 : 미디어오늘. 2018.12.02.
  http://www.mediatoday.co.kr/news/articleView.html?mod=news&act=articleView&idxno=145769

- 한국의 외국인 가사도우미 도입 관련 기사 : 한겨레. 2023.5.10.
  https://www.hani.co.kr/arti/area/capital/1091145.html

❸ 환경적 요인

지진이나 산업재해, 홍수 및 가뭄 등으로 인해서도 이주가 발생한다. 환경적 요소도 이주를 촉진하는 원인을 제공한다.

활용자료 **이주를 촉진하는 새로운 동력, 환경변화**

2023년 7월 지구촌은 기상이변으로 몸살을 앓고 있다. 아시아의 폭우와 서방의 폭염은 일찍이 경험하지 못한 것으로 기후온난화에서 기후변화 그리고 지금은 기후위기, 기후붕괴 등의 경고를 보내고 있다.

그림 1-7 폭우로 물에 잠긴 공산성
(출처: 연합뉴스)

그리고 기후변화에 즉각적으로 대응하지 않으면 2050년까지 2억 1600만 명의 사람들이 자국 내 이주를 경험할 것이라는 전망이 제시됐다. 세계은행(WB)은 13일(현지시각) 이 같은 내용을 담은 '그라운즈웰 2.0'(Groundswell 2.0) 보고서를 발표했다. 보고서는 "기후변화는 점점 더 강력한 이주 동력이 되어가고 있다"며 "앞으로 기후변화를 막기 위한 즉각적인 조치를 취하지 않을 경우, 해수면 상승과 물 부족, 농작물 생산성 저하 등으로 인해 전 세계 2억 1600만 명의 사람들이 그들의 국가 안에서 이주를 경험할 것"으로 예상했다.

뿐만 아니라 지구촌은 전쟁이나 산업재해로 인해 삶의 터전을 떠나 이주하는 경우도 많다.

▪ 기후변화 혹은 환경적 요인으로 인한 이주 사례와 이주 후의 이주민 삶은 어떠한지 조사해 봅시다.

❹ 국가·행정적 요인

빈약한 정부, 부패, 그리고 좋은 교육체제와 건강 관련 시설의 부재는 국제이주를 촉진하는 요인이 된다.

활용자료 2022년 국가별 부패인식지수(CPI)

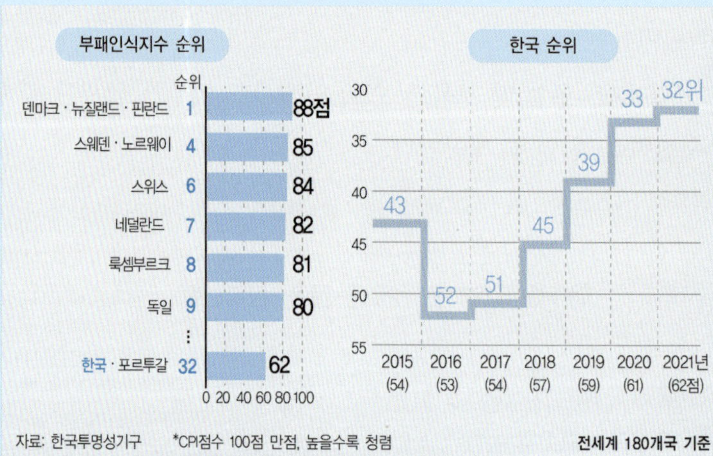

그림 1-8 **부패인식지수(CPI) 순위**(출처: 연합뉴스)

독일 베를린에 본부를 둔 반부패운동 단체인 국제투명성기구가 1월 31일 2022년 국가별 부패인식지수(CPI)를 발표했다. 한국은 100점 만점에 63점으로 조사대상국 180개 중 31위를 차지했다. 지난해보다 점수는 1점이 오르고 한 계단 상승한 순위다. 경제협력개발기구(OECD) 가입 38개국 중에서는 22위로 지난해와 같은 순위를 기록했다.

덴마크가 90점으로 1위, 핀란드·뉴질랜드가 87점으로 공동 2위, 최하위는 12점을 받은 소말리아, 시리아·남수단은 13점으로 공동 178위에 자리했다.

국제투명성기구는 "무력 충동이나 독재 등의 권위주의를 경험한 국가들이 낮은 점수를 받았다"고 설명했다.

출처: 한겨레. 2022년 국가별 부패인식지수 발표…한국은 몇 위?. 2023.1.31.
https://www.hani.co.kr/arti/society/society_general/1077654.html

국가별 부패인식지수(CPI)가 낮은 나라는 무력충돌로 인한 내정과 독재로 인한 인권탄압이 이뤄질 가능성이 높으며 이로 인해 강제 이주를 당하거나 국제이주를 하기도 한다. 콩고왕자로 널리 알려진 방송인 조나단의 아버지 '욤비 토나'의 경우는 콩고민주공화국의 독재와 비리 정보를 야당에 넘기려다 발각되어 연고도 알지도 못하는 한국으로 이주했다. 그리고 2021년 12월 탈레반의 폭정을 피해 한국으로 '특별 기여자' 이름으로 온 아프간 난민도 국가·행정적 요인으로 인한 이주의 사례가 될 것이다.

- 아래 자료를 참고로 국가·행정적 요인으로 인한 이주의 다양한 사례를 찾아봅시다.
  - 아프가니스탄 난민 관련 기사 : 월간중앙. 국제사회 고민으로 떠오른 아프간 난민 사태. 2021.9.17. https://jmagazine.joins.com/monthly/view/334602
  - 김동윤(2020). 정치적 난민과 월경(越境)의 문학: 김시종의 경우. 탐라문화, 65, 75-105.

❺ 분쟁

내전이나 개인의 자유를 제한하는 분쟁이나 인종, 종교 등에 따른 차별로 인해 자유를 되찾고자 하는 소망은 이주를 결정하게 만드는 요인이 된다. 모국 내 다른 지역으로의 이주는 물론 국경을 넘어 다른 국가로 이주하기도 한다.

활용자료 세계 인구 100명 중 1명은 난민…8천240만 명 '사상 최다'

전쟁이나 테러, 빈곤, 자연재해 등을 이유로 발생한 난민이 8천만 명을 넘어선 것으로 나타났다. 유엔난민기구가 세계 난민의 날인 2021년 6월 20일을 이틀 앞둔 18일 공개한 연례 보고서에 따르면 지난해 말 기준 지구촌 난민은 8천240만 명으로 역대 최대 규모다(유엔난민기구, 2021).

그림 1-9 새 거처 입주 기다리는 그리스 난민 캠프 체류자들(출처: 연합뉴스)

세계 인구(78억 명) 100명 중 1명 이상은 난민이라는 의미다. 보고서에 따르면 전체 난민 가운데 약 58.3%인 4천800만 명은 모국 내에서 다른 지역으로 피신한 국내 실향민이며, 모국을 떠나 다른 국가에서 보호를 받고 있는 난민은 전체의 32%에 해당하는 2천640만 명이다. 이 가운데 3분의 2는 시리아(670만 명), 베네수엘라(400만 명), 아프가니스탄(260만 명), 남수단(220만 명), 미얀마(110만 명) 등 5개국에서 발생했다.

긴 내전을 겪고 있는 시리아와 아프가니스탄 그리고 정치불안과 경제난을 겪고 있는 남미지역에서 대규모 난민이 발생한 것을 알 수 있다.

▪ 아래 기사의 원문을 찾아 읽어 보고 분쟁, 인종, 종교 등으로 인한 이주에 대해 생각해 봅시다.
- 연합뉴스. 세계 인구 100명 중 1명은 난민…8천240만 명 '사상 최다'. 2021.06.18. https://www.yna.co.kr/view/AKR20210618116700371
- BBC NEWS 코리아 , '위태로움과 불확실성'…5년이 지난 로힝야 난민의 삶. 2022.08.25. https://www.bbc.com/korean/international-62669747
- 경남일보. [김흥길의 경제이야기] 프랑스의 종교분쟁과 위그노의 두뇌 유출. 2020.05.31. http://www.gnnews.co.kr/news/articleView.html?idxno=446162

⑥ 다국가적 네트워크

해외에 살고 있는 가족과 친지들은 이주 과정을 용이하게 하는데 촉매역할을 하여 이주를 촉진시킨다.

가족이주는 새로운 삶을 개척하기 위하여 가족단위로 해외에 정착하는 이주유형이다. 주로 미국, 캐나다, 호주 등 정치·경제·사회·문화적으로 선진국에 속하는 국가에서의 영구적인 정착을 목표로 이주하고 있으며, 가족 중 선이주자의 경로를 따라 이주하는 가족 재결합의 이주도 증가하고 있다(전형권, 2008).

활용자료 **영화로 엿보는 미주 한인의 삶**

2023년 아카데미시상식에서 단연 돋보인 배우는 <에브리씽 에브리웨어 올 앳 원스>의 주연 양자경이었으며 그녀가 아시아계 배우의 여우주연상 수상이 가지는 의미와 함께 미국 SF영화 속의 히어로가 어머니이고 가족애를 담았다는 것이다.

그리고 우리는 이 영화 이전 영화 <미나리> 속 한인가족의 아메리카 드림의 힘든 현실과 마주하게 된다. 영화 <미나리>는 1970년대 아메리카에서 행복한 삶을 위해 고국을 떠났던 이주노동자들의 삶이 고스란히 담겨 있다.

정이삭 감독 자신의 이야기를 바탕으로 시나리오를 썼으며 4편의 영화 제작 후에 영화로 제작되었다고 한다.

영화 <미나리>의 순자로 대표되는 할머니는 수많은

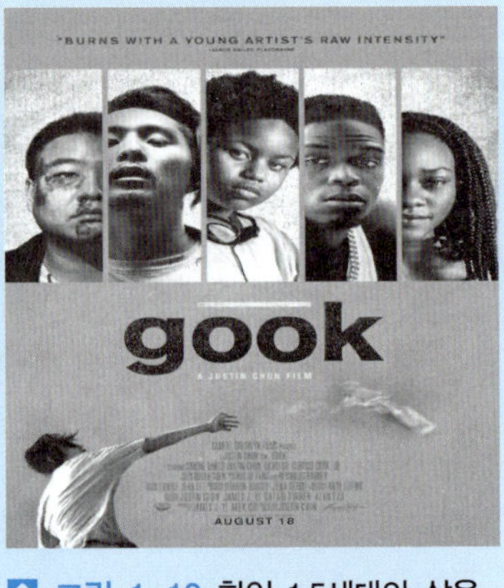

그림 1-10 한인 1.5세대의 삶을 다룬 영화 'gook' 포스터(출처: NEWSM)

미국 이민자와 그 후손의 고향으로서의 의미 그리고 어느 곳에서나 잘 자라는 미나리는 낯선 땅에서 잘 정착해 주기를 바라는 마음이 담겨 있다.

- 아래 한국 이민자의 삶을 다룬 영화 국(國, Gook, 2017)과 미스 퍼플(2019)을 시청하고 이민 1.5세대와 2세대가 겪는 어려움에 대해 이야기해 봅시다.
  - INDIEPOST. 이민 가족의 삶과 애환, <미나리>. 2021.02.26. https://www.indiepost.co.kr/post/14806
  - newsm. 한국 이민자의 삶을 다룬 영화 두 편: 국(國, Gook, 2017), 그리고 미스 퍼플(Ms. Purple, 2019). 2021.05.25. http://www.newsm.com/news/articleView.html?idxno=23310

(2) 이주의 유형

이주의 성격 또한 다양한데 이주의 지속기간, 범위, 크기, 주체, 권리 보호 정도, 계획 여부에 따라 정반대의 모습을 보이기도 한다.

이주의 지속기간을 보면 유학이나 연수, 일자리 등은 단기적 이주로 가족단위의 투자이주나 이민의 경우는 영구적 이주로 볼 수 있다. 이주의 범위로는 일시적인 재해나 직장 관련 등의 국내이주나 분쟁, 재해, 인종과 종교, 경제난 등으로 국제이주를 하기도 한다. 이때 가족 단위의 소수이주가 있을 수 있으며 부족이나 민족 단위의 다수 이주가 일어나기도 한다.

보다 나은 삶을 찾아 떠나는 자발적 이주와 전쟁, 재해, 부정부패 등으로 인한 비자발적 이주가 있으며, 이는 권리의 보호 정도에도 영향을 미친다. 아울러 예상치 못한 계획되지 않은 이주와 시기와 장소 그리고 취업 관련 자료를 꼼꼼히 확인 후 진행되는 계획된 이주도 있다. 다양한 이주의 성격을 정리하면 표 1-3과 같다.

표 1-3 이주의 성격

단기적 이주	←	이주의 지속기간	→	영구적 이주
국내이주	←	이주의 범위	→	국제이주
소수이주	←	이주의 크기	→	다수이주
비자발적 이주	←	이주의 주체	→	자발적 이주
보호되지 않은 이주	←	권리의 보호정도	→	권리가 보호된 이주
계획되지 않은 이주	←	계획 여부	→	계획된 이주

출처: 국제이민기구(IOM).

활용자료 이주민들의 다양한 이주의 성격 탐색하기

우리의 일상에서 만나는 다양한 이주민들의 이주 원인과 유형에 대해 조사해 봅시다.

1) 이주민 이름과 국적

2) 이주의 원인

3) 이주의 성격

이주의 지속기간

이주의 범위

이주의 크기

이주의 주제

권리의 보호정도

계획여부

4) 현재의 삶과 바람

(3) 최신 국제이주의 경향

전례 없는 코로나19의 확산이 멈추면서 이민자의 고용률이 코로나 이전 수준으로 회복되었으며, 2020년 대비 2021년에는 정주형 이민이 22% 증가했다. OECD 국가로의 정주형 이민은 2020년 대비 2021년에 22%가 증가했고, 이런 추세는 2022년 이후에도 지속할 것으로 전망된다(OECD, 2022). 닫혔던 국경을 개방하고 이민을 허용할 뿐만 아니라 적극적인 유치정책을 펼치고 있다.

❶ 이주의 전 지구화

점점 더 많은 국가들이 전 지구적인 이주 흐름에 의해 결정적인 영향을 받고 있다. 나아가 이민 유입국들은 경제적, 사회적, 문화적 배경이 다른 국가에서 온 다양한 이주자를 받아들이는 경향이 있다.

한국의 경우 혼인수급불균형의 사회적 문제와 저출산 고령화에 의한 생산가능인구 감소라는 경제적 문제를 해결하기 위해 국가 주도로 결혼이민자와 이주노동자의 유입을 허용하고, 아프가니스탄과 예멘 등의 정치적 난민도 받아들이고 있다.

활용자료 **적극적인 이민자 유치정책으로 105만 명의 인구 증가 달성한 캐나다**

이민자의 천국으로 불리는 캐나다는 그 명성에 어울리는 인구의 4분의 1이 이민자이다. 그리고 2023년 캐나다 통계청 자료에 의하면 2023년 1월 1일 기준 전년 대비 인구가 105만 명이 증가하였으며 그 증가한 인구의 96%는 이민자라고 발표하였다.

1년 사이 100만 명 이상의 인구증가를 보인 것은 처음이라고 밝혔으며 인구증가율 2.7%는 G7국가 중 가장 가파른 상

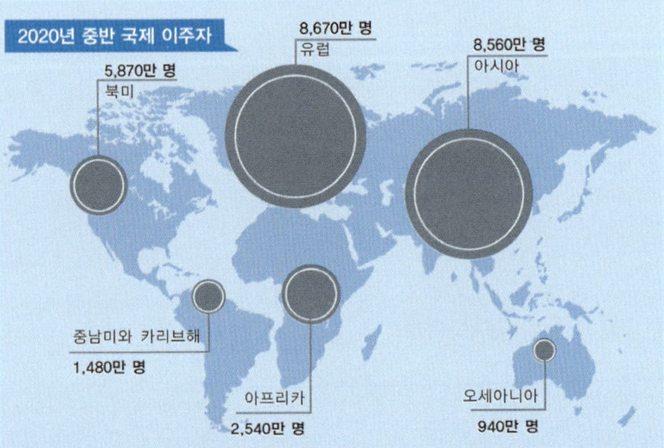

그림 1-11 국제이주
(출처: https://www.migrationdataportal.org)

승세라고 한다.

저출산 고령화로 인해 노동력 부족 문제가 심각했던 캐나다가 찾은 해법은 적극적인 '이민자 유치정책'인 것으로 볼 수 있다. 캐나다 정부는 2025년까지 150만 명을 유치할 계획이라고 밝혀 지속적인 이민자 유치정책이 이어질 전망이다.

- 이민자의 유치를 통해 저출산 고령화 노동인력 부족 문제를 해결하고자 하는 나라는 비단 캐나다만이 아니다. 서구 여러 나라들이 이민을 통한 인구감소 문제에 대처하고 있다.
이민자 유치를 통한 인구감소 문제를 해결하고 있는 다양한 사례를 찾아보고 우리 사회가 당면한 저출산 고령화 문제의 해법으로 '이민자유치' 정책이 어떠할지, 문제는 없을지 등을 토의해 봅시다.
- 경향신문. 이민자 반기는 캐나다, 1년 만에 인구 105만 명 '기록적 증가'. 2023.03.23. https://m.khan.co.kr/world/america/article/202303231004001#c2b
- 매일경제. EU 외 국가에도 이민 문 활짝…獨 "일단 입국해 구직준비를". 2023.05.22. https://www.mk.co.kr/news/economy/10742329

❷ 이주의 가속화

교통 통신의 발달이 이주민의 양적 증가를 지속시킨다. 현재 거의 모든 주요 지역에서 국제이동의 규모가 커지고 있다. 이러한 이주의 양적 팽창 속에서 이주민들 간의 사회 네트워크 형성이 연쇄적 이주를 급속히 증가시킨다.

활용자료 재외동포 730만 명 시대 그리고 귀향동포들의 고려인 마을

1902년 갤릭호를 타고 일본을 거쳐 하와이 호놀룰루에 도착한 노동이주를 시작으로 한국도 일제강점기 만주, 연해주 그리고 중앙아시아, 쿠바, 미주 지역까지 광범위한 이주가 이루어졌다. 화교들과 마찬가지로 한인들은 코리아타운을 형성하여 자신의 정체성을 지키고 한국인의 이주를 가속화시키고 있다. 2021년 외교부 통계에 의하면 해외에 거주하고 있는 재외동포수는 7,325,143명이다. 동북아시아(3,169,287명) - 북미(2,871,141명) - 유럽(677,156명) 순이다(외교부, 2021).

그리고 발전된 조국으로 재외동포들의 귀환이 이루어지고 있다. 조선족이라 불리는 재중동포, 자이니치로 불리는 재일동포 그리고 일제강점기의 스탈린의 조선인의 강제이주로 연해주에서 중앙아시아에 정착한 고려인들이 그들이다.

특히, 고려인이란 이름으로 살았던 고려인들은 구소련의 해체로 카자흐스탄, 우즈벡, 러시아, 우크라이나 등에 살았다. 그중 우크라이나 지역에 살았던 고려인들이 국내로 피난 오면서 고려인 마을에 대한 관심이 높아졌다. 한국에 정착을 희망하고 있는 고려인이 90%에 달하는데 이들의 정착과 관련된 본격적인 논의가 필요하다.

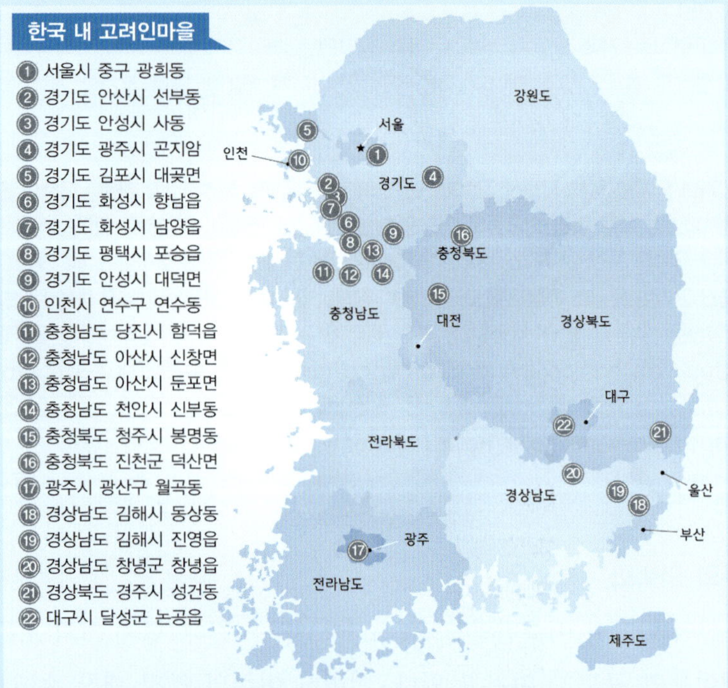

그림 1-12 **국내 고려인마을 지도**(출처: 아시아엔)

- 고려인 관련 이주사와 지역 인근의 고려인 마을에 대해 좀 더 살펴봅시다.
  - 사단법인 고려인 마을. https://www.koreancoop.com/
  - 김경학(2014). 중앙아시아 고려인의 한국 이주와 정착: 광주 '고려인마을'을 중심으로. 국제지역연구, 17(4), 259-282.

❸ 이주의 차별화

대부분의 국가들은 노동이주, 난민이주, 영주이주 등과 같은 이주유형 중 어느 하나에 치우치지 않고 여러 유형을 동시에 겪고 있다. 전문직 이주는 IT산업 등에 종사하는 전문가의 이주유형으로 과거 주변국에서 중심국으로 일방향의 두뇌유출에서 최근에는 쌍방향의 이동 혹은 다변화된 경로를 통해 고도의 숙련된 노동력이 이동하고 있다. 실리콘밸리로 명명되는 곳으로 세계의 많은 젊은 IT 전문가들이 몰려들었다면 지금은 스타트업하기 좋은 환경, 다양성이 확보된 곳을 찾아 제2, 제3의 실리콘밸리로 고도의 숙련된 노동력이 이동하고 있다.

활용자료 호주의 전문직 이민 우선권제도의 발 빠른 대응

이주의 차별화는 국내 및 국제 정책 수립의 주요 장애물로 작용하고 있다. 한국의 경우 저출산 고령화 해결을 위한 노동이주와 결혼이주가 주를 이루고 있어 다문화정책 또한 다문화가정의 적응과 정착에 맞춰져 있다.

반면에 호주는 2020년 9월 코로나 사태로 인한 경기 회복을 돕기 위해 필요한 직업에 대한 비자를 신속히 처리하기 위해 기존 '기술 이민 직업 목록(Skilled Migration Occupation List, SMOL)'을 44개 직업군으로 확대해 '우선순위 이민 기술 직업 목록'을 발표한 바 있는데, 이 목록은 2022년 10월 28일부터 사용이 중단됐다.

내무부는 숙련 기술 비자 신청에 대한 우선순위를 변경했고, 새로운 장관 명령 100호를 통해 보건과 교육종사자의 비자를 우선시하여 3일 안에 처리하고 있다고 밝혔다. 이번에 우선순위가 매겨진 직업에는 학교 교사, 의료 및 복지 지원 근로자, 차일드 케어 센터 매니저, 의료 과학자, 상담가, 심리학자, 사회복지사, 의료 기술자 등이 있다.

- 관련 기사의 전문을 읽고 호주의 변화하는 이민정책이 주는 시사점에 대해 토의해 봅시다.
  - 코리안 뉴스. 호주 정부, 교사 및 의료 종사자 비자 3일 안에 처리한다. 2022.10.20. https://www.koreannews.com.au/호주뉴스/호주-정부-교사-및-의료-종사자-비자-3일-안에-처리한다/

❹ 이주의 여성화

과거에는 대부분의 노동이주와 난민이동은 남성이 주도했고, 여성은 단지 가족 재결합의 범주에서 다루어졌을 뿐이다. 하지만 1960년대 이후 여성은 노동이주에서 중요한 역할을 해 왔고 다양한 이주유형에서 여성이 다수를 차지하고 있다. 아시아지역의 여성이주는 결혼이주와 더불어 홍콩과 대만 등지로의 가사도우미, 육아 노동이주, 한국과 일본의 돌봄이주 등이 활발하다.

활용자료 재중동포 요양보호사가 일시 중국으로 귀국한다면?

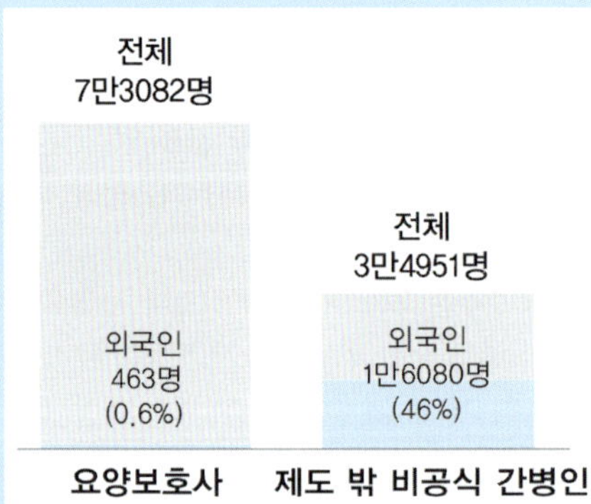

그림 1-13 2020년 간병 노동자 통계
(출처: 한국보건통계연구원)

언젠가 요양병원을 운영 중인 지인에게 재중동포 요양보호사의 의존 정도를 물어본 적이 있다. 재중동포 요양보호사가 일시에 귀국한다면 더 이상 요양병원을 운영하지 못할 것이라 했다. 정말 일까? 지인의 말처럼 한국 돌봄 영역에서 이주노동은 중국동포를 중심으로 확대되어 왔다. 김유휘·이정은(2022)에 따르면 2007년 3월 취업관리제를 대체하여 방문취업제가 시행되었다. 방문취업제는 중국 및 구소련 지역의 만 25세 이상 동포를 대상으로 5년간 유효, 1회 최장 3년 체류가 가능한 방문취업(H-2) 체류자격을 발급하는 것으로, 제한된 업종에서 취업활동이 허용되었다. 취업 허용 업종에 사회복지서비스업(87), 개인간병 및 유사 서비스업(96993), 가구 내 고용활동(97)이 포함되어 방문취업(H-2) 비자를 가진 외국인은 돌봄서비스 업종에 취업할 수 있는 자격을 얻게 되었다. 2020년 3월 18일 기준으로 등록된 간병인의 현황을 정보공개 청구를 통해 확인한 결과, 전체 간병인 수는 3만 4,951명이었으며, 외국인등록번호 여부로 확인된 외국인 간병인 수는 1만 6,080명으로 전체 간병인의 46%로 확인되었다. 해당 수치는 기존 연구들에서 확인했던 외국인 간병인 비율과 유사한 것으로 실제 요양병원 현장에서 근무하는 간병인 중 절반에 가까운 인력이 외국인임을 확인할 수 있다.

현재 제도화된 돌봄 영역은 외국인에게도 원칙적으로 내국인과 동일한 근로조건을 적용하고 있으나, 이주노동자 당사자들은 현장에서 차별, 편견, 무시, 부당한 대우 등을 경험하고 있다. 특히 비공식 돌봄 영역의 이주노동자들은 좀 더 노골적인 차별이나 편견, 무시 등을 경험하는 것으로 나타났다(김유휘·이정은, 2022).

출처: 한국 돌봄서비스의 이주노동자 실태 분석(김유휘·이정은, 2022).

- 김유휘·이정은(2022)은 제언으로 돌봄 영역의 이주노동자와 관련하여 돌봄노동시장 개선을 우선으로 고려해야 하며, 자격기술을 갖춘 이주노동자가 돌봄 현장에서 차별이나 배제 없이 일을 할 수 있도록 관련 정책을 개선하는 방향으로 나아갈 필요가 있다고 하였다. 제언에 대한 나의 생각을 말해 봅시다.

❺ 이주의 정치화

전 세계 많은 국가의 국내정치, 양국관계, 지역관계, 안보정책이 국제이주의 영향을 점점 더 많이 받고 있다. 이주정책 문제를 해결하기 위하여 전 지구적 거버넌스는 물론, 유입국과 경유국, 그리고 송출국의 협력이 필요하다는 인식이 더욱 높아지고 있다.

활용자료 **대한민국 난민보고서 - 난민인정률 1%인데..."난민 심사는 더 바늘구멍"**

최근 18년간 난민을 가장 많이 받아들인 나라는 독일이다. 난민인정 68만 9,961명으로 미국(40만 2,745명), 프랑스(25만 3,692명), 영국(22만 4,718명) 등을 제치고 1위를 차지했다. 독일의 난민인정률은 31.7%로 OECD 평균보다 6.9%p 높다.

난민인정률이 가장 높은 국가는 터키다. 인정률 88.1%. 터키는 지난 18년간 14만 9,887명을 난민으로 받아들였다. 터키 외에 50% 이상의 인정률을 기록한 국가는 멕시코(55.7%), 캐나다(51.8%)다.

그렇다면 우리나라의 난민의 인정, 보호율은 얼마일까? 법무부 통계(2023)에 의하면 난민신청자는 2010년 이후 꾸준히 증가하였고, 특히 2013년 난민법 시행 이후로 난민인정신청 건수는 큰 폭으로 증가해 왔으며, 2022년에는 11,539건으로 전년 대비 약 392.9% 증가하였다. 1994년부터 2022년까지 총 1,338명이 난민인정을 받았으며, 2022년 한 해 동안은 175명이 난민인정을 받았다. 이를 정리하면 아래 표 1-4와 같다.

표 1-4 한국의 난민신청과 인정 건수 (단위: 건)

구분	2018	2019	2020	2021	2022
난민신청(명)	16,173	15,452	6,634	2,341	11,539
난민인정(명)	144	79	69	72	175
난민인정률(%)	0.89	0.51	1.04	3.06	1.51

- 한국의 난민인정률은 1.4%에 불과한데 2021년 발의된 난민심사개정안은 난민심사를 엄격하게 하는 것을 골자로 하고 있다. 법무부의 난민법 개정안에 대해 자세히 알아보고 한국의 난민 관련 정책에 대해 논의해 봅시다.
  - YTN. 난민인정률 1%인데..."난민 심사는 더 바늘구멍". 2023.03.28. https://www.ytn.co.kr/_ln/0103_202303280535200540
  - 참여연대. [2022 정기국회 입법·정책과제] 난민인정심사제도 개선 및 난민인권 보호 위한 「난민법」 개정. 2022.09.01. https://www.peoplepower21.org/solidarity/1905928

❻ 이주변천의 확산

이주변천은 전통적인 이민 송출국이 경유국이나 이민 유입국으로 전환될 때 나타나는 현상이다. 폴란드, 스페인, 모로코, 멕시코, 도미니카 공화국, 터키, 한국 등 다양한 국가들이 이주 변천의 다양한 단계를 겪고 있다.

활용자료 송출국에서 이민 유입국으로의 전환, 한국의 이민사

한국의 이민사의 공식 시작은 한말 하와이 사탕수수농사 노동이주다. 하와이 사탕수수농장에는 이미 중국노동자와 일본 노동자들이 있었고 중국노동자와의 경쟁에서 밀린 일본이 정책적으로 조선의 이주노동자를 이주시킴으로써 중국과의 경쟁에서 우위를 점하고자 하는 의도가 있었다. 여하튼 하와이 이주는 멕시코와 쿠바로 이어지는 미주지역 노동이주로 이어진다.

그리고 일제강점기 조선에서의 힘든 삶은 일본으로 그리고 만주, 연해주로의 이주가 이뤄졌으며, 일제의 징용, 징병, 학도병이 더해졌다. 해방 이후 귀환하지 않은 동포들은 재외동포로서 고국을 그리워하며 삶을 이어갔다.

대한민국이 6.25를 거치면서 더 피폐해지며 60년대는 베트남 파병, 파독 간호사, 광부 그리고 중동 특수를 통해 사막의 모래바람을 이겨낸 중동 건설현장에서 이주노동자로서의 삶을 살았다. 1970년대까지 한국은 노동자의 송출국이었던 것이다.

한강의 기적을 이룬 한국이 이민 유입국으로서 각인된 것은 88올림픽을 통해서이다. 전쟁 폐허 속의 가난한 나라로 알고 있던 한국의 눈부신 경제적 성장이 고스란히 전 세계로 전파를 탔던 것이다. 그리고 90년대 세계화로 인해 경제침체와 일자리 부족에 시달리던 동남아 청년들과 한국의 3D직종 기피현상으로 인한 노동력 부족현상의 이해가 맞으면서 산업연수생제도를 시작으로 한국은 유입국으로 전환하게 된다.

체류외국인 240만 명 시대를 사는 지금 여전히 한국은 유입국이다. 그리고 유학이며 투자이민, 노동이주 등의 송출국이다. 이는 세계 여러 나라도 마찬가지이다. 그리고 지금 저출산 고령화가 극심해지면서 다문화사회의 방향성에 대한 다양한 논의가 전개되고 있다.

- 고령화로 인한 생산가능인구 감소에 따른 손님노동자적 관점의 이주노동자제도(고용허가제)는 적합한가? 저출산 문제 해결을 위한 외국인 가사도우미제도는 적합한가? 등등
  여러분도 한국의 이주민 관련 문제에 대한 토의 주제를 제안하고 다 함께 토의해 봅시다.

02 이주의 역사

현대사회는 교통 통신의 발달로 사람들의 필요에 의한 이주의 시대가 되었다. 전 세계 인구의 7명 중 1명인 7억 명의 사람들이 이주자이며, 이주는 21세기의 메가트렌드라 할 수 있다. 또한 이주로 인한 다문화사회의 형성은 정도에 차이가 있을 뿐 지구촌 모든 사회가 다문화사회로 변화되고 있으며, 그 속도는 가속화될 것이 분명하다. 그러므로 이주의 역사를 통해 다문화사회 형성 배경을 맥락적으로 이해할 필요가 있다.

1) 이주의 시대

(1) 1기 이주의 시대

1500~1800년에 이르는 중상주의 시대, 주로 유럽인에 의해 주도되었다. 망원경과 지동설, 동양의 4대 발명품의 유입이라는 세계사의 흐름에서 유럽인들의 아시아, 아프리카 침탈의 시기이다. 총포로 무장한 유럽인들은 신대륙의 발견이라 불리는 아메리카의 자원 침탈을 위해 아프리카 흑인을 노예로 삼아 강제이주시켰다. 아시아로 진출한 유럽인은 그들이 필요로 하는 자원을 생산하는 플랜테이션 농장을 건설하고 원주민들을 동원하였다. 미국, 캐나다, 호주가 대표적인데, 이들 나라는 부족한 노동력을 메우기 위해 영구 이민 확대 정책을 통해 다인종 사회로 변화하였다.

그림 1-14 영국 제국주의자 세실로즈 풍자 (출처: 나무위키)

그림 1-15 영국 화가 알제논 탈메이지가 그린 '호주 건국'(출처: 조선멤버스)

(2) 2기 이주의 시대

19세기 초 산업화 초기로 유럽의 산업혁명으로 인한 경제성장과 신대륙의 산업화 과정에서 발생한 이주이다. 1800~1925년 사이 4,800만 명의 유럽인이 미국, 캐나다, 뉴질랜드, 호주, 아르헨티나로 이주했으며 주로 영국, 이탈리아, 노르웨이, 포르투갈, 스페인, 스웨덴 등이다.

어린 시절 한번쯤 읽은 동화책 『엄마 찾아 삼만리』는 남부유럽 사람들의 남미로의 이주상황을 잘 알려준다. 이탈리아 작가 에드몬도 데아미치스가 1886년에 펴낸 『아펜니노에서 안데스까지』라는 작품을 1976년 일본의 다카하다 이사오가 각색하여 애니메이션으로 선보이기도 했다. 이탈리아에서 약 1만 2000킬로미터에 이르는 거리를 어린 소년 '마르코'가 엄마를 찾아 여행하는 이야기다. 마르코의 어머니는 배를 타고 아르헨티나까지 일을 하러 갔던 것이다. 1800년대 북서부유럽의 산업혁명 성과와 달리 남부유럽의 경제적 상황은 더 악화되어 신대륙으로 노동이주가 활발했다. 1880년과 1929년 사이 아르헨티나는 경제성장을 계속하여 당시 세계적으로 부유한 10개국 중 한 곳이었으며 농업 수출 경제로 이익을 보았다. 이민자들이 늘고 사망률이 떨어지면서 아르헨티나 인구는 5배로 늘었고, 경제는 15배로 확대되었다(위키백과).

활용자료 **1840년대 감자 대기근과 아이리쉬**

그림 1-16 **대기근 조형물**(출처: 위키백과)

"아일랜드인들은 감자 외에는 요리할 줄 모른다"는 말이 있을 정도로 아일랜드인(이하 아이리쉬)에게 감자는 매우 중요한 주식이다. 그래서 1845년부터 아일랜드에 닥친 '감자 잎마름병'으로 인한 '감자 대기근'은 110만 명의 아사자와 100만 명의 이주를 불러왔다.

대기근에도 불구하고 아일랜드를 식민통치 하고 있던 영국은 밀과 옥수수를 영국으로 실어갔으며, 지주들은 먹을 것조차 없던 소작인들에게 소작료를 강요하고 내지 못하면 쫓아냄으로써 백만 명 이상이 사망하고 다수가 해외로 집단이주하는 원인이 되었다.

이 시기에 대규모 미국 이민이 이루어졌으며 대다수의 가난한 아이리쉬들은 사회의 가장 밑바닥을 이루고 살았다. 아이리쉬들은 미국에 막 이민 왔던 당시 '흑인 금지'와 마찬가지로 '아일랜드인 금지' 팻말의 차별을 당했다고 한다.

대기근 시대 영국이 행한 착취, 외면, 억압은 지금도 영국인들에 대한 아이리쉬의 반감으로 이어지고 있다.

- 아일랜드와 영국처럼, 한국과 일본처럼 서로가 갖는 반감을 갖는 사례를 찾아보고 그 이유를 역사적 맥락을 고려하여 설명해 봅시다.
  - 관련 기사 : 서울경제. 아일랜드 감자 대기근. 2016.08.16. https://www.sedaily.com/NewsView/1L05WKM8VI

(3) 3기 이주의 시대

1, 2차 세계대전으로 인한 이주로 경제적 발전과 관련이 없는 대규모의 난민과 디아스포라 시기이다.

구한말 1860년대 조선인 13가구가 두만강을 건너 우수리강 유역에 정착했던 것이 이주 역사의 시작이다. 당시 극심한 가뭄이 닥쳤고, 농사지을 땅이 부족했던 농민들은 그 이후에도 연해주와 만주로 이주하기 시작해 그 수가 점차 늘어났다. 그리고 1905년 을사늑약과 1910년 경술국치로 인한 애국지사들의 이주로 만주와 연해

주는 항일운동의 거점이 되었다.

1937년 스탈린의 강제 이주정책으로 인해 연해주 극동 지방에 거주하던 조선인들은 모두 화물차에 실려 중앙아시아 사막도시 크즐오르다로 보내졌다. 이때 연해주, 아무르주, 자바이칼주에 살던 조선인이 무려 17만여 명이었다. 이들은 가져간 삽과 호미로 땅을 파고, 칼바람으로부터 아이들을 지켜내면서 혹독한 시기를 이겨냈다.

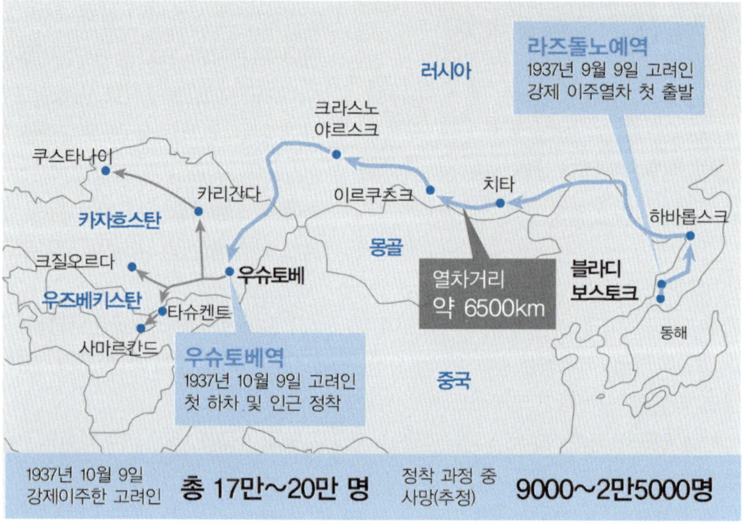

그림 1-17 고려인의 강제이주 경로(출처: 우리문화신문)

활용자료 굴러온 복덩이들 난민

미국은 박해와 전쟁을 피해 도망치는 사람들에게 피난처를 제공하는 오랜 전통을 가지고 있다. 난민들은 다양한 방식으로 그들의 새로운 나라에 번영하고 기여하는데, 한때 난민이었던 유명한 예술가, 과학자, CEO 및 다른 유명 인사들을 찾아봅시다.

- 아인슈타인
- 샤갈
- 프레디 머큐리
-

(4) 4기 이주의 시대

1960~1980년대 산업화사회의 경제적 이주이다. 라인강의 기적을 이룬 독일이 대표적인데, 부족한 노동력을 보완하기 위해 1960년대 스페인, 포르투갈 출신의 노동자들을 방문노동자 형식으로 초청하면서 다인종 사회로 진입하였다.

한국은 광부·간호사로 대표되는 산업인력이 서독으로 노동이주가 이뤄진 시기이다. 서독은 3D직종에 대한 인력난을 해소하고자 남부유럽 이주노동자와 함께 한국의 광부·간호사들을 받아들였고 산업화를 위한 자금이 필요한 한국 정부는 인력수출을 통해 외화를 획득하였다.

활용자료 **모로코 4강 진출 뒤엔 디아스포라의 한, 열광적인 서포터즈가 있었다**

선수들 승리 후 엄마 찾아 입맞춤...대부분 프랑스, 스페인 이민자 출신
카타르 휩쓸고 다니는 팬들도 한몫

2022년 월드컵에서 단연 돋보인 나라는 아프리카 최초로 4강에 진출한 모로코였다. 그리고 더 관심을 끈 것은 모로코 대표팀의 구성이었는데, 모로코 대표팀 26명 중 절반을 넘는 14명이 이민 가정 출신이다. 본선에 출전한 32개 팀 중 자국에서 태어나지 않은 선수 비율이 가장 높은 팀이 모로코다. 모로코가 과거 스페인과 프랑스의 지배를 받은 탓에 프랑스 이민자의 20%에 달하는 75만 명이 모로코 출신이다.

자국에서 태어나지 않은 선수들은 대부분 모로코에서 유럽으로 이민 간 디아스포라의 한을 가진 부모 밑에 자란 것이다. 이들의 부모들은 유럽 사회의 하층민으로 허드렛일을 하며 자녀들을 유소년 명문 클럽에 보내는 등 눈물 어린 뒷바라지를 한 것이다. 그래서인지 모로코 선수들의 경기에는 골을 넣고 관중석의 어머니와 기쁨을 나누는 장면이 많다.

그림 1-18 어머니와 기쁨을 나누는 모로코 선수
(출처: 연합뉴스, 국제신문)

▪ 모로코 대표팀 관련 기사의 원문을 찾아 읽어 보고 모로코의 프랑스 이주사에 대해 알아봅시다.
- 기사 원문 : 국제신문. 모로코 4강 진출 뒤엔 디아스포라의 한, 열광적인 서포터즈가 있었다. 2022.12.11.
http://www.kookje.co.kr/news2011/asp/newsbody.asp?code=&key=20221211.99099003113

(5) 5기 이주의 시대

1970년대 유럽의 송출국이었던 이탈리아, 포르투갈, 스웨덴 등이 아프리카와 지중해 연안의 국가로부터 이민을 받았다. 서구 여러 나라들은 공통적으로 저출산과 고령화에 의해 생산가능인구가 급속히 감소되면서 경직된 경제 문제를 해결하기 위한 전략으로써 저임금, 단순 미숙련 업무를 담당할 외국의 값싼 노동인력을 유입하게 되었다. 이주노동자에 의한 다인종 사회로의 진입이다.

1980년대 이후는 신흥산업국으로 불리는 일본, 한국, 대만, 홍콩, 싱가포르 등 아시아지역으로도 국제이주가 확산되었다.

1990년대 냉전시대가 종식되고, 자유민주주의에 대한 관심이 공론화되면서, 다양한 소수집단에 대한 지속적이고 광범위한 합의를 통해 이들을 '또 하나의 이웃'으로 인식하며 본격적인 다문화사회로 진입하게 되었다. 그리고 신자유주의 체제에 따른 경제 분야에서의 국가 단위의 분업, 초국적 기업 간의 대규모 무역 거래, 자본을 가진 엘리트 계층과 일자리를 찾아 이동하는 노동자 계층의 국제이주 증가 등 지구공동체에는 거대한 다문화사회가 형성되기 시작하였다.

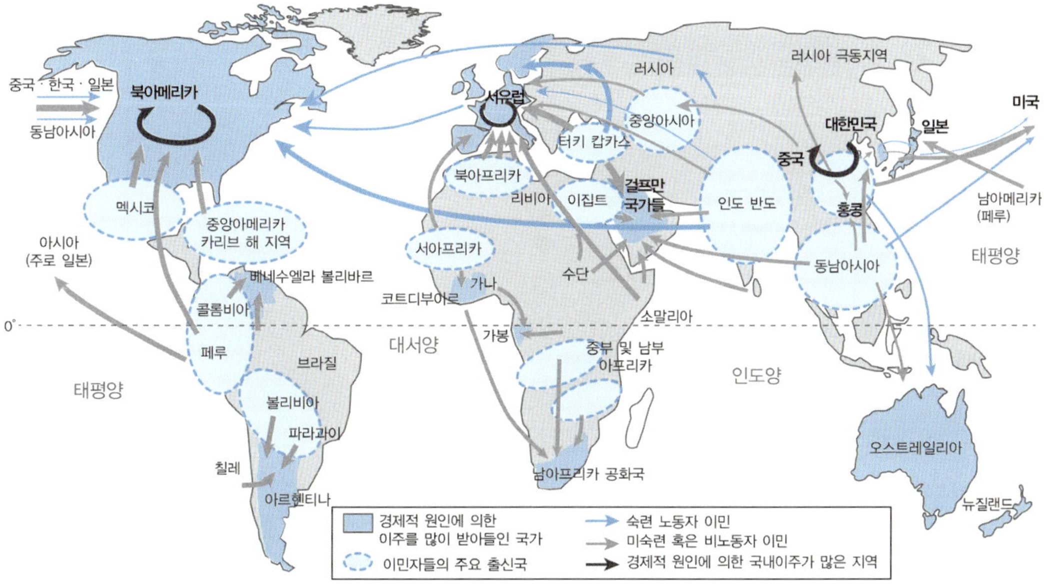

그림 1-19 **경제적 원인으로 인한 노동력의 국제 이동**

2) 한국의 이주사

한민족의 이주의 역사는 고대로 거슬러 올라갈 수 있다. 고대왕국 형성시기에 등장하는 많은 설화들에서 부족 혹은 민족 간의 이주와 통합의 과정이 드러난다.

단군신화 속 고조선의 건국에 등장하는 환웅, 곰, 호랑이를 하나의 부족으로 본다면, 환웅과 웅녀의 결혼은 이주민 부족(환웅)과 선주민 곰부족(웅녀)이 통합하여 새로운 조선을 건국하였다고 할 수 있다. 즉 선진문물을 가진 이주민인 환웅부족을 받아들인 곰부족과 이를 저항한 호랑이부족의 결과는 새로운 이주민을 받아들인 곰부족과 환웅부족의 승리로 새로운 시대를 열었던 것이다.

그런 관점에서 신화를 들여다본다면, 고구려는 부여로부터 이주한 주몽이 졸본성에 세운 국가며, 주몽의 후예 온조가 남하하여 건국한 나라가 백제, 김알지, 박혁거세, 석탈해 등의 이주민이 경주의 토착부족과 결합한 신라, 하늘에서 내려온 수로와 인도 아유타국으로부터 이주한 허황옥이 세운 가야는 모두 이주민의 이동과 결합으로 새로운 시대를 열었음을 알 수 있다.

그림 1-20 **허황옥의 아시아 사랑의 길**(출처: 경남신문)

삼국시대나 고려시대의 기록에 의하면 당시에는 정치적인 영토 확장에 의한 해외 인구이동, 전쟁포로 및 교환, 귀화, 조공, 인질 등의 성격을 지닌 국제결혼에 의한 인구이동이 이루어졌다.

백제에는 불교를 전파하기 위하여 일본으로 이주하여 정착, 귀화하는 사람들, 신라에는 조선공, 도공 등 기술지원 요청에 부응하여 일본으로 진출하는 사람들이 많았으며, 통일신라시대에는 상당수의 유학생이 해외로 진출하였다.

통일신라시대 상인들의 대륙으로의 이주, 불교와 예술 전파를 위한 당나라 진출과 이주 등 경제적, 문화적 동기에 의한 해외이주가 있었다.

그림 1-21 **혜초의 인도와 중앙아시아 여행로**(출처: 나무위키)

고려 때에는 고려에 귀화하는 여진·거란족들, 그리고 송나라와의 친선외교로 양국 간의 귀화자들이 많았다. 송나라가 쇠퇴한 후 대륙을 원나라가 지배하면서 고려에 여러 재물과 함께 많은 수의 여자들을 강제로 이주하였다.

조선 초 태조 이성계를 도와 조선 건국에 지대한 공을 세운 이지란은 여진족이었으며 세종은 최윤덕의 4군과 김종서의 6진을 개척하여 남도의 백성을 이주시켰고, 여진족을 받아들여 이들에게 관직과 땅을 하사하였다(교린정책). 조선 후기 명을 대신한 청나라는 백두산을 장백산으로 부르며 만주족의 건국발상지로 신성시하고 만주일대 및 간도지방에 정착해 있던 한인들의 월경을 금하였다. 이는 숙종 때 백두산 정계비를 세움으로써 일단락되었다. 고종 때는 6~7만 명의 한인이 거주하는 간도지방에 간도관리사 이범윤을 파견하여 한인들을 관리하고 소학교를 세웠다.

일제강점기 한인의 해외이주는 경제적, 정치적 목적의 이주가 대부분을 차지하고 있다. 1910년 이후 일제강점기 초기에는 일본제국주의에 대한 반감이나 불안감과 같은 정치적 동기에 의한 해외이주가 주를 이루었고, 말기에는 식민지정책의 장기화와 토지수탈에 의한 궁핍화와 같은 경제적 동기가 간도, 하와이, 멕시코, 일본 등 해외이주를 증가시켰다. 우리나라가 일본으로부터 광복되던 해인 1945년 현재 한국인의 개괄적인 해외거주 인구수는 만주지방에 약 160만 명, 일본에 210만 명, 중국 본토에 10만 명, 소련 연해주지방에 20만 명, 미국 및 기타 지역에 약 3만 명 등으로 총 400만 명이 넘는 것으로 추산되며, 이 수는 당시 한반도 내에 거주하고 있는 한국인의 약 6분의 1에 해당하는 엄청난 숫자이다(한국민족대백과사전).

그림 1-22 사탕수수 농장을 알 수 있는 양응환, 임옥순 부부와 자녀들(출처: 우리문화신문)

해방 이후에는 정치적·경제적 이유로 해외로 떠났던 한인들이 상당수 귀국하였고, 정부수립 이후 1961년 5.16 군사쿠데타 이전까지는 정부의 이민억제정책으로 국제결혼이나 해외입양에 의한 이주자를 제외하고는 이주를 허가하지 않았다.

1962년 한국 정부는 해외이주법을 제정하고 남미, 북미, 서유럽, 중동으로 집단이민과 계약이민을 장려하였다. 1965년에는 이민법이 개정되면서 미주지역으로 건너간 유학생, 간호사, 광부, 의사 신분의 한인들이 해외이주를 주도하였다. 1963년 정부주도의 농업이민정책은 브라질을 시작으로 아르헨티나, 파라과이, 볼리비아 등으로 집단이민이 시작되었다.

1970~80년대 중남미 지역의 불안정한 정치·경제적 상황으로 인해 이들 중 일부는 미국과 캐나다로 재이주하였다. 1963~77년에는 라인강의 기적이라 불리며 경제적 성장을 이룬 서독과 합의 하에 간호사와 광부를 파견하였다. 그리고 1973년 세계 오일쇼크로 인해 경제적 위기에 봉착한 한국은 오일달러로 불었던 중동특수의 건설현장으로 노동자를 송출하였다. 이 시기 이민정책은 송출국과 수용국 간의 이해관계에 따른 기획이민이라 할 수 있다.

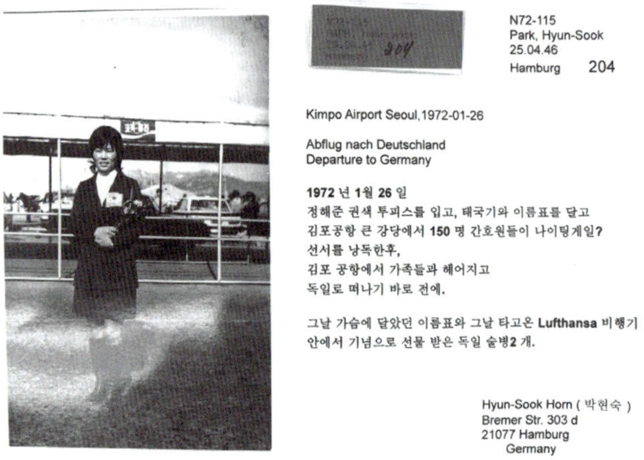

그림 1-23 **파독간호사 독일 근무 사진 및 출국 당시의 번호표**
(출처: 한국이민사박물관)

이후 1970년대에는 국제결혼을 통해 미국으로 간 한인 여성들이 한국의 가족을 초청하면서 한인 이민의 토대가 되었고, 당시 연 30,000명 정도의 한인들이 미국으로 이주하였다(국사편찬위원회, 2005).

1988년 서울올림픽 개최를 계기로 한국의 정치·경제적 위상이 높아지면서 한인들의 해외이주도 감소하였고, 재외동포에 대한 정부의 관심도 변화하였다. 당시 친서방국가의 재외동포들에 국한되었던 관심이 1990년 전후 구 공산권 국가와의 수교를 계기로 중국동포와 구소련동포가 재외동포 영역으로 편입되면서, 이들에 대해서도 관심을 갖게 되었다. 이 시기부터 한국의 이주정책이 한인 송출정책에서 외국인 유입정책으로 바뀌는 계기가 되었다.

그림 1-24 고려인 마을 추석 축제(출처: 광주고려인 마을)

1987년 이후 노동운동 확산으로 노동자의 임금상승과 내국인 노동자의 3D 직종 기피현상으로 인하여 당시 저임금 노동력에 의존해 왔던 생산직 중소기업들이 인력난을 겪게 되면서 외국인노동자의 유입이 본격화되었다. 또한 정부의 북방정책으로 재중동포의 한국방문 사증 발급이 쉬워졌고, 출입국 규제 완화로 네팔, 방글라데시, 스리랑카, 파키스탄, 필리핀 출신의 외국인노동자도 국내에 취업하기 시작하였다. 정부는 국내 생산직 중소기업의 인력난에 대처한다는 명목으로 사실상 미등록노동자를 방치하였고, 1991년부터 산업기술연수생제도를 도입하였다.

1997년 한국에 불어닥친 외환위기는 국내의 고용불안을 심화시켰고, 이로 인해 고학력자나 전문직종에 종사하던 30대 젊은 인력의 해외이주가 증가하였다. 특히 캐나다 정부가 고학력, 전문기술직 종사자를 우대하는 이민정책을 추진하면서 미국 대신 캐나다로 이주하는 사람들도 많았다.

최근 세계는 개방화를 통해 '이주의 시대'를 맞이하고 있다. 우리나라에 거주하는 외국인의 수도 215만 명이 넘고 있으며(법무부, 2023), 사회 여러 분야에서 점차 다양성이 증대하는 다인종·다문화사회가 되고 있다. 즉 우리 사회는 국제이주의 영향으로 인구 구성이 다양해짐에 따라 문화적, 민족적 배경이 서로 다른 사람들과의 공존에 대한 필요성과 함께 새로운 사회적 이슈가 되고 있으며, 이러한 국제이주는 지속적으로 증가할 전망이다.

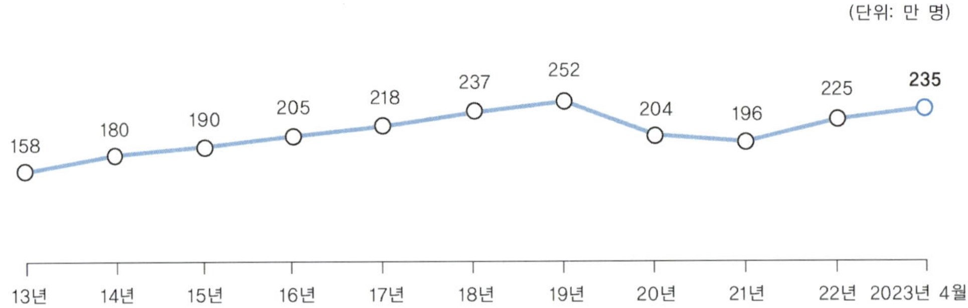

그림 1-25 **체류외국인 증감 추이**(출처: 2023.4.30. 통계월보)

활용자료 "불평등과 싸우는 이들에게서 희망을 본다" ···'파친코' 작가 이민진 "모든 차별에 반대"

4대에 걸친 재일조선인의 삶 다룬 <파친코>
애플TV+에서 드라마로 제작해 화제
절판됐다 새로운 번역으로 독자와 다시 만나
"우리가 매력적이어서 한국인 이야기를 쓴다"

그림 1-26 **파친코 작가 이민진**
(출처: 이민진 홈페이지)

"저는 모든 종류의 차별을 비판합니다. 아이들은 가슴속에 혐오를 품지 않고 태어나지만, 그들이 속한 문화 속에서 자라며 특정 부류의 사람들을 혐오하는 것을 배우게 됩니다. 저는 작가로서 혐오와 차별에 대해 연구하고 이를 극복하고 나아갈 방향을 찾으려고 노력합니다. 이야기는 우리가 학습한 편견들을 다시 생각할 수 있게 가르쳐줍니다."

작가 이민진(54)과 <파친코>는 2017년 한 번, 2022년에 또 한 번 뜨겁게 주목받았다. 30여 년간의 조사와 집필을 거쳐 재일조선인의 삶에 대해 쓴 소설 <파친코>는 미국에서 2017년 출간 당시 호평을 받으며 전미도서상 최종 후보에 올랐다. 4대에 걸친 재일조선인의 삶을 100년이란 역사적 스케일 안에 담으면서도 파란만장한 삶을 살았던 이들의 삶의 디테일을 고스란히 담아냈다. 2022년 <파친코>는 애플TV+에 의해 드라마로 제작돼 전 세계인과 다시 만났다.

한국계 미국인 이민진은 "미국에서 저는 따뜻한 환대를 받았지만 차별도 받았어요. 제 경험은 재일조선인과는 다를 것입니다. 재일조선인의 독특한 역사와 사회·법·인류학에 대해 최대한 많이 배우려고 노력했습니다. 재일조선인들을 인터뷰하면서 문헌 연구만으로는 부족하다고 느꼈습니다. 그래서 책 전체를 다시 쓰려고 했습니다."며 책을 쓰게 된 동기를 말했다.

그리고 이민진은 "미국에서 아시안과 아시아계 미국인들을 향한 증오 범죄들은 항상 존재해 왔다. 최근 전염병과 관련된 인종차별적 발언으로 증오 범죄는 한층 더 심해졌다"며 "아시아인과 아시아계 미국인들을 향한 인종차별을 개탄스럽게 생각하고 이를 널리 알리고자 글로 써왔다"고 말했다.

- 파친코와 이민진에 대한 이야기는 기사 원문을 통해 확인하고 자이니치로 불리는 재일동포의 삶을 다룬 양영희 감독의 '디어 평양', '굿바이 평양' 그리고 '수프와 이데올로기'를 시청하고 그들의 삶에 대해 이야기해 봅시다.
  - 파친코 이민진 관련 기사 원문 : 경향신문. "불평등과 싸우는 이들에게서 희망을 본다"…'파친코' 작가 이민진 "모든 차별에 반대". 2022.07.25. https://m.khan.co.kr/culture/book/article/202207252021011#c2b
  - 한겨레. 양영희 "기억 잃어가는 엄마…일본인 사위에 털어놓은 4·3". 2022.10.21. https://www.hani.co.kr/arti/culture/culture_general/1063651.html

그림 1-27 자이니치의 삶을 다룬 양영희 감독의 영화들
(출처: MovieBloc)

03 문화와 문화다양성

1) 문화의 개념과 속성

(1) 문화의 개념

문화에 대한 정의는 학자들의 관점에 따라 매우 다양하게 존재하지만, 공통적인 정의로 문화는 인간과 인간을 둘러싼 환경과 밀접하게 결부되어 있다는 것이다. 인간이 주어진 자연환경을 변화시키고 본능을 적절히 조절하여 만들어 낸 생활양식과 그에 따른 산물들을 모두 문화라고 일컫는다. 문화 앞에 제한적인 용어를 사용하여 기독교 문화, 한국문화, 미국문화와 같은 복합명사로 사용되기도 한다(위키백과).

그러므로 인간이 주어진 자연환경을 변화시키고 인간 스스로 본능을 조절하여 만들어 낸 생활양식과 부산물들을 모두 문화의 범주에 포함시킬 수 있다. 즉 문화는 인간의 모든 삶과 밀접하게 연관되어 있으며, 한 사회집단의 생활양식이자 인간이 만든 총체적 환경으로 정의할 수 있다(Geertz, 1999; Levinson & Ember, 1996).

유네스코한국위원회(2023)는 문화란 "예술과 문학에 한정되지 않고 인간의 생활양식과 기본적인 권리들을 포함하여, 한 사회나 사회집단을 설명해 주는 독특한 정신적, 물질적, 지적, 정서적 특질들의 복합적 전체"이고, 문화정책은 이러한 개념을 근거로 입안되고 추진되어야 한다는 것이다.

Taylor(1994)는 문화를 "지식, 신앙, 예술, 도덕, 법률, 관습 등 인간이 사회의 구성원으로서 획득한 능력 또는 습관의 총체"로 정의하였다.

Triandis(1995)는 문화에 대해 주관적 문화와 물질적·구체적 문화를 구분하였다. 주관적 문화는 한 문화적 집단의 고정관념, 역할 인식, 규범, 태도, 가치, 이상, 사건, 행동 등의 지각된 관계와 그들의 환경을 인지하는 세계관이다. 또한 물질적·구체적 문화는 문화가 만들어 낸 사물과 인공적으로 만들어진 것을 포괄한다.

Goodenough(1976)는 문화는 사회구성원들의 생각, 신념, 행동원리, 조직으로 사회구성원의 행동을 지배하고 공유하는 모든 지식과 원칙을 의미한다. 이러한 문화는 사회구성원의 지식으로 구성되어 있으므로 지식은 사회구성원들이 참여하는 다양한 사회적 상황에 대처하는 방향을 안내한다(Spindler, 1982).

한편 Levinson(1986)은 문화는 "공동사회 안에서 지식, 도덕, 미(aesthetic)의 판단에서 널리 사용되는 기준과 의사소통의 도구들을 포함하는 공유된 생각의 조직"으로 정의하였다.

이처럼 문화의 정의는 학자들마다 자신의 학문적 입장에 더하여 다양한 정의를 가지고 있다. 그럼에도 공통적으로 드러나는 특징으로 문화는 인간 삶과 결부되어 있으며 인간과 인간을 둘러싼 환경을 포함한다는 관점이다. 즉 문화를 창조하고 향유하는 문화의 주체는 바로 인간이며, 이 인간을 둘러싼 사회·문화적 맥락 속에서의 특정한 생활양식의 총체가 문화인 것이다. 따라서 문화는 어떤 특정한 사회집단 내에서 상호작용하는 사람들에 의해 구성되어 공유되는 삶의 방식인 것이다.

활용자료 정체성은 타고 나는가, 자라면서 형성되는가?

그림 1-28 유튜브 영상

- 유튜브 영상 '문화와 정체성 - 미국에서 혼혈인에 대한 강의 중 한국 족보가 나온 이유'의 데이비드 강 교수의 강연을 보고 다음 질문에 답해 봅시다.
  - 영상 원본 링크 : https://youtu.be/CP6jXrwuAO0

- 데이비드 강 교수는 한국과 미국인 사이에서 태어난 혼혈인이지만 단 한 번도 정체성에 혼란을 겪은 적이 없다 합니다. 정체성은 무엇이며 정체성을 구성하는 데 중요한 것이 무엇인지 찾아 정리해 봅시다.

  - 정체성이란

  - 정체성을 구성하는 것

- 여러분은 데이비드 강 교수의 말에 동의하시나요? 동의하지 않나요? 그리고 그 이유는 무엇인가요?

- 여러분이 생각하는 정체성이란?

(2) 문화의 속성

모든 문화에는 인간의 삶을 유지하기 위한 생리적 구조나 사고 능력의 '유사성'으로 인하여 공통적인 양상, 즉 문화의 '보편성'이 나타난다. 그럼에도 문화는 주어진 자연환경과 역사·사회적 상황의 영향에 따라 인간은 각자 독특한 생활양식을 선택하므로 독자적인 문화, 즉 문화의 '특수성'이 갖는 문화 다양성이 발생한다. 즉 문화는 국가나 민족 혹은 하나의 집단이 만든 정신적, 물질적, 지적인 것으로 타문화와 유사성, 보편성, 특이성을 지닌다.

문화에는 그 문화만이 가지고 있는 특수성이 존재함에도 불구하고 공유성, 학습성, 축적성, 변동성, 총체성이라는 공통적인 속성이 존재한다. 이를 구체적으로 살펴보면 다음과 같다(김영순 외, 2012).

첫째, 문화는 한 사회의 구성원에게 공유되는 특성을 갖는다. 대표적인 사례가 바로 언어의 사용이다. 한국 사람들은 한국어로 의사소통을 하고 감정과 정서를 공유하며 서로의 관계를 유지한다. 이러한 문화의 공유성은 주위 사람들의 행동을 예측가능하게 하여 사회를 유지하는 데 중요한 역할을 한다.

활용자료 사직 야구장의 언어 '마!' '아주라!!'

'구도(球都)'로 불리는 부산은 롯데 자이언츠 응원의 열기가 대단하기로 유명하다. 야구 시즌이 되면 택시나 버스 기사들은 부산방송을 틀어 놓는다. 전국 방송이 아닌 KNN을 틀며 이성득 해설자의 롯데 편파방송에 웃고 울며 흥분한다.

아울러 사직 야구장에서 들려오는 응원가는 부산 사투리를 짧고 명료하게 야구경기의 흐름과 맞닿아 있다. 대표적인 사투리 응원가로 '아주라'가 있는데 관중석으로 날아든 파울볼을 잡은 어른을 향해 사직구장의 모든 관중이 공을 아이에게 주라고 외치는 소리다. 그러면 파울볼 인근의 아이와 함께 관람을 온 아빠는 아이를 안고 파울볼 잡은 어른에게 가서 공을 받는다. 사직구장에 오는 모든 사람들이 이를 보고 즐긴다.

그림 1-29 롯데 자이언츠 경기

그리고 경기 중에 롯데 선수가 1루로 진루한 상황에서 상대편 투수가 견제구를 던지면 사직구장에 다소 과격한 1음절 단어가 울려 퍼진다. '마!!'다. 투수에게 '견제구 던지지 말라'고 하는 한마디인데 관중 모두가 같이 외치는지라 상대편 투수는 압도된다.

그렇다고 롯데만을 일방적으로 응원하지는 않는다. 부산의 관중들은 익사이팅한 경기를 즐기는데 선수가 머뭇거리거나 중요한 타이밍에 꼭 안타가 필요할 때, 관중석에서 선수를 향해 '쌔리라!'를 외친다. 그리고 이에 화답하는 안타가 이어지면 사직구장은 달아오르고 옆 사람과 어깨동무를 하고 파도타기를 하며 '부산갈매기'를 노래한다.

사직구장에서 부산 사투리로 즐길 수 있는 부산의 응원문화는 부산만의 독특한 지방색을 가장 잘 드러낸다고 할 수 있다. 부산 사직구장의 응원문화는 부산의 미래유산으로 지정되었다.

- 축구 월드컵, 올림픽, 아시안 게임 등과 관련된 응원문화에서 한국사회 구성원들 간에 공유된 감정과 정서를 드러내는 것은 어떤 것이 있는지 찾아봅시다.

둘째, 문화는 유전적으로 물려받은 것이 아니라 사회화 과정을 거치면서 후천적으로 획득되는 특성이 있다. 이를 문화의 '학습성'이라고 하는데, 태어날 때는 언어생활을 하지 못하다가 성장 과정에서 부모와 또래 집단과의 접촉, 학교생활을 통해 말과 글을 배우게 되는 예가 여기에 해당한다. Barrett(1984)에 따르면, 문화는 모든 인간사회의 구성원 간에 공유되는 학습된 믿음, 전통, 행동 지침의 총체이다.

셋째, 한 세대에서 만들어진 문화는 다음 세대로 계승·전달되어 축적되는 경향이 있다. 이를 문화의 '축적성'이라 한다. 예를 들어, 세종대왕의 한글 창제 이후 한글은 지금까지 한국어로 축적되어 사용되고 있으며, 심지어 컴퓨터의 아래한글 프로그램으로 발달했다. 이와 같이 전승된 문화는 시대 환경에 적합한 방식으로 수정·보완되면서 축적되어 전통의 형태로 나타나기도 한다.

넷째, 문화는 새로운 기술이나 지식의 축적 혹은 다른 문화와의 접촉에 의해 새로운 특성이 추가되거나 기존의 특성이 소멸되기도 하는 '변동성'을 갖는다. 어떤 사람에 의해 발견된 새로운 지식이 사회생활에 효과적으로 이용될 수 있다는 것이 밝혀지면 이것은 사회의 다른 구성원에 의해 학습되고 전체 사회에 확산된다. 인터넷 발달 이전에는 편지로 멀리 떨어진 친구와 소통했다면 지금은 전자우편, 메신저, 트위터, 페이스북 등의 매체를 통해 소통한다. 그러나 기성세대와 디지털 세대와의 정보 격차로 인해 소통의 어려움을 겪기도 한다.

다섯째, 문화의 각 부분은 따로 떨어져 존재하는 것이 아니라, 다양한 요소의 유기적인 상호작용으로 이루어진다. 이를 문화의 '총체성'이라고 하는데, 이를테면 과학기술의 발달이 공업화를, 공업화가 도시화 현상을, 도시화 현상이 가족 형태의 변화를 불러일으킨 것은 문화의 이런 속성을 잘 보여준다. 그리고 이러한 변화는 문화의 다른 부분들과 상호작용하는 과정에서 연쇄적인 변동을 유발한다.

활용자료 **김장의 변신은 무죄?**

김장 문화는 문화의 속성을 설명하기에 매우 적합하다.

김장은 길고 혹독한 겨울을 나야 하는 한국인들에게 반드시 필요한 월동 준비이다. 늦가을 김장철이 되면 가족이나 친족을 중심으로 다함께 모여 김장을 하고 김장김치를 형편이 어려운 사람들에게 나누어 줌으로써 겨울 동안 먹을 김치를 충분히 확보할 수 있도록 해준다. 이처럼 김장은 사회적 나눔, 구성원 간 협력 증진, 김장문화 전승 등의 다양한 목적을 갖고 있고 특히 지역의 차이, 사회·경제적 차이를 넘어 대한민국 국민 전체를 포괄한다는 큰 특징을 가지고 있다.

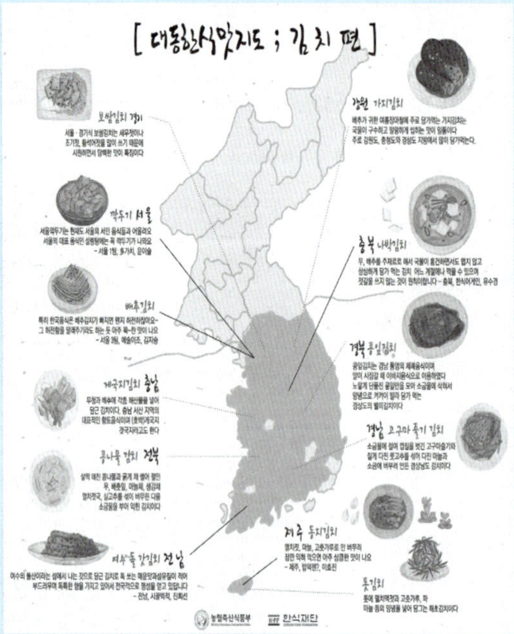

그림 1-30 **지역별 김치 지도**(출처: 한식진흥원)

한반도 전역에서 행해지는 김장의 기원은 알 수 없으나, 문헌상으로는 고려시대의 이규보(1168~1241)가 쓴 시에 '무를 장에 담그거나, 소금에 절인다'는 내용으로 김장이 언급되었고, 지금과 같이 김치를 초겨울에 김장한 기록은 19세기 문헌에서 본격적으로 등장한다.

오랜 시간에 걸쳐 한국 사람들은 주변의 자연환경에 가장 잘 맞는 김장 방식을 창조적으로 발전시켜 왔으며 김장의 구체적인 방식과 재료는 여러 세대에 걸쳐 전승되고 있다. 김장은 1년이 걸리는 과정으로 계절별로 해야 할 일이 있다. 봄에는 각 가정에서 새우젓, 멸치젓 등 다양한 해산물 젓갈을 준비한다. 여름에는 천일염을 구비해 놓고, 늦여름에는 고추를 말려 고춧가루를 빻아 놓는다. 늦은 가을과 초겨울 김장철이 되면 지역 공동체는 다함께 모여 해당 지역의 모든 가구가 길고 추운 겨울 동안 먹을 김치를 충분히 확보할 수 있도록 해준다.

이처럼 김장은 지역과 세대를 초월해 광범위하게 전승되고 한국인들이 이웃과 나눔의 정을 실천하며 결속을 촉진하고 한국인들에게 정체성과 소속감을 준다. 그리고 비슷한 천연재료를 창의적으로 이용하는 식습관을 가진 국내외 다양한 공동체들 간의 대화를 촉진함으로써 무형유산의 가시성을 제고하는 데 기여했다는 점을 인정받았다.

김장문화는 2017년 국가무형문화재 '김치 담그기'로 지정되어 보존·전승되고 있으며, 2013년 '유네스코 인류무형문화유산 대표목록'으로 등재되었다.

출처: 문화재청 국가문화유산 포털. 한국의 인류무형문화유산, 김장문화. http://www.heritage.go.kr/heri/html/HtmlPage.do?pg=/unesco/CulHeritage/CulHeritage_16.jsp&pageNo=5_3_2_0

- 김장문화처럼 한국 혹은 세계의 다양한 문화(의식주, 관습, 법, 의례 등등) 중 하나를 선택하여 문화의 속성을 적용하여 설명해 봅시다.

  - 문화 이름 :

  - 문화의 속성에 적용

2) 문화다양성

문화다양성은 문화적 다름에 대한 인정으로 언어나 의식주, 전통 사회를 이루는 방법, 도덕 및 종교에 대한 관념, 주변 환경과의 상호작용 등 타자 및 타문화에 대한 문화적 차이를 의미한다. 그리고 문화다양성은 유네스코가 문화다양성의 보호와 증진을 위한 구속력 있는 최초의 국제협약으로 2005년 문화다양성 협약을 채택하면서 그 중요성이 인식되었다. 문화다양성 선언 서문에서 문화는 사회와 사회 구성원의 특유한 정신적·물질적·지적·감성적 특성의 총체로 간주해야 하며, 예술 및 문학 형식뿐 아니라 생활양식, 함께 사는 방식, 가치 체계, 전통과 신념을 포함한다는 것을 재확인하였다(유네스코한국위원회, 2001).

문화다양성의 포괄적인 개념은 문화적 실천들, 삶의 방식, 가치 체계, 지식과 기술, 언어, 예술적 표현으로 명료화될 수 있다. 문화다양성의 의미는 사회적인 긴장 없이, 집단 혹은 공동체 사이에서의 원만한 관계와 기회균등 그리고 차이에 따른 차별이 없고 공감하고 소통할 수 있는 것으로 인종, 민족, 계급, 성역할, 언어, 종교, 장애 등에 토대를 두고 있는 구조적 차별과 사회경제적 구분 짓기를 축소하거나 제거하려는 접근방식으로 볼 수 있다(Nieto, 2004).

배우 엠마 왓슨은 UN 연설에서 "If not now, when? If not me, who?"라는 질문을 던지며 우리 사회에 만연한 불평등에 대해 예민해지고 강해지자고 주문했다. 그리고 그 해법으로 보편적인 인권 실현 측면에서 강조되고 제시된 개념이 문화다양성이다.

문화다양성은 '종의 다양성(biological diversity)'과 같은 맥락으로 생물 종의 다양성이 건강한 생태계를 유지하듯이, 인류가 보존해 온 오랜 문화들의 고유한 가치를 적극적으로 보호해야 인류 역시 건강한 문화생태계를 유지할 수 있다는 것이다. 그리고 '다양성'이란 성별, 연령, 종교, 인종과 사회계층에서 나타나는 차이뿐만 아니라, 그에 따른 문화적 생활방식에서 반영되는 차이라고 볼 수 있다.

문화다양성을 인정한다는 것은 인종, 민족, 사회계층, 성적 성향, 언어, 종교 등에 관계없이 누구도 배제하지 않고 동등함을 인정하는 것이다. 다문화사회가 지향해야 할 가치는 어떤 구성원들도 사회적 배제를 받지 않으며, 모든 시민을 포용하는 문화적 다양성의 수용이기 때문이다(전태국, 2010).

이와 같은 개념은 다문화사회의 세계적 진전과 함께 인권, 소수 및 하위문화, 문화발전 등의 개념을 도입하면서 '사회 내'에서의 문화다양성 개념으로 확장되었다(김규원, 2014).

즉 문화다양성은 인종, 민족성, 계급, 젠더, 종교, 장애 등에 기초한 '구조적 차별과 사회경제적 구분 짓기를 줄이려는 접근'이며 그들의 문화적 특수성을 인정하고 보호하며 존중하는 동시에 이에 비롯한 가치들을 증진시키는 것임을 말한다.

2001년 제31차 유네스코 총회에서 「세계 문화다양성 선언(Universal Declaration on Cultural Diversity)」 채택을 통해 문화다양성에 대한 중요성 및 가치를 공식 선언하고 전 지구적 의제로 상정했다. 「세계 문화다양성 선언」 제5조는 문화다양성을 위한 바람직한 환경을 마련하는 데 있어서 문화적 권리가 얼마나 중요한 것인지를 강조하고 있다.

> "문화는 시공간에 여러 형태로 나타난다. 이 다양성은 인류를 구성하는 집단, 사회의 정체성, 독창성을 구현한다. 생태다양성이 자연에 필요한 것처럼 교류, 혁신, 창조성의 근원으로서 문화다양성은 인류에게 필요한 것이다. 이러한 의미에서 문화다양성은 인류 공동의 유산이며 현재와 미래세대를 위한 혜택으로서 인식하고 확산해야 한다."
>
> - 세계 문화다양성 선언문 중 -

2005년 10월 프랑스 파리에서 열린 제33차 유네스코 총회에서 문화다양성을 "집단이나 사회의 문화가 표현되는 다양한 방식"으로 정의하였고, 2005년에 발표한 문화다양성 협약(UNESCO, 2005)에서 문화다양성은 인류가 추구해야 하는 보편적인 가치이자 인간의 기본 권리로 규정되기에 이르렀다. 이 협약에 따르면, 소수자와 다수자의 문화는 상호 동등하게 소통 및 존중되고 증진되어야 하며, 다양한 문화가 보존, 증진되는 것을 통해 궁극적으로 인류 세계가 지속가능한 발전을 이루는 것을 지향하고 있다(강인애 외, 2013).

한국 사회는 사회구성원의 다양화와 문화다원성의 확장으로 인해 문화다양성에 대한 담론이 활발해졌다.

1990년대 한국 사회는 외국인 이주민, 결혼이주자, 북한이탈주민 등의 정착 비율이 높아진 다문화사회로 진입했으며 과거의 전통적 양식이 전승되는 모습과 더불어 새롭게 생성된 문화가 공존하게 되었다.

이로 인해 다문화와 문화다양성에 관한 담론이 본격화되었다. 다문화는 근대에 들어 단일인종·단일민족에 다인종·다민족이 유입되면서 다문화사회로의 이행 과정에서 발생하는 특정 시기와 공간에서의 사회·역사·정치적인 문제들과 함께 다양한 인종·민족이 공존하는 방법에 관하여 사용하는 용어이다.

그리고 다문화는 같은 시공간에 공존하는 다수의 문화를 대상으로 다수의 개별문화 간의 호혜적 공존을 위해 차별에서 차이의 인정, 타자에 대한 인정과 환대, 사회통합을 지향한다.

그림 1-31 문화다양성 주간포스터
(출처: 문화체육관광부)

반면에 문화다양성의 범주는 다인종, 다문화 사회화 현상을 다루는 다문화에 국한되지 않고, 언어, 성, 인종, 민족, 계급, 종교 등과 사회에서 개인의 정체성까지 아우르는 본질적인 접근이다. 문화다양성은 문화의 본질적이고 보편적인 속성을 나타내는 용어로 문화 내 다양성, 곧 다양한 개인들로 구성된 인간 집단의 본질적 특성인 내적 다양성을 강조한 개념이다. 즉 문화다양성은 서로 다른 다양한 문화의 가치를 상호인정하며, 민족·종족·집단·지역 등의 문화가 유지·보존되어야 한다는 의미를 담고 있다(김수이, 2013).

또 기존에 우리 사회는 공동체 질서를 강조하며 소수집단의 문화표현에 대해 관대하지 않았으나 최근에는 소외되고 차별받았던 소수자들이 사회의 주요 화두로 등장하게 되었다. 나아가 이들은 이전과 달리 자신들의 문제를 정책적으로 요구하게 되었다.

이로 인해 문화다양성에 대한 정책 및 교육의 확산으로 이러한 개념을 이해하는 국민이 많아지고 있으며, 문화다양성의 가치와 국내 환경에서의 필요성을 느끼는 국민의 비율이 높아지고 있다.

대개 문화다양성이 다문화, 성소수자, 외국인근로자 등으로 이해되었으나 점차 세대, 성별, 전통문화, 비주류예술, 지역문화 등으로 문화다양성에 대한 이해의 폭이 넓어지는 추세이다. 그리고 지자체의 문화다양성 정책 또한 성 평등, 세대갈등, 전통 및 지역문화의 보호 등 다양화하고 있음을 알 수 있다.

활용자료 우리 안의 다양성 확인하기

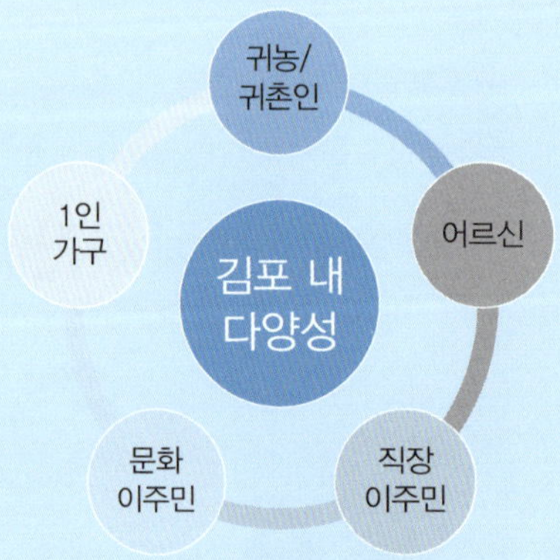

그림 1-32 김포문화재단의 다양성

김포문화재단에서 선정한 같은 언어, 같은 문화권 내에서의 우리 안의 다양성을 5가지로 제시하였다.

김포지역의 특성을 반영한 귀농과 귀촌인, 지역으로 온 문화이주민, 어르신, 1인 가구, 직장이주민이 김포지역의 다양성이라고 하였다.

- 김포 지역처럼 여러분이 살고 있는 지역의 특성과 사회구성원들을 탐색하고 우리 지역의 다양성을 제시해 봅시다. (예: 생활권역, 세대, 계층 등등)

04 다문화사회의 이해

OECD(경제협력개발기구)의 기준으로는 한 나라의 인구에서 체류외국인이 차지한 비중이 5% 이상인 경우 다문화사회라고 한다. 한국의 경우 2019년 체류외국인 수가 252만 명으로 인구대비 4.8%의 비중으로 다문화사회를 목전에 두었다고 할 수 있다.

1) 다문화사회의 개념

이주민의 증가는 동일한 문화와 혈통을 추구하는 단일문화에 이질적인 문화들도 유입되어 다양한 문화가 공존하는 상태인 다문화사회를 형성하게 한다. 다문화사회는 미국처럼 처음 국가를 구성할 당시부터 다양한 민족과 인종이 모여진 사회도 있지만, 사회가 구성된 이후에 경제·사회적 차원에서 다른 인종의 이주민이 유입되어 구성된 다문화사회도 있다.

Kymlicka(1995)에 의하면 다문화사회는 다민족으로 구성된 사회 또는 다른 지역에서 이주해 온 인종에 의해 이루어진 다인종사회라고 설명하며, 대부분의 국가나 집단들이 이러한 범주에 포함될 수밖에 없으므로 우리 대다수가 다문화사회에 살고 있다고 하였다.

김혜순(2008)은 다문화사회란 국민으로서 누릴 수 있는 정치, 경제, 사회, 문화적 권리를 보장받고 향유하는 데 있어서 인종·종교·민족에 따른 차별이 허용되지 않는 사회라고 정의하고 있다.

김학태(2015)는 다문화사회는 시민으로서 누릴 수 있는 정치적·경제적·사회적·문화적 권리를 각자가 향유하며, 인간으로서 인종, 종교, 문화, 언어 등에 의해 차별받지 않고 평등하게 살아갈 수 있는 통합된 공동체사회를 의미한다고 주장한다.

정리하자면 다문화사회란 인종이나 종족, 문화적으로 다원화되어 있는 사회로 소수 집단 문화의 경계, 내국인 문화와 이주민 문화의 경계를 넘어서 서로의 문화를 가치 있게 여기고 존중하려는 사회이다.

다문화사회는 하나의 공동체 사회를 형성하기 위해 기존 사회구성원(선주민)의 지배적 주류문화와 유입된 이주민의 다양한 소수문화가 공존할 수밖에 없는 구조를 가지게 된다. 그래서 동일한 지리학적 공간에 있는 사회구성원 모두가 하나의 공동체 사회라는 조건 아래에서 지속적으로 소통하면서 상호문화적 관계를 유지하는 가운데 자신들의 문화적 유산을 공유해야 한다.

2) 문화를 대하는 태도와 관점

(1) 타문화를 이해하는 태도

16세기에서 19세기 사이 대항해, 식민지 건설, 과학혁명, 산업혁명에 이르는 유럽의 번영과 성공은 유럽인으로 대표되는 백인들에게 인종적, 문화적 우월주의를 심어 주었다. 그리고 이를 더 공고히 하는 인종론이 등장하면서 유색인종, 즉 아시아인과 흑인에 대한 백인우월주의를 부추기게 되었다.

백인우월주의자들은 이 시기 형성된 유럽의 문화를 일반적인 문화로 인식하고, 유색인종의 문화를 하등한 문화로 취급하였다. 이는 문화를 문명과 동일시하는 동시에 서구의 문명을 문화의 전범으로 파악하는 서구우월주의에 의한 것으로, 지금도 세계 곳곳에서 인종차별과 문화제국주의로 이어지고 있다.

문화를 이해하는 태도는 다음 4가지로 볼 수 있다.

먼저 자문화중심주의는 자신의 문화를 가장 우수한 것으로 보고 자신의 문화를 기준으로 다른 문화를 평가하는 태도를 말한다. 이러한 태도는 자기 문화에 대한 우월감과 함께 다른 문화에 대한 무시나 경멸을 수반하는 경우가 많다. 사람들은 자신이 속한 사회의 문화에 익숙하기 때문에 자기 문화가 보편적이고 바람직하다고 생각하기 쉬우며, 생소한 다른 문화에 대해서는 비정상적이고 열등하다고 평가하는 경우가 있을 수 있다.

수저가 아닌 손을 사용하여 식사하는 문화권 사람들의 모습을 보고 비위생적이라고 평가하는 경우나, 외국인노동자의 문화를 수준 낮게 생각하면서 편견을 가지고 대하는 경우들이 자문화중심주의의 사례이다.

과거 로마가 정복지에 그들의 종교와 경제 제도를 강요한 것이나 일제강점기 때 일본이 우리나라에 신사참배를 강요한 것을 예로 들 수 있다.

- 예시 :

둘째, 문화사대주의적 태도는 다른 사회의 문화를 수준이 높고 가치가 있으며 우수한 것으로 여겨 자기 문화를 부정적으로 평가하는 것이다. 외국의 문화를 비판 없이 무조건 동경하거나 외국 상품을 무조건 선호하면서 우리의 전통적인 것을 무시하는 태도, 한글보다 영어로 제작된 이름을 무조건 멋있다고 하는 것 등이 문화사대주의의 사례이다.

문화사대주의는 다른 문화에 대한 거부감이 약하기 때문에 외래문화의 좋은 요소들을 쉽게 수용할 수 있는 장점이 있는 반면, 문화사대주의가 심화되면 자기 문화의 고유성과 주체성을 상실하고 무비판적으로 외래문화를 숭상하는 결과를 초래할 수 있다.

- 예시 :

셋째, 문화상대주의란 한 사회의 문화를 그 사회가 처한 특수한 환경과 역사적 맥락 속에서 이해하고 평가하려는 태도를 말한다. 즉 그 문화를 공유한 사람들의 입장에서 문화를 바라보고 이해하는 태도이다. 각 사회의 문화는 그 나름의 고유한 특성과 가치를 지니기 때문에 문화 간의 우열을 가릴 수 없다는 것이다. 문화상대주의는 문화의 다양성과 상대성을 인정하고 그 사회의 특수성을 고려한 가장 바람직한 문화 이해의 태도이다. 다른 문화에 대한 고정 관념과 편견을 해소하고 다양한 문화에 대한 객관적인 이해가 가능하다.

예를 들어, 티베트 사람들은 조장(鳥葬)이라는 풍습을 가지고 있다. 히말라야 산지의 혹독한 추위와 험준한 지형 때문에 시신을 매장하기가 어려운 환경이며, 티베트 사람들은 시신으로 배를 채운 새가 하늘을 높이 날면 죽은 사람의 영혼도 하늘을 향한다고 생각한다. 그러한 자연환경과 불교적인 세계관의 영향 때문에 티베트에서는 시신을 들판에 내다 놓아 새들이 쪼아 먹게 하는 조장이라는 독특한 장례 문화가 형성되었다. 이와 같이 한 사회의 문화를 이해할 때에는 그 사회의 특수한 환경을 고려하여 이해해야 하며, 이것은 다양한 문화를 올바르게 이해하는 데 필요한 태도이다.

- 예시 :

문화상대주의가 지나칠 경우 인류의 보편적인 가치까지 훼손하는 비인권적 전통을 고유한 문화로 강요하는 극단적인 문화상대주의로 흐를 우려가 있다. 이것은 모든 문화가 나름대로 가치가 있다고 생각하며 '인간 존중, 자유, 평화' 등 인류의 보편적인 가치를 훼손할 수 있다.

예를 들어, 이슬람 국가의 명예 살인은 가족이나 부족의 명예를 더럽혔다는 이유로 구성원들에 의해 살인을 정당화하는 것을 말한다. 주로 여성을 대상으로 한 해 5,000여 명가량의 사람들이 집안의 명예를 더럽혔다는 이유로 목숨을 잃고 있다.

- 예시 :

넷째, 자문화중심주의가 극단적일 경우 자신의 문화를 다른 사회에 강요하는 문화제국주의로 흐를 수 있다. 문화제국주의란 특정 지역의 문화가 경제력이나 강한 군사력을 바탕으로 다른 지역의 문화적 특징을 파괴하거나 영향력을 미치는 것을 말한다. 콜럼버스가 스페인의 지원을 받은 우수한 무기를 바탕으로 신대륙에 도착하여 원주민들을 노예로 삼고 그들의 문화를 파괴하고 자신들의 종교를 강요하는 등 그들의 문화를 강요한 것도 문화제국주의의 사례이다. 그래서 콜럼부스가 신대륙에 도착한 것을 기념해 스페인에서의 10월 12일은 '콜럼버스의 날, 발견의 날'이지만 라틴아메리카에서는 '원주민 저항의 날'로 기념한다.

- 예시 :

활용자료 **시리아 난민 꼬마 조롱 만평… 애도는 못할망정**

시리아의 오랜 내전은 유럽으로의 향하는 난민을 양상하였다. 시리아 난민들은 목숨을 걸고 지중해 바다를 건너 유럽으로의 새로운 삶을 찾아 떠난다. 그런데 지중해 바다는 호락호락하지 않고 생명을 앗아가는 안타까운 일들이 발생하곤 한다.

2015년 9월 2일 시리아 난민 어린이인 아일란 쿠르디가 터키 해변에서 익사한 채 발견되는 안타까운 일이 발생했다. 모래에 얼굴을 묻고 숨져 있는 3살 꼬마 쿠르디의 사진에 전 세계는 애도의 마음을 전하고 시리아 난민에 대한 세계적 관심을 불러 일으켰다. 아울러 이를 계기로 유럽사회의 이민정책도 재검토하게 되었다.

그런데 프랑스 주간지 ≪샤를리 에브도≫가 세 살배기 시리아 난민 꼬마를 조롱한 만평을 게재해 비난을 받고 있다. 9월 13일(현지시간) 터키 언론에 따르면 프랑스의 ≪샤를리 에브도≫는 최신호에서 터키 해변에서 익사한 채 발견된 쿠르디를 다룬 만평을 게재했다.

그림 1-33 난민 아동 조롱 만평(출처: 중앙일보)

▪ 관련 기사 원문을 읽고 샤를리 에브도 만평이 의도하는 바와 문제점을 찾아봅시다.

- 원문 출처 : 중앙일보. 시리아 난민 꼬마 조롱 만평 … 애도는 못할망정. 2015.09.15. https://www.joongang.co.kr/article/18670929#home
- 샤를리 에브도 만평이 의도하는 바
- 샤를리 에브도 만평의 문제점
- 샤를리 에브도 만평으로 인해 예상되는 문제

(2) 타문화를 이해하는 관점

그렇다면 우리는 다른 나라의 문화를 어떻게 이해해야 하는 것일까? 문화를 이해하는 관점은 크게 3가지로 볼 수 있다.

우선 문화를 총체론적 관점에서 바라봐야 한다.

인간의 생활양식인 문화는 정치, 경제, 법률, 가족 등 다양한 영역이 연결되어 있기 때문에 문화 현상을 이해할 때 그 사회의 전체적인 맥락 속에서 다른 문화 요소들과의 상호 연관성을 파악하면서 폭넓게 이해해야 하는 것이다.

▪ 예시 :

또한 상대론적 관점에서 문화를 이해하고 다양성을 유지하려는 자세가 필요하다. 한 사회의 문화를 그 사회의 특수한 환경과 상황 및 역사적 맥락을 고려하여 이해하는 관점이다. 문화를 향유하는 그 사회구성원들의 입장에서 문화를 바라봐야 하며 어떤 절대적인 기준에 의해 평가를 해서는 안 된다. 이와 같은 관점은 다른 문화에 대한 편견과 선입관을 없애고 올바로 문화를 이해할 수 있기 때문에 새로운 문화를 창조하며 발전할 수 있다.

- 예시 :

마지막으로 비교론적 관점은 한 사회의 문화가 지닌 보편성과 특수성을 다른 문화와 비교하여 파악하려는 태도이다. 이것은 각 사회의 문화가 보편성과 특수성을 동시에 지니고 있다는 것을 전제로 하며, 이를 통해 자기 문화의 특징을 더 잘 이해할 수 있고 자기 문화에 대한 객관적인 이해를 가능하게 한다.

- 예시 :

활용자료 전족과 할례 문화에 대한 관점

문화상대주의는 "인류의 문화는 한 방향으로만 발전하는 것이 아니라 제각기 독자적인 방향으로 발전한다. 모든 인간 사회는 나름의 사회 문화적 체계를 지니는데 개개의 사회 문화적 체계는 그 구조와 조직이 각기 다르다. 이러한 차이는 자연환경의 차이에서 유래할 수 있고 언어나 도구의 제작과 사용 등 활동의 형태가 다른 데에서 올 수도 있다. 그렇기에 문화적인 차이는 어느 것이 더 낫다거나 못하다고 말할 수 없다. 각각의 문화는 그런 모습을 지니게 된 나름의 환경과 전통이 있기 때문이다. 각각의 문화는 그 문화의 환경과 전통 속에서 이해해야 하며 각각의 문화를 있는 그대로 인정해야 한다"는 것이다.

하지만 각 문화의 고유한 가치와 다양성을 인정하면서도 인권, 자유와 같은 인류의 보편적인 가치가 훼손되는 인습에 대해서는 인정할 수 없다. 즉 올바른 문화다양성이란 "인간의 존엄성을 지키는 것은 인간이라면 누구나 공감하는 보편적 가치"이며, "어떤 문화, 어떤 시대 상황에서도 반드시 지켜져야 할 도덕적 최소한"인 것이다. 문화는 자연적 환경이나 제도, 역사적 배경으로 다양하게 나타날 수 있고 이를 존중하는 것이 문화다양성이지만 "한 개인의 자유와 인권을 보장하지 못한다면?"이라는 질문을 던진다.

- 여성의 자유와 인권을 억압하는 대표적인 인습으로 할례, 전족, 빠동족 여성 목의 고리 등이 있다. 이들에 대한 자료를 찾아 읽어보고, 문화다양성과 인권이 대립하는 경우, 문화다양성과 자기의사 결정권이 대립되는 경우 무엇을 우선시해야 할까를 고민해 봅시다.

  그리고 전족, 여성할례 이야기를 문화상대주의 관점으로 수용하는 것이 옳을지, 혹은 여성의 인권과 자기결정권이 무시되었던 사례로 볼 것인지, 여성 억압으로 볼 것인지, 각자 믿는 종교에 따른 자기결정권의 행사라고 볼 것인지에 대해 깊이 있는 사고를 해 봅시다.

  참고자료 : 미디어경청. 여성의 자유와 인권을 억압하는 인습. 2017.07.25.
  https://www.goeonair.com/mobile/article.html?no=5744

- 전족과 여성의 할례 중 하나를 선택하여 타문화를 대하는 관점을 선택하여 나의 관점을 정리해 봅시다.

  - 문화 :

  - 적용 관점 :

  - 나의 관점 :

Chapter 02

다문화사회 통합이론과 정책

들어가며

"캐나다는 가능성의 나라입니다. 제 자신이 그것을 증명합니다."

- 2005년 캐나다 27대 총리 미셸 장의 취임 연설 -

"저의 인생 여정은 (난민) 보트에서 시작했습니다. 이후 1년간 난민 캠프에 있다가
어떻게 이렇게 세월이 흘러 할리우드에서 가장 큰 무대에 서게 됐습니다.
절 다시 반겨 주셔서 감사합니다!
사람들은 이러한 이야기는 영화 속에나 존재한다고 말한다. 그런데 지금 이런 일이 내게
일어나고 있다는 걸 믿을 수 없다. 진정한 아메리칸 드림"

- 2023년 제95회 아카데미 남우 조연상 수상자 키 호이 콴의 수상 소감 -

01 다문화사회 통합

1) 다문화사회의 전개와 갈등

(1) 다문화사회의 전개

어느 국가이든 다문화사회로 어느 한순간에 이행되는 것이 아니라, 몇 개의 단계를 거치면서 서서히 다문화사회로의 변화를 겪게 된다.

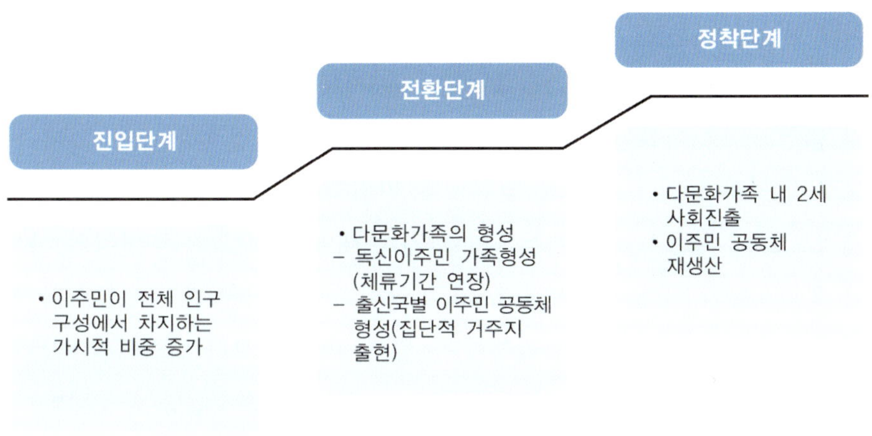

그림 2-1 **다문화사회로의 이행단계**(출처: 한국건강가정진흥원, 2022)

이를 단계별로 진입단계 - 전환단계 - 정착단계로 구분하여 각 단계마다 일어나는 사회현상들을 살펴보면 다음과 같다(한국건강가정진흥원, 2022).

이주민이 전체 인구 구성에서 차지하는 가시적 비중이 증가하는 시기를 다문화사회로 이행하는 1단계인 다문화사회로의 진입단계라고 볼 수 있다. 이 단계에서는 주류사회의 구성원들이 오래도록 지속해 온 민족국가에 대한 혼란을 겪으며, 이주민에 대한 심리적 저항과 차별적 태도를 보이는 시기이다. 이주민이 가진 행동의 다양성이나 가치관의 다름에 따른 규범의식의 저하로 이어지기도 한다.

이행 초기 단계가 중요한 이유는 타문화와 다른 인종에 대해 관용이 부족한 사회에서 인종적 소수집단은 자신감과 자부심이 부족하고, 열등감에 가득 찬 불안정한 정체성을 가질 수밖에 없기 때문이다. 소수자에 대한 인식과 평가의 변화에는 대중매체와 인터넷이 중요한 역할을 담당한다. 외국인이 대중매체에서 불평등하거나 왜곡된 이미지로 비쳐질 경우, 대중의 외국인에 대한 고정관념(stereotype)이 확산될 수 있는 위험이 있다. 이주 초기의 사회적 위험에 대한 대처방안은 다문화사회로 이행하면서 파생될 장기적인 위험을 최소화시킬 수 있다는 점에서 매우 중요하다.

이주 초기에 독신으로 이주해 왔던 이주민들이 체류기간의 연장에 따라 서서히 이주한 국가에서 가족을 형성하게 된다. 그리고 출신국별 이주민 공동체가 형성되고 이들만의 집단적 거주지가 출현하면서, 한 사회가 다문화사회로 전환되는 다문화사회로의 이행의 2단계를 거치게 된다.

그러나 한국 사회는 본국의 가족과 재상봉권을 주장하거나 체류 기간이 길어지면서 자연스럽게 결혼을 통해 가족을 형성하기 시작하는 전형적인 이주의 이행단계를 거치지 않았다. 그 이유는 결혼이주여성이 한국남성과 결혼하는 순간 이미 남성 중심으로 형성되어 있는 가족의 일원으로 편입되기 때문이다.

일반적으로 이주의 2단계에서는 다문화가족 내에서 서로 다른 언어의 사용으로 장기간 의사소통의 제한이 나타나고, 이로 인해 가족구성원 간의 무관심과 정서적 유대관계의 약화와 같은 문제가 발생할 수 있다. 이것이 보다 진전되면 다문화가족의 이혼율 증가와 가족해체 현상이 발생할 수 있으며, 소수인종 공동체의 사회적 고립이나 인종, 민족 등에 따른 소득 격차로 인해 새로운 차원의 사회 불평등이 심화되기도 한다.

다문화가족 내에서 성장한 2세가 사회에 진출하고 이주민 공동체가 재생산되기 시작하면서 다문화사회로 정착하기 시작하는 3단계로 접어들게 된다. 이 단계에는 교육과 소득수준이 낮은 이주민에 대한 사회복지 부담이 증대된다. 그리고 이주민 2세의 인종적 정체성의 혼란, 가족 내 사회화를 통해 습득된 자신의 문화와 주류사회의 문화 간에 혼란과 갈등, 이들 집단의 범죄와 실업문제가 가시화된다. 인종 간 사회적 마찰이 증대되고 주류문화에 대한 저항표면화(집단소요)로 사회적 불안이 가중되어 사회적 일체감의 해체를 불러온다.

(2) 다문화사회의 갈등

현대사회가 글로벌화, 국제화되고 자본과 노동이 자유롭게 이동하게 되면서 국제결혼의 증가, 유학생의 증가 등으로 각국의 인종적, 문화적, 종교적 구성이 급격한 속도로 변화하게 되었다. 다문화주의가 현대사회에 들어와서 갑자기 나타난 현상은 아니지만 점차 다양하고 복잡한 양상을 띠게 되었다. 단일한 문화적 배경을 지닌 사회에 기존의 문화와 다른 배경의 사람들이 갑자기 증가한다는 것은 갈등을 유발할 여지도 내재하고 있다.

❶ 호주의 원주민과 이주민 갈등

1606년 네덜란드가 오스트레일리아를 발견한 이래, 1770년 영국은 탐험가 제임스 쿡(James Cook) 선장에 의해 오스트레일리아를 자신들의 영토로 삼았다. 1788년부터는 뉴사우스웨일스(New South Wales) 주의 식민지로 죄인들을 수송해 정착시키게 되면서 이민이 시작되었다. 그 후로 인구는 차츰 늘기 시작했고 대륙 탐험은 계속되어 여섯 개의 식민지 주가 건설되었다. 그리고 그것이 연합하여 오늘날의 오스트레일리아 연방제 국가가 설립되었다.

그림 2-2 **토끼울타리 포스터**
(출처: 한국영상자료원)

오스트레일리아는 오랫동안 살았던 최초의 종족인 일명 애보리진(aborigines)이라고 불리는 '오스트레일리아 원주민'들과 유럽 이주민들 간의 무력 충돌 사건이 발생하였다. 그것은 1869년부터 1968년까지 행해진 '원주민개화정책'이라 불리는 반인륜적이며 반인도적인 행위와 직결된다. 정복자들은 애보리진의 대규모 학살과 순수혈통을 훼손시키고 전통문화를 근본적으로 변화시키기 위해 원주민들의 아이들을 부모들에게서 강제로 빼앗아 기숙학교에 강제로 수용하였다. 그곳에서 원주민 언어는 금지당했고 부모들의 방문과 편지조차 금지되었으며 신체적, 정신적, 성적으로 학대당했다. 이 정책은

1970년대까지 계속되었고, 이 제도로 희생된 세대를 '도둑맞은 세대(Stolen Generation)'라고 한다. 이로 말미암아 애보리진은 민족성의 근간을 상실하고 오스트레일리아 사회의 최하층으로 전락하고 말았다.

영화 '래빗 프루프 펜스'는 엄마가 보고 싶어 토끼울타리를 따라 2400km를 맨발로 도망친 3명의 여자 아이들의 긴 여정을 담고 있다. '도둑맞은 세대(Stolen Generation)'에 대해 2008년 당시 호주 총리인 케빈 러드가 호주 42회 정기 국회에서 "미안합니다"라며 세 번에 걸친 공식 사과문을 발표하는 등 더욱 적극적인 사죄활동을 지속해 나아가고 있다.

활용자료 호주 대표, 애보리진 국기 착용 논란

런던올림픽에 참가한 호주 복싱대표가 애보리진(호주 원주민) 국기가 가슴에 새겨진 티셔츠를 입고 경기에 출전해 논란이 일고 있다.

호주 언론에 따르면 헤비급 호주 복싱 대표인 데미언 후퍼(20)는 런던올림픽 복싱 32강전에서 호주 대표단의 공식 유니폼 대신 검고 붉은 바탕에 노란색 원이 그려진 애보리진 국기가 새겨진 티셔츠를 입고 나왔다.

애보리진인 후퍼는 미국 대표인 마커스 브라운과 싸운 이 경기에서 판정승을 거둔 직후 "(애보리진 국기가 새겨진) 티셔츠가 나에게 힘을 북돋워줬다"고 말했다.

그러나 후퍼의 이 같은 돌발 행동은 전혀 예고되지 않은 것이었고 호주올림픽위원회(AOC)와 국제올림픽위원회(IOC)의 심기를 건드렸다.

호주에서는 100년이 넘게 지속된 백인들의 인종차별 정책으로 인해 사회의 최하층민으로 전락한 애보리진 문제가 정치권의 '뜨거운 감자'로 간주되고 있는 실정이다.

또 AOC는 자체적으로 정한 호주 대표팀의 공식 유니폼 이외의 복장을 입고 올림픽 경기에 나서는 것을 금하고 있으며 IOC 역시 내부 규정에 의해 올림픽 경기에서 정치적 메시지를 표명하는 것을 금지하고 있다.

AOC 대변인인 데미언 켈리는 "후퍼가 사안의 심각성을 잘 몰랐던 것 같다"며 "후퍼는 경기 직후 자신의 행동에 대해 사과했으며 남은 경기에서는 애보리진 국기가 새겨진 셔츠를 착용하지 않겠다고 약속했다"고 말했다.

켈리는 그러나 IOC가 정해진 절차에 따라 후퍼의 애보리진 국기 착용 사건에 대한 조사에 착수할 것이며 어떤 결론이 내려질지는 알 수 없는 상황이라고 덧붙였다.

출처: 주 호주 한국대사관. 호주 대표, 애보리진 국기 착용 논란. 2012.08.01. https://overseas.mofa.go.kr

▪ 기사에서 제시된 '호주에서는 100년이 넘게 지속된 백인들의 인종차별 정책으로 인해 사회의 최하층민으로 전락한 애보리진 문제'는 무엇인지 구체적인 예시를 찾아봅시다.

참고 자료 : 오마이뉴스. 정부가 훔쳐간 아이들...그들은 '노예'였다. 2011.10.29.
https://www.ohmynews.com/NWS_Web/View/at_pg.aspx?CNTN_CD=A0001644880

❷ 미국의 인종차별

다인종·다민족 국가인 미국 사회의 흑인에 대한 차별과 억압에 저항하는 흑인인권운동은 1950년대부터 현재까지 진행형이다. 1955년 브라운대 토피카 교육위원회 재판과 로자 파크스에 의한 몽고메리 버스 보이콧부터 본격적으로 백인과의 동등한 권리를 요구하는 비폭력적인 인권운동을 전개하였다. 이를 상징적으로 보여주는 장면은 마틴 루터 킹의 워싱턴 연설일 것이다.

1963년 8월 28일, 워싱턴 DC 한가운데 20만 명이 넘는 군중 앞에서 마틴 루터 킹은 그 유명한 '나에게는 꿈이 있습니다'라는 연설을 했다. 킹 목사가 "지난날 노예였던 이들의 아들들과 지난날 노예소유주였던 이들의 아들들이 형제애의 식탁에 함께 둘러앉을 그 날을 꿈꾸고 있다"고 말할 때, 백인의 71%는 "흑인은 냄새가 다르다"고 말했다. "언젠가 아이들이 피부색이 아니라 인격으로 평가받게 되리라"는 킹의 희망에 군중들이 환호할 때, 여론조사 참가자의 절반은 "흑인은 날 때부터 지능이 떨어진다"고 주장했다.

그리고 루터 킹이 점점 감정이 고조되어 "흑인과 백인, 유대인과 비유대인, 개신교와 구교를 떠나 하나님의 모든 자녀들이 손에 손을 잡을 수 있는 날을 꿈꾸고 있다"고 말할 때, 여론조사 참가자의 69%는 "흑인들은 도덕관념이 느슨하다"고 답했고, 네 명 가운데 세 명이 "흑인은 꿈이 별로 없다"고 답변했으며, 90%는 딸이 흑인과 사귀는 것을 절대로 허락하지 않겠다고 말했다.

그리고 1964년 민권법과 1965년 투표권법에 따라 결실을 맺었다. 이 과정에서 KKK에 대항한 대학생들의 흑인 유권자 등록운동과 '프리덤 서머' 운동은 또 하나의 상징적인 민권운동이다.

그림 2-3 마틴 루터 킹 목사

그림 2-4 1967, 제임스 매레데스를 향한 총격
(출처: 퓰리처 수상집)

당시 다른 주의 흑인 투표율은 평균 50%를 넘었지만 유독 미시시피주만은 7%도 되지 않았다. 소득 수준도 그만큼 열악해 미시시피 주민의 62%를 차지하는 흑인의 90% 이상이 사실상 극빈 상태의 노예들이었으며 당시 미시시피 주정부를 비롯한 현지 권력은 KKK로 상징되는 차별적 백인우월주의자들이 장악하고 있었다.

1964년 여름 미국 전역에서 자원한 700명이 넘는 대학생은 인종분리와 백인우월주의 KKK의 본거지인 남부로 가기 위해 모였다. 이상주의와 용기, 희망을 품은 젊은이들은 극도의 공포와 좌절감 속에서 "우리 승리하리라"를 부르며 버스에 올랐다. 계절학기와 아르바이트를 잠시 미루고 여름 한 철 활동하기 위해 온 이 학생들은 그 뜨거운 '프리덤 서머'에 온몸으로 뛰어들었다.

1964년 6월, 당시 가장 낙후되고 인종주의(흑인차별)가 극심했던 남부 미시시피주를 중심으로 약자의 열악한 민권 상황을 바꿔놓기 위해 펼쳐진 흑인 유권자 등록운동과 자유학교운동인 '프리덤 서머' 운동에 뛰어든 청년들 앤드루 굿먼, 제임스 체이니, 마이클 슈워너, 이 활동가 세 명이 실종되었다. KKK에 의해 살해된 것으로 추정되었다.

"미시시피는 올 여름 지옥이 될 거예요. 우리는 인종차별과 백인우월주의의 중심부로 들어갑니다. …… 감히 말한다면, 미시시피 실무자는 모두 적어도 한 번씩 폭행을 당했고 총격을 받지 않은 사람은 거의 없어요. 우리가 갈 곳이 어떤 곳인지 상상하기 어려우실 거예요. 지금은 나도 상상하기 어렵지만, 곧 알게 되겠죠……."

- 6월 17일 가족들에게 보낸 크리스 윌리엄스의 편지 -

활용자료 아직도 진행 중인 미국의 인종차별

그림 2-5 영광의 불명예
(출처: 스탠리 J. 포먼, 1976)

2022년 부산에서 열린 퓰리처 사진전에 '혐오 도구로 전락한 자유의 상징'이란 타이틀로 소개된 사진은 백인 학생 200명이 학교통합프로그램에 반대하는 시위현장에서 시청으로 오던 흑인 랜드마크를 붙잡고 미국 국기봉으로 그를 반복적으로 때리는 장면이다. 이 장면을 경찰들은 못 본 체하였으며 사진가 포먼은 '자유의 상징이 인종 혐오의 도구로 전락한 날이다'고 기록하였다.

- 이민자의 나라 미국의 인종차별 문제는 여전히 진행 중이다. 정치의 영역에서 공공연히 인종차별과 갈등을 부추기는 정치인이 있는가 하면, 공권력을 이용한 흑인에 대한 인권침해 그리고 코로나 19에 드러난 아시아인에 대한 혐오와 차별 등등....
미국 내 다양한 영역에서 드러나는 인종차별의 사례를 찾아 정리하여 발표해 봅시다.

❸ 통일 독일의 갈등

1990년대 냉전 종식 이후 독일에서는 동유럽의 체제 전환 과정에서 난민이 급증하게 되고 재외독일동포 귀환자를 수용하게 되면서 외국인이 급격히 증가하게 되었다. 당시 외국인 증가에 따른 주택문제, 인종 간의 갈등, 취업문제, 의료문제 등 많은 문제들이 제기되었다. 또한 통일이라는 특수한 상황과 맞물려 외국인에 대한 혐오감이 고조되는 등 사회적 긴장이 조성되고 정치적 문제로까지 비화되었던 바가 있다(박채복, 2008).

활용자료 독일 통일 후 퍼진 '2등 국민' 정서, 남의 일이 아니다

독일과 한국은 분단이라는 아픔을 겪은 공통점이 있다. 그리고 통일을 이룬 독일은 한반도의 통일 이후 발생할 문제들을 미리 볼 수 있는 중요한 국가이다.

오마이뉴스는 독일 통일 이후 동독 주민들이 겪는 '2등 국민 정서'에 주목한 기사를 게재하였고 이를 토대로 한국 사회가 갖고 있는 북한 이탈주민에 대한 편견은 물론 통일을 위해 우리 사회의 대비책은 무엇인지 고찰하고자 한다.

2019년 조사 결과, 동독 주민의 1/3은 자신을 2등 국민으로 인식하는 것으로 나타났고 일부 조사에서는 심지어 절반 이상이 그러한 태도를 보이는 것으로 나타났다. '동독 주민이 2등 국민으로 대우받고 있다고 생각하는가?'라는 질문에 대해 서독 주민들은 18.2%가량이 그렇다고 응답했다. 반면에 동독 주민의 경우 자신의 상황에 대해 더 부정적으로 평가하는 경향이 강하게 나타났다.

2019년은 베를린 장벽 붕괴 30주년이 되는 해다. 통일 후 한 세대의 시간이 지나면서 경제를 비롯한 동독지역의 상황은 통일 초기와 비교할 때 괄목할 만한 수준으로 개선되었다. 통일 초 20%에 육박했던 동독지역의 실업률이 2018년에는 6.5% 수준으로 크게 낮아졌고, 생산 수준도 1990년, 서독의 43%에서 2018년 75%로 향상되었다. 월평균 소득 수준도 서독의 85% 수준에 도달하는 등 전반적으로 삶의 여건이 이전에 비해 확연히 좋아졌다.

그럼에도 불구하고 여전히 발견할 수 있고 회자되고 있는 것은 동독 주민의 상당수가 자신을 통일 독일의 2등 국민으로 인식하고 있다는 것이다.

출처: 오마이뉴스. 독일 통일 후 퍼진 '2등 국민' 정서, 남의 일이 아니다. 2019.12.23. https://omn.kr/1m1zt

- 기사의 원문을 읽고 통일 30년이 되어 가는 시점에서 '동독 주민들이 2등 국민 정서를 느끼는 원인은 무엇인가?', '2등 국민 정서란 무엇인가?'에 대한 해답을 찾아봅시다.

  - 동독 주민들이 2등 국민 정서를 느끼는 원인은 무엇인가?

  - 2등 국민 정서란 무엇인가?

- 독일의 사례를 토대로 통일된 한국에서의 북한주민과의 사회통합을 성공적으로 이루기 위해 어떤 정책이 필요할지 토의해 봅시다.

❹ 영국

‘해가 지지 않는 나라’라는 칭호를 가진 영국은 영국 본토의 해가 지면 식민지인 인도에 해가 뜨는 세계 영토의 1/4과 5억 명의 인구가 사는 대제국으로 다양한 인종과 문화가 뒤섞여 있었다. 영국의 성립에서도 잉글랜드의 앵글로 색슨인, 웨일스의 웨일스인, 스코틀랜드의 스코틀랜드인, 북아일랜드의 아일랜드인이 함께하는 다민족 국가로 시작하였다. 1701년 대영연합왕국이 잉글랜드인 주체로 설립되었으나, 다른 민족을 억압하기보다 ‘Britishness’를 내세우며 통일의식을 강화하고 식민지 팽창에 주력하였다. 대영제국은 ‘영국적인 것’으로 불리는 자본주의, 신사적인 이미지, 기독교 선교를 구축하고 영국 내 네 민족의 문화가 공존하는 다원성을 뿌리에 둔 영국 우월주의가 공존하고 있다.

1833년 영국에서 노예제도가 완전히 폐지된 후에도 피부색을 이유로 차별하는 것은 가능했다. 세계대전 후 과거 영국 식민지였던 나라의 이주민들이 영국으로 몰려들었고 영국인들과의 갈등을 초래했다. 1958년 영국의 노팅힐에서 영국인이 서인도 사람과 결혼한 스웨덴 여성 바브릿 모리슨을 공격하였고, 유색인에 대한 불만을 가진 ‘테디보이’로 불리는 백인 폭도들이 서인도 주택가들의 주민을 습격했다. ‘노팅힐 인종폭동’으로 인종차별 철폐는 법과 제도가 뒷받침되어야 한다는 인식을 확산시켜 1965년 인종차별금지법 제정으로 이어졌다.

1965년 제정된 인종차별금지법은 대중 위락시설과 부동산 관리 분야의 인종차별 금지를 시작으로 1968년에는 상품구입, 일반시설, 서비스, 고용, 주택, 광고 등의 분야로, 1972년에는 7조 계약노동자, 10조 파트너관계, 25조 공동체나 단체 등으로 적용범위를 넓혀 지금에 이르고 있다. 1976년에 설립된 인종평등위원회는 독립기관으로서 영국 내 인종차별 문제에 대처하고 다문화정책을 주체적으로 실행하는 단체이다. 인종평등위원회는 2005년 7월 7일 영국에서 발생한 테러 이후 기존 다문화주의에 변화가 필요함을 깨닫고 ‘인종 간의 차이나 분리에 초점을 맞추지 말고 서로의 다름과 다양함을 이해하고 존중해야 한다는 것’이라는 새로운 방향을 제시하였다.

그러나 홍현지(2013)는 호주 외교부 장관이 ‘호주가 아시아 이민자들을 계속 받아들이면, 유럽 정착민인 이 땅의 원주민들은 곧 이민자들에게 밀리게 될 것’이라고 대처 수상이 말한 바를 전하며 외국인 이민자 증가에 따른 영국 고유의 ‘이민족혐오

증(Xenophobia)'과 인종차별적인 사고가 만연하다고 하였다. 2006년 잉글랜드와 웨일스 검찰국의 보고서에서 전체인구의 8%가 유색인종인데도, 영국 교도소 수감자의 무려 20%는 유색인종이며 유색인종의 10%가 범죄를 수사하는 데 사용되는 DNA 데이터베이스에 등록된 데 비해, 백인은 단 5%만이 등록되어 있다고 검찰국은 보고하였다. 그리고 영국에서 흑인이 '영재 학생'으로 선정될 가능성은 백인의 5분의 1이고, 퇴학당할 가능성은 백인보다 3배나 높다고 밝혔다.

그리고 영국 정부가 2020년 5월 미국 흑인 조지 플로이드 사망사건으로 인종차별 철폐 요구가 커지자, 인종보다 출신 지역, 가족 구성, 사회 계급 등이 더 큰 영향력을 끼친다며 영국이 인종차별을 완전히 없애지 못했지만 "백인이 다수인 다른 나라들의 모범이 될 만하다"고 결론지은 보고서를 발표하였다. 하지만 이 보고서에 대한 비판은 현재진행형이다.

활용자료 **영국에 인종차별이 없다고?**

그림 2-6 **영국의 흑인 노예 무역상 에드워드 콜스턴 동상**(출처: AP연합)

영국 정부는 2020년 5월 미국 흑인 조지 플로이드가 경찰 폭력으로 사망하면서 인종차별 철폐 요구가 커지자 이 위원회를 만들어 보고서 작성을 지시했다. 영국 정부 위원회는 보고서에서 인종보다 출신 지역, 가족 구성, 사회 계급 등이 더 큰 영향력을 끼친다며 영국이 인종차별을 완전히 없애지 못했지만 "백인이 다수인 다른 나라들의 모범이 될 만하다"고 결론지었다.

보고서는 이런 평가의 근거로 '소수 인종 학생들의 학업 성적이 백인 학생들과 같거나 더 나은 점', '소수 인종과 백인의 임금 격차가 평균 2.3% 수준에 불과한 점', '법조계와 의료계 같은 전문직의 인종 다양성이 확대된 점' 등을 꼽았다.

이에 대해 유엔인권이사회(UNHRC)에 소속된 아프리카계 전문가 워킹그룹은 19일(현지시각) 낸 성명에서 "인종주의와 고정관념을 사실로, 또 왜곡된 데이터와 잘못된 통계·연구를 결정적인 발견으로 재포장한 보고서를 2021년에 읽는다는 것은 너무나 충격"이라며 "이 보고서는 백인우월주의를 합리화하기 위해 의심스러운 증거를 인용하고 있다"고 말했다. 또 "제도적 인종차별에 대한 상당한 연구와 증거에도 불구하고 백인우월주의를 정상화하려는 시도"라고 비판했다.

인종 평등 관련 싱크탱크인 '러니미드 트러스트'의 핼리마 베이검 소장은 "인종차별이 없다는 말을 출산 도중 사망 확률이 백인보다 4배 높은 흑인 산모에게 해보라. 코로나19로 숨진 전체 의료진의 60%에 이르는 소수인종 의료진 앞에서도 해보라"고 비판했다.

2020년 6월 7일 미국 백인 경찰의 폭력 진압으로 사망한 흑인 조지 플로이드를 추모하는 영국 집회에서는 시위대가 17세기 영국의 흑인 노예 무역상 에드워드 콜스턴 동상을 강물 속으로 던지는 행사를 통해 영국 내 인종차별이 여전함을 보여주었다.

출처: 한겨레. 영국에 인종차별 없다고?…전문가들 "완전한 엉터리". 2021.04.20.
https://www.hani.co.kr/arti/international/international_general/991731.html

- 기사에서 영국 정부가 발표한 보고서에 대해 정부와 워킹 그룹, 학계의 '인종차별'의 개선 혹은 미흡함을 보여주는 근거에 대한 이견이 있다. 정부와 학계의 각자 주장에 대한 근거를 찾아 정리해 봅시다.

- 핼리마 베이검 소장이 제시한 코로나19 시기의 유색인종에 대한 차별과 관련된 자료를 좀 더 조사해서 영국의 인종차별에 재해 토의해 봅시다.

한국과 같이 단일민족적 전통이 강한 국가들은 단일민족 신화를 위협하는 외국인들의 유입과 문화 간 융합현상에 대해 전통문화와 민족적 정체성의 근간을 뒤흔드는 매우 위험한 현상으로 인식하는 경향이 있다.

그 결과 이질적인 문화를 지닌 외국인 이주민들의 포용에 대해 매우 유보적이거나 미온적 태도를 취할 수 있으며, 나아가 매우 배타적이고 억압적인 태도를 취할 가능성이 크다. 단일민족국가의 경우 사회통합과 정치적 안정은 주로 단일한 인종적 정체성에 기초한 사회적 유대의 형성을 통해 확보된다고 생각하는 경향이 있기 때문이다(김비환, 2007).

특히 우리 사회는 이주노동자, 결혼이주자 및 그들의 자녀, 새터민 등 앞으로 점점 더 많은 이주민들이 유입될 것이고 다양성이 더 심화되었으면 심화되었지 약화될 가능성은 없다. 각국에서 유입된 이주노동자들이 그들에 대한 부당한 사회·경제적 차별과 착취에 대해 다양한 방식으로 대응하고, 다양한 소수집단들이 자기 집단의 문화적 정체성을 유지하고자 하는 권리획득을 위해 집단으로 움직일 가능성도 있다. 그런 경우 사회적 통합을 저해하는 갈등요소는 더욱더 증가하게 될 것이고, 그러한 사회적 갈등을 미연에 방지하기 위해서는 갈등을 일으키는 보다 심층적 요인들을 분석해 내는 일이 필요하다.

결론적으로 사회통합 모형은 어느 하나가 절대적으로 옳다기보다 그 사회의 상황에 따라 다문화사회가 이루어야 할 이념적 가치가 적절한지 이해할 필요가 있으며, 해당 사회의 필요를 반영한 모형인가를 따져볼 필요가 있다.

활용자료 두 공동체 이야기

<공동체 1 : 로제토 마을>

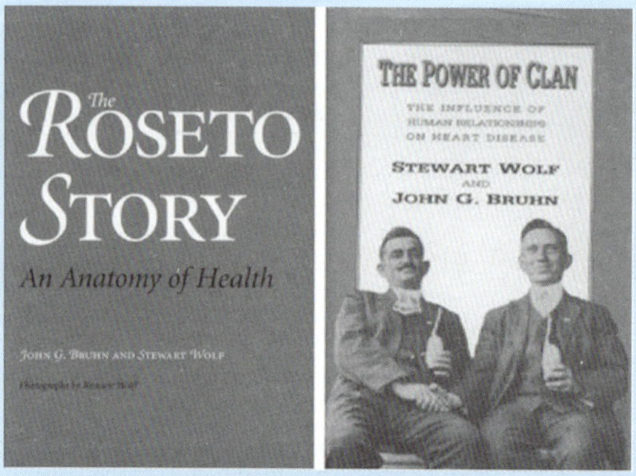

그림 2-7 **로제토 스토리**

1992. <로제토 효과: 50년 동안의 사망률 비교> : 사회적 결속과 지지가 인간의 몸에 어떤 영향을 미치는가?

1993. <공동체의 힘: 인간관계가 심장질환에 미치는 영향>

-브룬(Bruhn)과 울프(Wolf)-

브룬(Bruhn)과 울프(Wolf)는 1960년, 사람들이 건강하게 살아가기 위해 필요한 것들을 연구하다가 한 마을을 발견했다. 미국 펜실베이니아 '로제토(Rozeto)'라는 마을인데, 이 마을 사람들이 다른 마을에 비해서 심장병 발병률이 현저히 낮고 건강하다는 결론을 얻게 된다. 그 원인을 연구하기 위해 '좋은 음식을 먹을 것이다', '로제토 출신들은 건강한 유전자를 가졌을 것이다', '좋은 자연환경에서 살기 때문일 것이다'라는 세 가지 가설을 세우게 된다.

하지만 당시 그들은 좋은 음식을 먹을 만큼 부유하지 않았기에 돼지 지방으로 만든 라드라는 동물성 기름을 사용하고 있었다. 또 로제토 마을이 아닌 곳에 살고 있던 로제토 출신 사람들의 의료기록을 조사했지만 같은 출신이라고 할지라도 로제토 마을 외부에 사는 사람들의 건강상태는 미국 평균과 같이 좋지 않았다. 첫 번째, 두 번째 가설이 무효가 되자, 브룬과 울프는 자연환경이 로제토 마을과 흡사한 마을 두 곳의 의료기록들을 조사했는데, 로제토 마을 사람들보다 3배나 심장병 환자들이 많았다. 세 번째 가설도 무효가 되자 그들은 그냥 로제토 마을 사람들을 관찰하기로 했고 관찰한 결과는 다음과 같았다.

"로제토 마을의 가장 눈에 띄는 특징은 사람들이 삶을 즐기는 방식이었다. 그들의 삶은 즐거웠고, 활기가 넘쳤으며 꾸밈이 없었다. 부유한 사람들도 이웃의 가난한 사람들과 비슷하게 옷을 입고 비슷하게 행동했다. 로제토 마을을 방문한 사람들에게 그 공동체는 계층이 없는 소박한 사회였으며, 따뜻하고 아주 친절한 사람들이 있는 곳이었다. 진정한 가난은 없었다. 이웃들이 빈곤한 사람들의 필요를 채워 주었으며, 특히 이주해 오는 소수 이민자들에게 그러했다. 로제토 마을 사람들은 가족을 잃은 사람들에게 식량과 돈을 주고 가족이 경제적으로 파산했을 때 그 가족을 돕는 것은 공동체의 역할이라고 생각했다."

브룬과 울프는 1800년대 후반 이탈리아에서 미국으로 이주해 온 이민자들이 세운 로제토 마을에서 상호 존중, 협력, 슬픔을 나누는 문화, 즉 사회적 결속과 지지가 인간의 건강에 큰 영향을 준다는 사실을 알게 된다.

개인은 어떤 식으로든 크고 작은 공동체에 속해 있게 된다. 공동체의 안녕과 평화는 개인의 행복에 영향을 준다. 로제토 마을 사례를 통해 공동체의 안녕과 평화는 서로가 서로에게 필요한 존재가 되는 상호의존적인 관계를 만들어 가는 과정이라는 것을 짐작할 수 있다.

내용 참조: 한겨레과학웹진 사이언스온. 로제토 이야기, 당신의 공동체는 안녕하신지요. 2015.05.04.
http://scienceon.hani.co.kr/269902

<공동체 2 : 바다 속을 유영하는 다른 몸들>

출처: National Geographic Korea Youtube.

2013년 8월 24일, 포르투갈 아조레스 제도 피코섬 앞바다에서 행동생태학자 알렉산더 윌슨과 젠스 크라우스는 향유고래를 관찰하다가 생각지 못한 광경을 발견한다. 청백돌고래 한 마리가 향유고래 무리와 함께 있는 모습이었는데, 이 청백돌고래는 고래에게 몸을 부비며 자유롭게 헤엄치고 있었다. 보통은 청백돌고래를 피하는 향유고래가 청백돌고래와 함께 있는 것은 아리송한 일이었다.

이 청백돌고래의 몸은 다른 돌고래들과 다르게 척추가 S자로 휘어 있었다. 알렉산더 윌슨은 이 청백돌고래가 척추가 휜 탓에 다른 돌고래들을 따라가지 못했거나 그 때문에 돌고래 무리에서 배제되었을 수도 있다고 추측했다. 무슨 이유인지 향유고래들이 돌고래를 받아들인 것 같았고 고래들은 서로에게 호의적이었다.

향유고래는 돌고래보다 느리게 헤엄을 치고, 깊이 잠수하는 고래가 있으면 그동안에 다른 고래가 새끼들을 돌본다. 척추가 휘어 빠른 헤엄이 어려웠던 그 청백돌고래에게는 아마도 향유고래 무리의 속도가 더 적절했던 것이 아닐까. 향유고래 무리와 청백돌고래 사이에 어떤 교감과 소통이 있었는지 그들 외에는 알 수 없겠지만, 이전의 공동체에서는 함께할 수 없었던 청백돌고래가 지금의 공동체에서는 아무런 어려움 없이 살아가는 것만은 분명해 보인다.

청백돌고래의 흰 척추는 어떤 공동체에서는 함께 살아가는 데 장애가 되었지만, 어떤 공동체에서는 장애가 되지 않았다. 향유고래와 청백돌고래의 만남이 더욱 특별하게 여겨지는 것은 다르다는 것이 그들에게는 특이하게 여겨지지 않았다는 점 때문이 아닐까.

출처: 피스모모, MOMO LETTER. 바닷속을 유영하는 다른 몸들. 2021.07.07.
https://stibee.com/api/v1.0/emails/share/1XOjozmj0Mnm3wJWzA2KvKVMHBpIPA

- **두 공동체 이야기를 읽고 공동체의 안녕과 번영을 위해 선주민이 가져야 할 자세가 무엇인지 생각해 봅시다.**

2) 사회통합 이론

성공적인 다문화사회로의 안착은 이주민의 다양성과 차이를 어떠한 관점과 접근 방식으로 처우하고 포용하느냐에 따라 다문화정책 및 교육의 지향점과 목표가 달라지므로, 다문화사회의 사회통합에 대한 다양한 이론과 관점을 살펴볼 필요가 있다.

(1) 사회통합의 개념

다문화사회로의 진전은 국적과 문화적 배경이 다양한 이주민과 선주민들이 어떻게 하면 자신들의 문화적 정체성을 유지하면서 조화롭게 공존할 수 있느냐는 문제에 직면하게 된다. 다양한 사회구성원들의 이질적인 구성요소들로 인해 공동체 간의 폐쇄적인 대립이나 갈등이 사회불안을 유발하기도 하고, 다양한 문화의 역동적인 상호작용을 통해 새로운 문화 창조에 이바지하기도 한다. 그러므로 성공적인 다문화사회로의 안착을 위해서는 이질적이고 다양한 사람들로 이루어지는 사회구성원이 정체성을 갖도록 통합하는 일이 매우 중요하다.

사회통합이 무엇인가에 대해서는 사회학자들이 다양한 방식으로 개념화한 바 있다. 염철현(2000)은 사회통합에 대한 다양한 학자들의 이론을 통합하고 사회구성원이 보편적 이념과 사상, 가치관 그리고 사회규범 등 문화의 동질성을 확보하고 공동의 사회의식을 갖춘 사회구성원의 사회적 합의라고 정의하였다.

즉 사회통합이란, 사회적 목표달성 과정에서 사회구성원 또는 행위자들 사이의 사회적·정서적 이질적 요소들을 결합시켜 구성단위를 조정하고, 집단들 간의 합의를 도출하여 국가의 통제방식에 대한 합의를 이루어 내는 것을 말한다(염철현, 2000).

한국의 경우 앞에서도 언급했던 바와 같이 국제결혼과 외국인노동자, 유학생, 새터민 등 다양한 문화적 배경을 지닌 사람들의 급격한 증가로 사회적 통합의 문제가 한국 사회 전면에 부각되고 있다. 그로 인하여 소수집단과 주류집단 간에 생길 수 있는 사회적·정치적·경제적 갈등을 해소하려는 방안이 시급하게 모색되어야 한다.

한국의 사회통합정책은 2007년에 제정된 「재한외국인 처우 기본법」과 2008년에 제정된 「다문화가족지원법」을 기반으로 수행되고 있다. 「재한외국인 처우 기본법」은 결혼이민자나 영주권자를 포함한 재한외국인이 한국 사회에 적응하여 개인의 능력을 충분히 발휘할 수 있도록 하고, 국민과 재한외국인이 서로 이해하고 존중하는 사회 환경을 만들어 국가 발전과 사회통합에 이바지하는 것이다. 「다문화가족지원법」에서도 다문화가족 구성원의 삶의 질 향상과 사회통합에 이바지하는 것을 목적으로 하고 있다.

여기에서 한국 사회에의 적응과 다문화에 대한 이해라는 두 가지에 주목할 수 있다(김기하, 2008).

첫째, '한국 사회에 대한 적응'이라 함은 단순히 한국 생활에 익숙해지는 상태를 넘어서 개인의 역량을 충분히 발휘할 수 있도록 균등한 기회를 제공하는 상태를 내포하고 있다. 즉 차별방지뿐만 아니라 법적인 평등권과 자유권을 보장받는 상태를 의미한다.

둘째, '다문화에 대한 이해'는 대한민국 국민과 재한외국인 사이의 문화적 다양성 및 차이에 대한 이해로 이해의 주체는 재한외국인과 한국 국민이 모두 포함된다.

따라서 한국에서의 사회통합은 이민자에게는 주류사회에 적응과 참여를 요구하고, 국민에게는 이민자에 대한 배타적인 태도의 개선을 요구하는 쌍방향 통합모델을 추구하고 있다.

(2) 사회통합 이론

다문화사회 사회통합의 관점은 다양한 인종·민족·문화적 차이를 어떻게 인식하고 어느 정도 또는 어떻게 허용하거나 인정할 것인가에 따라 학자들마다 의견이 분분하지만 본 장에서는 차별배제 모형, 동화주의 모형, 다문화주의 모형, 상호문화주의 모형 등으로 구분하였다. 차별배제 모형이나 동화주의 모형에 입각한 국가에서는 문화적 단일성을 중시하는 반면, 다문화주의 모형과 상호문화주의 모형을 수용하는 국가에서는 문화적 다양성을 사회구성의 기본 원리로 채택하고 있다.

❶ 차별배제 모형

차별배제 모형(differential exclusionary model)은 유입국 사회가 3D 직종의 노동시장과 같은 특정 경제적 영역에서만 이주민을 받아들이고 복지혜택, 국적 및 시민권, 선거권 및 피선거권 부여와 같은 사회적·정치적 영역에서는 이주민을 받아들이지 않음으로써 원치 않는 이주민의 정착을 원칙적으로 차단하는 것을 의미한다.

차별적 배제모형은 인종적 소수자를 제거하거나 최소화하는 것을 정책 목표로 설정하며, 국적부여가 매우 제한적이고 국적의 취득에 있어서는 혈통을 강조하는 속인주의를 취하고 있다. 이것은 주류문화의 보존을 위하여 인종적 소수자를 배제하기 위한 것이다.

그리고 이 정책 모형에 속하는 이주노동자 정책은 단기간의 취업활동으로 국내의 부족한 노동력을 메우고 계약이 종료되면 다시 본국으로 귀국시키는 교체순환정책을 채택한다. 이주민은 사회구성원이 아닌 단순한 손님으로 여겨질 뿐, 정책의 대상으로 취급되지 않는다. 이주민을 위한 일자리도 내국인과 구분되고 분리된 특정 업종에 국한시키고 있다(지종화 외, 2009).

차별배제 모형은 소수 인종과 소수문화를 단지 국민의 단일성을 위협하는 요인으로 인식하고 있다. 반면 엄격한 조건을 통과해 국가 구성원으로서의 권한을 부여받은 이주민들에 대해서는 자국의 제도와 가치, 문화에 동화되어 가는 것을 당연한 과정으로 인식함으로써 문화적 단일성을 유지해 나가는 데 초점을 둔다(박성호, 2012).

차별배제 모형의 전형은 1960년대 독일이 이주노동자를 받아들일 때 사용한 '손님노동자제도(guest worker system)'라 할 수 있다. 독일, 일본 등 단일민족을 강조해 온 국가에서 주로 취하는 유형으로, 단일민족국가의 신화를 갖고 있는 한국에서도 고용허가제와 산업연수제 등으로 입국한 생산기능직 노동자 등 특정 유형의 외국인에 대해서 차별배제 모형을 통해 영주 가능성을 차단하고 있다.

차별배제 모형은 이주민을 최소화함으로써 주류문화의 기득권 보전과 동일성 유지와 함께 인종적 편견과 차별의 표출이라는 측면에서 상당한 비판을 받을 수 있다. 따라서 차별적 배제모형은 바람직한 사회통합 유형에서는 일정한 지침이 될 수 없다.

활용자료 재일동포의 지문날인 거부 운동

지문날인 거부 운동은 1980년대에 들어 재일 한인 사회에서 활발히 전개된 제도적 차별 철폐를 위한 운동이다. 일본 정부가 재일 한인을 비롯한 재일 외국인에게 외국인 등록증을 교부하면서 등록증에 지문날인 제도를 의무화함으로써 제도적 차별 문제를 야기하였고, 이를 통해 일본 사회에서 외국인과 이민족에 대한 사회적 차별을 발생시키고 있다는 이유에서 전개된 운동이었다.

그림 2-8 재일교포 지문날인 거부 운동
(출처: 한국민족문화대백과사전)

일본 국내에서도 일본 국민에게 일시적으로 지문을 등록하도록 한 사례가 있다. 1955년 아이치현 경찰서가 현 내에서 발생한 사건 사고 피해자의 신원 확인을 신속하게 진행하기 위해 지문등록 제도를 실시한 것이다. 일본 국민에 대한 비인도적인 지문날인 제도는 1970년에 폐지했으나, 재일 외국인에게만은 계속해서 이러한 비인도적인 지문날인 제도를 적용하였다.

구체적으로는 일본 법무성은 1955년 이래 1년 이상 체류하는 16세 이상 외국인이 거주지의 지자체 단체장에게 외국인 등록 증명서를 신청할 때, 또는 5년마다 등록 연장을 신청할 때, 등록 원표 등에 왼쪽 검지손가락의 지문을 날인해야 했다. 지문날인을 거부할 경우에는 1년 이하의 징역이나 금고, 또는 20만 엔 이하의 벌금에 처할 수 있었다. 이 제도의 대상이 되는 외국인 가운데 80%는 재일 한인이었다.

1980년 9월 재일 한인 1세 한종석(韓宗碩)이 도쿄도 신주쿠 구청에서 외국인 등록 변경을 하면서 이때 의무화되어 있던 지문날인을 거부했다. 공식적으로 처음 발생한 지문날인 거부 사건이다. ...중략... 재일본대한민국민단이 1983년 9월부터 시작한 100만 명 서명 운동에는 일본의 시민단체, 각계 인사, 사회 여론으로부터 지원을 받았다. 이에 따라 합계 181만 명이 넘는 지지 서명을 받았다. 이를 계기로 재일본대한민국민단은 1984년 3월 '외국인등록지문날인 상시휴대 폐지요구 전국대표자 대회'를 개최하고 일본 국회와 정당을 방문하고 입법 청원을 호소하기도 했다. 그러나 1984년부터 1985년에 걸쳐 후쿠오카, 요코하마, 도쿄 지방재판소에서 지문날인 거부자에 대해 유죄를 인정하는 판결이 내려졌다. 외국인 등록의 정확성이나 부정 방지를 위해 지문 날인이 필수적이라는 견해에 따른 것이었다.

...중략... 결과적으로 일본 정부는 1991년 1월 한국과의 정상회담에서 지문날인 제도를 폐지하겠다는 의향을 전달했고 1992년 6월에는 외국인등록법이 개정되었고 1993년 1월부터 시행되었는데 영주자 및 특별 영주자에 대해서는 지문날인이 면제되었다. 대신 동일성 확인수단으로서 사진이나 서명 이외에 부모, 배우자 성명 등 가족관계를 새롭게 등록하게 되었다. 비즈니스맨이나 기술자 등 영주 자격이 없는 1년 이상 장기체류자에 대해서는 적용되지 않았으며 지문날인은 계속되었다. 그러다가 1999년 등록법 개정을 통해 비영주자의 지문날인도 폐지되기에 이르렀고 2000년 4월부터 적용되기에 이르렀다.

다만 2001년 9월 미국에서 테러 사건이 발생하자 일본 정부는 2006년에 테러방지 대책의 일환으로 출입국관리법을 개정하여 일본에 입국하는 외국인에게 지문과 얼굴 사진을 제공하도록 의무화하였다.

출처: 한국민족문화대백과사전. 지문날인 거부운동. https://encykorea.aks.ac.kr/Article/E0073596

- 원본 자료와 아래 관련 기사를 읽고 일본인들에게 폐지한 지문날인 제도를 재일 한국인에게 시행한 일본 정부의 이유를 생각해 봅시다.
  - 원본 자료 : https://encykorea.aks.ac.kr/Article/E0073596
  - 관련 기사 : 연합뉴스. 재일동포, 外登證 상시휴대제 폐지 촉구. 1993.01.08. https://www.yna.co.kr/view/IIS20050620018000999
- 일본의 외국인에 대한 지문날인 제도처럼 특정 인종이나 집단을 대상으로 주류집단과 구분하고 배제하는 사례를 찾아봅시다.

❷ 동화주의 모형

동화주의 모형(assimilationist model)은 이민자가 출신국의 언어, 문화, 습관, 사회적 특성을 완전히 포기하고 정주국 주류사회의 일원으로 통합시키는 것을 목표로 하는 정책모형이다. 이주민의 입장에서 동화는 유입국 사회의 기억, 정서, 태도 등을 획득하고 그들의 경험과 역사를 공유함으로써 공통의 문화생활 속으로 통합되고 융합되는 과정이라고 할 수 있다(박진경, 2010).

'동화'는 일반적으로 개인이나 집단이 자신들과 다른 문화를 지니고 있는 개인이나 집단으로부터 문화를 수용하여 하나의 공통문화를 가지게 되는 과정을 의미한다. 이러한 동화정책은 주류사회가 우위가 되어 이주민 집단의 정치·경제·사회·문화를 지배하는 형태로 '동화'의 의미가 일방적이고 강제성을 띠는 정책의 형태로 나타나는 것을 동화정책이라고 한다(박성호, 2012).

프랑스와 같이 동화주의를 채택하고 있는 국가에서는 속지주의 정책에 따라 태어난 모든 아이에게 자동으로 국적을 부여하고, 이주민의 귀화절차도 비교적 간소하다. 이는 가능한 빠른 시일 내에 소수민족집단을 '국민'이라는 공동체 안에 포함시키려는 의도라고 볼 수 있다. 현재 한국은 결혼이주민 대상의 사회통합정책으로 동화주의 모형을 채택하고 있다.

그래서 동화주의는 이민자나 소수집단 구성원이 다수의 주류사회의 문화적 제도와 관행 속에 용해되어 본래의 문화나 정체성을 포기할 것을 요구한다. 동화주의 관점에서는 이주민과 선주민의 문화의 차이는 위험하거나 부정한 것으로 간주되며, 이주민들이 주류사회에서 뒤처지는 이유를 문화적 배경에서 기인한 것으로 본다. 이주민 또한 유입국에서 살아남기 위해 스스로 동화되려는 노력을 하고, 자신의 문화적 배경과 생활방식을 그들만의 방식으로 수정하고 독특한 문화적 정체성을 형성해 갔다(김기영, 2016).

이주 초기 동화주의적 접근방식은 이주민의 적응과 안정적인 사회통합에 도움을 준다. 그러나 이주민들이 자기의 문화적 정체성을 버리고 완전히 동화되는 것은 실제적으로 어렵고, 이민 2세대 또는 3세대 자녀들은 주류사회의 언어와 문화를 숙달했음에도 여전히 보이지 않는 사회적 차별과 불평등을 겪고 있다(장한업, 2014).

결국, 동화주의 관점은 이주민을 대상으로 주류문화로의 동화와 문화적 차이를 제거한 사회통합을 목적으로 하였으며, 다문화교육은 이주민의 빠른 사회 적응과 사회 안정 유지에 도움을 줄 수 있는 보충교육과 언어교육에 집중했다. 그러나 동화주의 관점의 정책은 이주민과 그 자녀들에 대한 낮은 기대수준의 형성, 이주민이라는 지위에 순응하고 벗어나지 못하게 함으로써 편견과 차별을 더욱 심화시켰다.

활용자료 원주민 어린이 시신 1000구 쏟아졌다...캐나다의 충격적 과거사

캐나다 원주민 자녀 강제수용, 성당 기숙학교 자리서 출토
폭행·암매장 등 증언 잇따라 "교황이 직접 와서 사과해 달라"

캐나다가 2021년 7월 1일(현지 시각) 건국기념일인 '캐나다의 날'을 맞았으나 캐나다 정부와 가톨릭교회가 과거 원주민(인디언) 자녀들을 강제 수용해 학대한 어두운 과거가 드러나면서 원주민들이 거부해 온 건국기념일 관련 행사를 대폭 축소하거나 취소하고 있다.

캐나다 남서부 브리티시컬럼비아주의 원주민 기숙학교가 운영됐던 부지에서 지난 5월 3~16세 어린이 215명의 유해가 쏟아져 나온 데 이어, 6월에는 서스캐처원주의 기숙학교 자리에서 어린이 751명이 묻힌 무덤 터가 발견됐다. 국민들이 충격에 빠진 가운데 캐나다 곳곳에서 규탄·추모 시위와 함께 교회 방화 사건이 일어나기도 했다.

그림 2-9 원주민 기숙학교의 가톨릭 사제 2명
(출처: EAP 연합뉴스)

캐나다는 프랑스 식민지로 개발된 뒤에도 남아 있는 원주민 문화를 말살시키기 위해 가톨릭교회가 나서 1880년대부터 1990년대까지 100년 넘게 원주민 아동 15만 명을 대상으로 한 기숙학교를 전국 139곳에 운영했다. 아이들을 부모로부터 떼어 놓고 원주민 언어와 문화를 계승하지 못하게 백인·기독교 문화를 주입시키려는 정책이었다. 당시 사회적 차별 속에 빈곤과 알코올 중독 등으로 와해된 원주민 가정에서 아동들을 보호 수용한다는 명분도 있었다고 한다.

그러나 기숙학교에서는 백인 동화 정책에 저항하거나 도망치려는 어린이를 상대로 한 구타와 방임, 성적 학대 등 가혹 행위가 빈번했으며, 어린이가 사망했을 때 가족에게 알리지도 않고 암매장했다는 증언이 잇따랐다. 이번에 발견된 유해는 1000여 구이지만 실제 사망자는 최소 3200명에서 1만 명에 이를 수 있다는 추정이 나온다.

캐나다 정부 진실화해위원회는 지난 6년간 이 기숙학교 문제를 조사한 뒤 '문화적 집단 학살'로 규정했다. 쥐스탱 트뤼도 총리는 "어둡고 부끄러운 역사"라며 공식 사과하고, 식민지 시대 과오를 기억하고 희생자를 추모하기 위한 법정 공휴일(9월 30일)도 지정했다. 트뤼도는 지난 26일 프란치스코 교황에게 "캐나다에 직접 와서 교회의 잘못에 대해 사과해 달라"고 요구했으며, 캐나다 원주민 대표단은 29일 "교황을 직접 만나 사과를 촉구하겠다"고 밝혔다.

출처: 조선일보. 원주민 어린이 시신 1000구 쏟아졌다...캐나다의 충격적 과거사. 2021.07.01.
https://www.chosun.com/international/us

▪ 관련 기사의 원문을 읽고 '문화적 집단 학살'이라 불리는 타문화의 말살 관련 사례를 찾아보고 왜 타문화를 인정하지 않고 말살하고 자신의 문화에 동화시키려 하는 것인지 생각해 봅시다.

- 기사 원문 : https://www.chosun.com/international/us/2021/06/30/7FZCT7XGVRAV5F6LNUK2PZ343A/
- 관련 기사 : 민중의 소리. 원주민 기숙학교 만행 사과 위해 캐나다 '참회 순례'한 교황. 2022.08.01. https://vop.co.kr/A00001617238.html

❸ 다문화주의 모형

다문화주의 모형(multi-cultural model)은 이주민들이 지닌 언어, 민족, 종교, 문화 등의 다양성을 단일한 문화권으로 동화시키지 않고 인정하고 존중하여 공존하도록 함으로써 선주민과 이주민의 통합을 구현하는 모형이다. 즉 다문화주의는 한 사회 내 문화의 다양성과 차이에 대한 이해와 관용을 통한 공존을 목표로 한다.

다문화주의를 추진하는 국가들은 이주민들에게 정주국 사회에 통합되도록 지원하고 통합의 중요성을 강조하지만, 이주국가로의 동화를 강요하지는 않는다. 다시 말해 이주민들은 거주국에서 거주국 국민과 동등한 권리를 부여받으면서도 자신이 가지고 있는 다양한 문화를 인정받을 수 있다.

다문화주의 정책 모형은 흔히 '샐러드 볼(Salad Bowl)'에 비유된다. 다문화주의 모형은 다민족·다문화 통합에 있어 동화주의가 오히려 인종 간, 민족 간 분쟁의 원인이 된다고 주장한다. 또한 사회통합 과정에서 소수민족의 문화적·사회적 차이를 받아들여 소수집단이 자신의 특수성을 버리지 않더라도 주류사회에 완전한 일원이 될 수 있다고 본다.

다문화주의 정책 모형은 다양한 문화나 가치, 다양한 민족집단과 그들의 언어와 습관을 그대로 한 나라 속에 공존시키는 정책이다. 다문화주의 모형은 타문화, 타언어, 소수민족집단의 정체성을 인정함으로써 사회의 분열과 갈등을 예방할 수 있다는 점에서 다양성에 기반을 둔 국민통합 정책으로 파악된다(지종화 외, 2009).

다문화주의는 문화의 차이를 위험하거나 부정적인 것으로 간주하던 동화주의와 달리 주류사회 혹은 특정 집단의 문화를 절대적이며 보편적인 것으로 간주하지 않고, 각 집단의 인종적, 문화적, 종교적 정체성을 인정함으로써 차이에 대한 이해와 관용의 관점에서 이주민을 바라보며 접근하는 방식을 강조하였다(Sleeter & Grant, 1987).

다문화주의가 지향하는 것은 다양한 문화에 대한 상호 간의 이해와 존중, 대화와 신뢰를 바탕으로 전체를 관통하는 다문화적 정체성을 수립하는 것이다. 여기서 다문화적 정체성이라는 것은 공존을 내용으로 하는 다원적인 국민성을 뜻한다(박진경, 2010).

이러한 다문화주의 정책모형을 추진하고 있는 대표적인 국가는 미국, 캐나다, 호주 등으로 1970년대 초에 제창되어 1980년대에 정책으로써 실현되고 있다. 이후 유럽 국가에서도 다문화주의 모형이 도입되었다. 1970년대 이후 미국, 캐나다, 호주 사회는 이전까지 추구했던 동화주의 모형을 포기하고 다문화주의 모형으로 이주민 통합방식을 변경하였다.

활용자료 **코로나 이기는 국내 최대 다문화 축제 '맘프', 22일 창원서 개막**

그림 2-10 **다문화 호러 퍼레이드 '나희 2021'에 출연할 스리랑카 귀신**(출처: MAMF)

24일까지 온·오프라인서 진행
이주민 가요제-호러 퍼레이드 등
홈페이지-유튜브서 체험 가능

'맘프에 접속하는 순간, 여러분은 이미 세계인입니다.'

대한민국 최고의 문화다양성 축제 맘프(MAMF, Migrants' Arirang Multi-cultural Festival)가 2021년 10월 22일부터 24일까지 3일간 경남 창원에서 열린다. 다양한 프로그램과 콘텐츠가 어우러진 이번 행사는 신종 코로나바이러스 감염증(코로나19) 여파로 온·오프라인에서 진행된다. '팬데믹을 이기는 문화방역 축제'를 표방하고 있다.

이철승 맘프 집행위원장(경남이주민센터 대표·목사)은 19일 "지난해 웹 기반 축제에 이어 올해는 온라인과 오프라인을 넘나드는 융합축제를 준비하고 있다. 웹을 통해 세계인과 더 가깝게 만나고 문화 교류, 공존의 가치를 더욱 확산하는 계기로 삼겠다"고 말했다.

출처: 동아일보. 코로나 이기는 국내 최대 다문화 축제 '맘프', 22일 창원서 개막. 2021.10.20.
https://www.donga.com/news/Society/article/all/20211019/109788821/1

- 기사 원문을 읽고 맘프에서 문화교류와 공존의 가치 확산 방법이 무엇인지 찾아봅시다.

- 전국 지자체에서 열리는 다문화축제가 가진 장점과 단점은 무엇인지 토의해 봅시다.

❹ 상호문화주의 모형

다문화주의가 이주민 문화에 대한 인정과 다수집단이 소수집단을 단지 관용의 수준에 머물렀다면, 상호문화주의(interculturalism)는 여러 문화들 간의 소통, 관계성을 가지고 역동적인 상호작용의 과정을 거쳐 문화적 갈등에서 오는 여러 문제들을 효과적으로 다룰 수 있다고 본다(안희은, 2019). 즉 상호문화주의는 여러 문화의 단순한 공존을 넘어 문화 간의 대화와 소통을 통해 공유하는 문화를 만들어 내려는 이념이다.

다문화주의를 공식 선언한 캐나다 퀘벡 주는 다문화주의 정책이 퀘벡과 그 주민을 캐나다의 여러 문화집단 중 하나로 취급하는 데 그친 것에 대해 반발하였다. 그리고 퀘벡 주의 공동 가치를 존중하고 유입국 사회에 통합하려는 이민자와의 상호작용을 이상으로 하는 상호문화주의를 내세웠다.

상호문화주의는 사회구성원이 동등한 관계에서의 상호 열린 대화와 소통을 강조하며 모든 중심주의를 타파해 주도권을 가진 특정한 개체가 존재하지 않는다고 본다(이정은, 2017).

또한 상호문화주의는 '집단 간, 개인 간, 정체성 간'의 상호작용을 강조하는데, 평등한 관계에서 이루어지는 적극적인 의사소통이 서로에게 영향을 주고받으며, 서로가 타자의 관점에서 바라보고 대화함으로써 새로운 타자 그리고 새로운 가치, 즉 새로운 문화창조와 풍요로움을 창출해 낼 수 있다고 본다(장한업, 2018).

특히 상호문화주의는 지역사회에서 상이한 민족이나 문화 간 상호작용이 없는 공존 상태는 시급히 해결되어야 할 문제로 간주한다. 다문화주의가 차이나타운이나 코리아타운, 이탈리아 구역 같은 이민자 밀집거주지역 형성을 장려하고 이민자가 모여 사는 구역을 문화상품으로 개발하려 했다면, 상호문화주의는 선주민과 분리되어 이민자끼리 특정 구역에 거주하는 것을 경계한다. 왜냐하면 이민자 밀집거주지역이 지역의 게토로 전락하고, 일반인들은 출입을 꺼리는 장소가 되어 선주민과 이주민 사이의 격리현상이 일어날 우려가 있기 때문이다(오정은, 2012).

활용자료 **안산시, 전국 최초·아시아 두 번째로 유럽평의회 주관 상호문화도시 지정**

2020년 2월 안산시가 국내 최초로 유럽평의회에서 주관하는 상호문화도시에 선정되었다. 아시아에서는 2017년 5월 일본 히마마츠시가 아시아 최초로 선정되었으며, 안산시가 2020년 137번째 회원도시이자 아시아 두 번째 회원도시가 되었다. (중략)

2009년 정부로부터 전국에서 유일하게 지정된 다문화마을특구에서는 다문화교육과 외국음식점, 축제, 문화서비스 제공 등이 이루어지고 있으며 외국인 아동 보육료 지원, 외국인주민 인권조례 제정 등의 제도적 지원을 추진합니다.

이러한 노력으로 안산시는 전국 최초, 아시아 두 번째로 상호문화도시에 지정되었으며, 유럽평의회가 발표한 상호문화도시지표에서 세계적인 다문화도시들과 어깨를 나란히 한 가운데 전 세계 대도시 26개 상호문화도시 중 오슬로, 코펜하겐, 더블린 다음으로 4위를 기록했습니다.

그림 2-11 상호문화도시 안산시를 소개합니다

출처: 안산시 보도자료(2020.02.13). 안산시 공식 블로그(2021.05.20.).

■ 상호문화도시 관련 자료를 찾아 '상호문화도시'의 의미는 무엇이며 평가지표 관련 안산시의 노력을 찾아봅시다.
(참고자료 : https://www.seoul.co.kr/news/newsView.php?id=20201201025025)

- 상호문화도시란

- 유럽평의회 상호문화도시 평가지표

- 상호문화도시 안산의 노력

- 관련 기사 1 : 머니투데이. 안산시, 유럽평의회 상호문화도시 평가 최상위권…26개 도시 가운데 네 번째. 2020.09.09.
https://news.mt.co.kr/mtview.php?no=2020090910024450594

- 관련 기사 2 : 서울신문. 구로구, 유럽평의회 '상호문화도시' 141곳 중 1위. 2020.11.30.
https://www.seoul.co.kr/news/newsView.php?id=20201201025025

정리하자면 위의 네 모형을 기반으로 대부분의 국가에서는 정책 중 한 가지를 중심으로 하고 다른 정책을 부분적으로 병행하고 있다. 노동이나 사회정책 등의 영역에서는 동화주의 정책을, 교육·문화의 영역에서는 다문화주의 정책을 시행하기도 한다.

02 다문화정책과 사례

1) 다문화정책의 이해

(1) 다문화정책의 개념

다문화정책(multicultural policy)이란 특정의 소수자집단이 무시되거나 차별받는 것을 방지하고, 차이에 근거한 정치·사회·경제적 갈등을 해소하며, 인간으로서의 보편적 권리를 향유하도록 함을 목적으로 하는 정부의 제도적 개입이라고 할 수 있다

(오경석 외, 2007). 이를 Kymlicka(1995)는 다양한 문화적 주체들이 가진 서로 다른 삶의 권리(politics of difference)에 대한 '제도적 보장'으로 정의하였다. 윤인진(2008)은 다문화정책을 인종·민족·국적에 따른 차별과 배제 없이 모든 개인이 평등한 기회에 접근할 수 있도록 보장함으로써 다양한 인종 집단들이 공존하려는 이념을 실현하고자 하는 정부의 '정책과 프로그램'으로 보았다.

(2) 다문화정책의 접근방법

다문화정책에 대한 접근방법도 학자별로 다르다.

비주류문화를 형성하는 소수자의 문제로 접근하는 인권주의적 관점과 관리주의적 관점으로 분류하는 연구가 있다. 먼저, 인권주의적 관점은 소수자의 문제를 신체적, 정신적, 권력적, 경제적, 문화적 차별의 관점에서 파악한다. 이러한 인권주의적 관점은 한국 정부에 의해 자발적으로 이루어졌다기보다는 국제사회의 요청을 계기로 형성되었다. 중앙행정부서나 지방행정부서의 경우에는 인권주의 관점을 정책 집행에 적극적으로 반영할 동기가 별로 없다. 각종 업무가 산적해 있는 행정부서로부터 소수자에 대한 인권적 차원의 배려를 기대하기는 어렵다. 그들은 소수자에 대한 정부의 가이드라인을 수용하고 집행하는 것에만 집착하기 마련이다. 그리고 관리주의적 관점이란 소수자 문제를 기본적으로 다른 사회문제와 동등한 수준에서 보면서 그 문제로 인한 사회적 위험과 갈등을 해결하는 수준에서 자원을 투입하여 해결하는 관점이다(전영평, 2008).

다른 한편으로 다문화정책은 주류문화에 대한 관점에 따라 이주민을 주류문화에 동화시키는 포섭의 관점과 문화 다양성을 인정하는 관점으로 나누어 설명할 수 있다. 특히 주류 다문화교육에서는 교육을 통해 타문화를 지배문화인 자문화에 포섭하기 위해 노력한다. 이때 각 문화들의 다양성은 주류에 포섭되어야 하는 대상으로서만 인정되며 영원히 소수에 머무르는 문화일 뿐이라는 입장이다(김미윤, 2004).

이와는 반대로 사회적 변화를 당연하게 받아들이는 급진적 다문화교육이 있는데, 이는 다양성을 단일한 기준으로 보는 것이 아니라 다양성 자체에도 차이가 있음을 인정한다. 급진적 다문화교육은 지배문화 중심의 포섭적 다문화주의를 배격하며 일방적으로 우위를 점하는 지배적인 문화의 존재를 인정하지 않는다(이경호, 2002).

2) 다문화정책 사례

(1) 차별배제정책

❶ 한국의 외국인노동자 정책

한국은 외국인노동자들에게 정부나 기업과의 일정한 노동계약 기간이 끝나면 모국으로 돌아가도록 하므로 한국의 외국인노동자 정책에는 법무부의 '출입국관리정책'과 고용노동부의 '노동활용정책'만 있을 뿐 이들을 우리 사회 공동체에 통합하고자 하는 사회통합정책은 존재하지 않는다. 즉 한국의 외국인노동자 정책은 기업의 수요에 부응하는 외국인력 공급 체계를 효율적으로 운용함으로써 국가와 기업의 경제적 편익을 최대화하기 위한 제도적인 통제와 관리를 목적으로 한다. 이러한 차별배제 프레임의 배경에는 외국인노동자들을 경제적 수용과 관리 차원에서 다루고 있기 때문이다.

외국인노동자 정책의 시행과 운영은 고용노동부의 「외국인근로자 고용 등에 관한 법률」과 법무부의 「출입국관리법」, 「국가인권위원회법」을 근거로 한다. 고용노동부는 중소기업의 인력난 해소를 위해 1993년에 산업연수생제도를 도입하여 2004년에 시행한 고용허가제와 함께 2007년까지 병행되었다. 2004년 8월부터 시행된 「외국인근로자의 고용 등에 관한 법률」에 의한 '고용허가제'는 외국인노동자를 한국 사회구성원들과 함께 살아가는 공존과 사회통합 차원에서 고려한 것이 아니라, 경제적 필요성을 충족시키기 위한 노동력 차원에서 차별배제의 대상으로 다루고 있다.

1963년 제정되고 2008년 개정 및 시행되고 있는 「출입국관리법」은 외국인 체류자격, 등록 및 퇴거에 관한 심사, 외국인의 산업연수, 외국인 유학생의 관리, 출입국사범에 관한 고발 및 처리 등의 업무를 하고 있다. 이 법은 '외국인이 취업하려면 취업 활동을 할 수 있는 체류자격을 받아야 하며 반드시 지정된 장소에서 근무해야 한다. 또한 고용주는 체류자격을 갖춘 외국인을 고용하더라도 외국인의 해고, 퇴직, 고용계약의 변경 등의 사유가 발생하는 경우에는 관계기관에 신고하여야 한다'고 규정하고 있다. 다만 전문적인 기술 또는 전문적인 지식, 기능을 가진 사람은 예외로 한다고 규정하고 있어 대다수의 외국인노동자들에게는 허용되지 않는다.

그리고 법무부가 국내 중소기업의 노동력 부족 문제를 완화하기 위해 2009년 발표한 방문취업 동포인력의 제조업 일자리 제공은, 단순노무종사 외국 국적 동포의 입국 인원 조절을 통해 내국인 일자리 침해 문제를 최소화하는 것이다. 정부는 재외동포와 결혼이민자들은 민족과 국민의 관점에서 통합하고 외국인 전문 인력은 경제적 이익의 관점에서 수용하고자 한다. 반면 단순노동인력과 미등록체류자들은 단기적 예측과 쿼터에 따라 유입하고 계약기간 종료 이후의 영주나 정주는 철저히 제한함으로써, 배제의 대상으로 여기며 적극적으로 통제하고 관리하는 정책을 수행하고 있다.

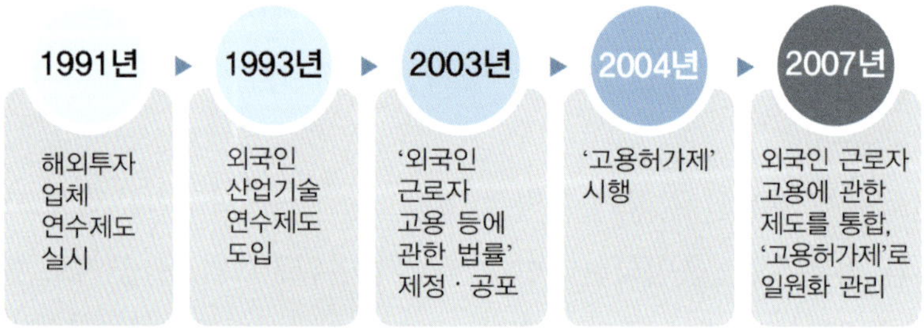

그림 2-12 외국인근로자 정책 도입의 변화

❷ 독일의 손님노동자 제도

독일은 제2차 세계대전 이후 마셜 플랜의 재정지원이 이루어졌고, 산업지역으로 돌아온 실향민과 난민의 증가에 따라 산업·인적·금융 자본면에서 대규모 경제성장이 이루어졌다. 이로 인해 새로운 일자리가 생겨나기 시작하면서 취업자 수가 증가하였다. 특히 저숙련 노동력에 대한 수요가 증가하였으나, 내국인 노동자 수로 인력을 충족할 수 없어 1950년대 중반부터 고용허가제도로서 손님노동자제도를 도입하였다. 손님노동자란 1950년대와 1960년대에 쌍무협정을 통해 이탈리아, 스페인, 그리스, 터키, 모로코, 포르투갈, 튀니지, 유고슬라비아 등 지중해 국가에서 북·서유럽으로 온 저숙련 외국인노동자를 의미한다.

손님노동자제도는 교체순환원칙에 입각하여 독일의 부족한 노동력을 단기적으로 사용하기 위한 임시 노동이민제도로, 저숙련 노동자들에게 1년간 임시 체류권을 제공하고 정해진 기간이 지나면 새로운 노동자로 교체하였다. 가족 없이 독일로 노동이민을 선택한 저숙련 노동자들은 대부분 남성들로 건설업, 철광업, 금속업, 광산업, 청부일 등에 종사하였다. 이들은 짧은 시간 안에 많은 돈을 벌어서 고국으로 돌아가는 것이 최대의 목표였으므로, 생활과 소비를 포기하고 독일 노동자들보다 힘든 노동 조건에서 초과 근무를 전담하였고 주거환경도 매우 열악하였다.

열악한 조건에도 불구하고 체류 기간이 지속될수록 귀국보다 가족과 함께 장기체류하는 외국인노동자의 수가 증가하기 시작하면서 독일인의 반발이 높아졌고, 1966년 이후 독일 경제는 경기침체와 회복을 경험하였다. 1971년 독일 정부는 5년 이상 근무한 외국인노동자에게 노동시장 상황과 상관없이 5년간 임시 노동허가를 부여하는 새로운 노동허가법을 시행하였다. 이 법은 1971년부터 손님노동자에게도 적용되면서 독일 내 외국인노동자의 수가 크게 증가하게 되었다.

독일의 외국인노동자 정책은 가족동반으로 인한 외국인노동자의 이동성 감소, 노동력의 지속적인 유입에 의한 노동생산성 감소, 외국인노동자 수의 증가로 인한 사회기반시설 부담 등과 같은 단점이 부각되었다. 이 시기 석유 위기 사태를 겪으면서 1973년 11월 23일에 손님노동자 모집을 중단함으로써 외국인노동자에 대한 재정적 부담을 감소시키고자 하였다(Herbert, 2001).

독일은 1973년 손님노동자 모집 중단과 함께 외국인노동자의 유입을 막고 독일 내 거주하는 외국인노동자의 수도 줄이고자 하였다. 그러나 가족을 동반한 외국인노동자들이 귀국하지 않고 지속적으로 독일에 머무르면서 고향과의 유대감이 희석되고 생활소비가 증가하면서 독일과 협정국가 간에 후속 문제가 발생하였다. 즉 협정국가는 그동안 독일의 경제발전에 의존하였으나 귀환하는 노동자를 받아들일 준비도 부족하였다. 독일 정부는 외국인노동자의 자발적인 귀국을 도모하는 재정적 지원과 함께 독일에 장기 거주하는 외국인과 그 자녀를 위한 사회통합에 대한 필요성이 대두하면서 손님노동자를 둘러싼 정치적 갈등을 겪게 되었다(Herbert, 2001).

한국에서도 부족한 외자과 기술이 부족한 상황에서 해외자본의 유입을 위해 기술교육생, 광부, 간호사들을 중심으로 하는 노동력의 독일파견을 추진하였다. 이렇게 해서 한국 땅을 떠난 이들은 이후 독일에 정착하거나 제3국(미국 등)으로의 삼각이민을 선택하였으며 오늘날 한인 디아스포라의 일부를 형성하게 되었다.

(2) 동화주의 정책

❶ 한국의 결혼이민자 정책

한국 정부의 결혼이민자 정책은 결혼이민자를 포함한 다문화가족을 한국 사회의 가족과 혈연으로 인정하여 사회적 포용과 수용, 그리고 사회 적응을 목적으로 하고 있다. 이처럼 결혼이민자 정책을 동화주의 정책 프레임으로 인식하고 있기 때문에 결혼이민자를 위한 프로그램 운영 사례에서도 동화 지향적 실체를 확인할 수 있다.

법무부의 '해피스타트 프로그램'은 결혼이민자가 한국 사회로 입국한 이후 가장 먼저 접하게 되는 프로그램이다. 이 프로그램은 결혼이민자의 초기 정착과정에서 발생하는 문화적 차이를 해소하고 바람직하고 행복한 다문화가정을 이룰 수 있도록 한국 사회에 필요한 기초생활 정보를 지원하는 것이 목적이다. 그런데 이 프로그램은 단 두 시간의 짧은 교육으로 2년의 장기체류비자 혜택을 부여하고 있다. 즉 교육 내용이나 교육과정이 결혼이민자의 비자 기간 보장을 목적으로 배려를 통한 포용과 수용 차원에서 매우 형식적이고 파격적으로 이루어지고 있음을 알 수 있다.

법무부의 「재한외국인 처우 기본법」, 여성결혼이민자 정책의 근거가 되는 여성가족부의 「다문화가족지원법」, 「결혼중개업의 관리에 관한 법률」, 문화체육관광부의 「다문화사회의 문화적 지원에 관한 법률」 등에서도 동화주의 정책 프레임이 나타나고 있다.

2007년에 공포되어 시행되고 있는 「재한외국인 처우 기본법」은 재한외국인이 개인의 능력을 충분히 발휘할 수 있도록 하여 한국 사회에 잘 적응함으로써 한국의 국민과 외국인이 상호 이해하고 존중하는 사회 환경을 만들고 사회통합에 이바지하는 데 목적을 두고 있다. 이 법은 외국인정책에 관한 기본계획을 5년마다 수립하도록 규정하고 있으나 한국 사회의 외국인이민자 전체의 처우를 위한 역할이 미흡하며, 특히 제1차, 제2차 외국인정책 기본계획들은 대부분 여성결혼이민자를 포용하고 수용하기 위한 기능으로 활용되고 있다.

「다문화가족지원법」은 2008년에 제정되어 시행된 후 2010년에 법 개정이 있었다. 이 법에는 '다문화가족 구성원이 안정적인 가족생활을 영위할 수 있도록 함으로써 이들의 삶의 질을 향상시키고 사회통합에 이바지한다'는 것을 목표로 한다. 그리고 다문화가족 실태조사, 다문화가족에 대한 이해증진, 생활정보 및 교육지원, 아동의 보육지원, 다국어에 의한 서비스 제공 등 다문화가족을 위한 다양한 지원 내용을 포함하고 있다. 이처럼 「다문화가족지원법」은 「재한외국인 처우 기본법」과는 차별화되며 결혼이민자를 적극적으로 포용하고 지원하여 궁극적으로는 한국 사회에 동화시키기 위한 법이다.

「결혼중개업의 관리에 관한 법률」은 국제결혼 중개업소 이용자의 피해를 예방하기 위하여 관리·감독하는 장치로 결혼이민자의 안정적인 정착을 지원하기 위한 법이다. 이 법률은 국제결혼을 위해 한국으로 이주하려는 결혼이민자의 입장에서 관리·감독하는 기능이 아니라, 국제결혼사업자의 사업요건 강화를 통해 한국 남성의 입장에서 잘못된 정보나 부당한 방법으로 국제결혼이 이루어지지 않도록 사전에 예방하려는 목적이 크다. 궁극적으로는 한국 사회로 입국하는 한국인 배우자인 여성결혼이민자의 인권침해 요소나 부당한 알선행위 피해를 예방하고 보호하는 제도적 장치로 볼 수 있다.

한편 2008년에 제정된 문화체육관광부의 「다문화사회의 문화적 지원에 관한 법률」의 목적은 다문화사회구성원이 문화적 다양성을 표현하고 존중하며 상호 교류를 통해 문화적 삶의 질 향상에 기여할 수 있도록 하는 것이다. 이 법은 국가와 지방자치단체는 문화적 다양성을 진흥하기 위한 다문화정책의 기반을 조성하고자 사회구성원이 가진 다양한 문화가 상호 이해될 수 있도록 지방자치단체의 다문화진흥 전담부서를 설치할 것을 규정하고 있다. 다문화사회로의 진입을 판단한 한국 정부가 내국인과 이민자들 간의 문화적 다양성을 표현하고 교류하는 기회를 확대하고자 시행한 다문화정책임에도 정책 대상은 주로 여성결혼이민자들이며 결국은 결혼이민자를 포용하는 정책으로 그 역할을 수행하고 있다.

❷ 프랑스의 동화주의 정책

프랑스의 다문화정책은 프랑스혁명의 철학적 배경이 된 자연법사상과 계몽주의 인간관을 기반으로 인류평등사상(egalitarianism)에 의거한 동화주의 정책을 지향하고 있다. 프랑스 제5공화국 헌법 1조는 "공화국은 분할할 수 없고, 정교분리적이며 민주적이고 사회적이다. 공화국은 법 앞에서 출신이나 인종, 종교의 구분 없이 모든 시민의 평등을 보장한다."고 명시되어 있다.

1789년 프랑스혁명 이후, 부모가 프랑스인이 아니어도 프랑스에서 태어난 사람들을 모두 프랑스 국민으로 인정하는 속지주의를 채택하고 있다. 인간은 보편적 이성을 지니고 평등하게 태어나지만, 교육과 환경의 차이로 인하여 신분의 차이가 생길 수 있으므로 동화주의 정책을 통해 프랑스인뿐만 아니라 이주민도 교육에 의하여 보편적인 진리와 자연법을 깨닫게 하여 유일보편의 문명으로 이끌 수 있다는 것이다.

그러나 2005년 10월 27일 프랑스 파리의 교외지역(방리유)에서 경찰 검문을 피해 달아나던 무슬림 청년이 감전사한 사건을 계기로 프랑스 전역으로 확산된 이주민 소요사태는 프랑스식 동화주의 정책의 제도적 보완의 필요성이 제기되었다. '방리유 사건'으로 불리는 프랑스의 이주민 소요사태는 이민자들을 프랑스의 사회·경제·문화 체제 속에 통합하려는 프랑스식 동화주의 모델의 한계를 보여주는 것으로 그 문제점은 다음과 같다.

첫째, 현재 프랑스 사회의 주류 이민자 그룹은 과거와 달리 종교적·문화적 측면에서 차이가 큰 무슬림으로 생활의 모든 분야에서 주류 '프랑스인'이 되기에는 어려움이 존재하였다는 점이다.

둘째, 프랑스식 통합모델은 사회 곳곳에서 현실적으로 존재하는 인종주의와 심각한 차별 문제를 이주민의 개인적인 문제로 여기고 정치적으로 쟁점화하지 않고 은폐하는 문화가 만연해 있었다는 점이다.

셋째, 프랑스의 경제여건이 악화되면서 이주민 2세대들이 고용시장(실업률 30%)에서 먼저 배제되어 겪게 되는 경제적 어려움을 프랑스식 공화주의 통합모델 자체가 지닌 한계로 보지 않고, 단지 빈민지역의 청년실업과 같은 사회경제적 문제로 간과했다는 점이다.

❸ 일본의 다문화공생정책

일본은 동화주의를 표방하고 있으며 이미 동화주의의 한계로 인해 재일동포(28%) 중심의 지문날인 거부 운동(1991년 폐지) 등 소수민족과의 갈등을 겪었다. 그리고 일본계 브라질인의 집단 이주로 인한 정책의 필요성이 더해지면서 '다문화공생정책'이라는 일본 특유의 동화주의 기반 정책을 만들어 표면적으로는 동화주의를 보완하려 하고 있다.

일본은 1980년대 이후 경제의 글로벌화의 급속한 진전으로 정주외국인이 증대하면서 '다문화공생'의 개념을 사용하였다. 한국은 중앙정부가 다문화정책을 주도하지만, 일본은 중앙정부에서는 외국인력 수용에 소극적인 태도를 견지하면서 매우 신중하고 점진적으로 다문화정책에 대응하는 반면, 외국인이 많이 거주하는 지방정부는 적극적인 다문화공생정책을 수행하고 있다.

1990년 일본 정부는 「출입국관리법」을 개정하여 일본계 브라질인이나 일본계 페루인 이민 2, 3세를 기술노동자로 대거 수용하는 정책을 채택하면서 단순노동자의 유입을 금지하였다.

2006년 3월 총무성이 전국적인 다문화공생추진플랜을 마련하고 다문화공생정책을 종합적이고 체계적으로 수행할 것을 요청하였다. 일본 정부는 다문화공생을 "국적이나 민족이 다른 사람들이 서로의 문화적인 차이를 인정하고 대등한 관계를 구축하면서 지역사회의 구성원으로서 함께 살아가는 것"으로 정의하고 있다(곽인신, 2020).

그러나 일본 정부의 다문화공생정책에서 공생의 대상은 암묵적으로 비서구권, 즉 일본보다 경제적으로 뒤처져 있는 출신국 사람들을 상정하고 있다. 이로 인해 외국인 문제와 다문화공생은 일본의 문화를 모르는 개도국 출신 사람에게 일상생활에서 마찰이 일어나지 않도록 '공생'이라는 이름으로 동화시키는 것으로 비판의 대상이 되고 있다.

일본에서 공생이 문화적 소수집단의 언어, 인종, 문화적 차이를 인정한다는 '인정의 정치'가 중심이지만, 외국인의 일본 사회 적응을 유도한다는 행정적 발생에 기초한 정부 주도하의 다문화공생론은 오히려 일본인과 외국인의 서열관계를 유발하고 있다(이길용, 2010).

일본에는 6개의 부처에서 실시하는 9개의 정책목표에 따라 다양한 다문화정책을 실시하고 있다. 지역 일본어 교육 지원 사업, 생활자로서의 외국인을 위한 일본어 교육, 일본어 지도자 양성, 일본어를 모국어로 하지 않는 외국인자녀의 일본어 학습을 위한 JSL(Japanese as a Second Language) 커리큘럼의 개발 및 교육사례의 수집·

제공, 워크숍 개최 등 일본어 교육에도 중점을 두고 있다.

(3) 다문화주의 정책

❶ 캐나다의 모자이크 정책

캐나다 연방정부는 세계 최초로 1971년 다문화주의를 국가 공식 정책으로 채택하였다. 캐나다가 채택한 다문화주의는 전통적으로 내재되어 있던 영국계·프랑스계 이주민의 갈등 해소 노력의 일환으로 모든 캐나다인이 법 앞에 평등하고 가치와 존엄성이 보장된다는 이념이다.

캐나다 연방정부가 설정한 다문화정책의 기본목표는 평등과 다양성 존중을 토대로 모든 시민이 참여하여 사회통합을 이루는 것으로, 첫째는 캐나다와 세계 속의 다양한 문화경험을 공유하고 표현하는 캐나다인 육성, 둘째는 문화 간 이해와 시민 참여를 통한 통합적 캐나다 사회건설이다.

또한 정책의 기본목표가 지향하는 "창조적이고 응집력 있는 캐나다"를 구현하기 위하여 4가지 항목의 전략적 목표를 설정하였다. 첫째, 캐나다만의 문화 형성(Canadian Content) 항목은 다양한 출신배경을 가진 시민들의 문화를 보존·전파하고 문화 창조를 돕는다. 둘째, 문화 참여(Cultural Participation and Engagement) 항목은 캐나다의 문화생활에 접근할 수 있는 경로를 만들고 참여를 유도한다. 셋째, 문화적 유대 확산(Connections) 항목은 캐나다 국민 간의 유대강화의 기반을 마련하고 다양한 공동체 간 이해를 심화시킨다. 넷째, 적극적 시민양성 및 시민의 참여확대(Active Citizenship and Civic Participation) 항목은 캐나다 국민의 권리와 의무에 대한 이해를 확립하고 국민들이 일상에서 캐나다 국민답게 참여할 것을 유도한다(유정석, 2008).

1977년 캐나다 의회는 인권법(Canadian Human Rights Act)을 제정하여 인종, 성별, 출신 국가, 민족, 피부색, 종교에 근거한 차별 금지, 1982년 헌법에 인권과 자유 헌장을 제정하여 캐나다가 지향하는 가치로 다문화주의를 선언하였다. 1988년 다문화주의법(The Canadian Multiculturalism Act)을 제정하여 캐나다 사회에 다양성 정착을 공식화하였다. 다문화주의법에는 영어와 불어 사용자 이외의 언어 사용자도 공동체의 존재로 인정받을 수 있고 모든 국민에게 자신의 문화유산을 유지할 수 있는 자유가 인정됨을 법제화하였다(이유진, 2009).

캐나다 연방정부의 이민부(Department of Citizenship and Immigration Canada, CIC)는 이민, 이민자 사회통합, 시민권 관련 제반 정책을 총괄하고 있다. 그리고 이민정책 수립 및 집행, 외국인 출입국 관리정책 수립 및 관리, 연간 이민자 수의 설정, 이민 자격요건 설정 및 이민 허가, 신규 이민자 통합, 시민권 부여 등의 기능을 담당하고 있다. 문화유산부는 20여 개의 산하단체와 25개의 지역본부를 통해 조직적으로 다문화주의 정책을 펼치고 있으며, 2004년에는 시민참여 강화에 역점을 두고 다문화주의 정책을 추진하고 있다(유정석, 2003).

캐나다는 각 민족이 자신들의 정체성을 유지하면서 하나의 정부로 화합하는 모자이크식 다문화주의를 지향하고 있다. 따라서 사회통합 방식도 정해진 하나의 이상적 모델에 맞추는 방식이 아니라 소수자들의 문화적 정체성을 공고히 하여 사회적 갈등을 최소화하는 방식의 다문화주의를 표방하고 있다(김정규, 2010).

❷ 호주의 다문화주의 정책

호주는 2차 대전 직후부터 ‘인구 증가 아니면 멸망(populate or perish)’이라는 위기의식과 함께 아시아계 이민자들로 인한 유럽적 문화 전통의 와해라는 정체성 위기를 겪게 되었다. 이후 정치적 지형의 변화에 따른 다양한 이해관계들의 표출로 인하여 국가 통합과 정체성 확보에 어려움을 겪고 있다. 호주는 1970년대 이전까지는 백인 중심 지배체제의 국가적 통합을 추구하고 유색인종에 대한 차별과 배제를 통해 인종적 동질성을 유지하는 백호주의 정책을 지향하였다.

1970년대 중반 이후부터 영국과의 관계 변화, 아시아권과의 경제 교류 증대 등으로 이주민이 증가하면서 다문화주의 정책을 도입하였다. 1978년에 갈벌리 보고서(The Galbally Report)가 발간되면서 호주 정부는 다문화주의를 정부의 공식 정책으로 천명하였다. 갈벌리 보고서가 공식화한 다문화주의의 4가지 기본원칙은 첫째, 동등한 기회보장과 공적 서비스에 대하여 공평하게 접근 보장되어야 하고, 둘째, 모든 사람은 편견 없이 자신의 문화를 보유할 수 있으며, 셋째, 이민자에게는 특별한 프로그램과 서비스를 마련해야 하고, 넷째, 프로그램과 서비스는 당사자들의 협의를 통하여 입안·운영되어야 한다는 것이다(이용승, 2007).

2003년에는 “다문화 호주: 다양성을 통한 통합”을 발표하고 다음과 같은 4가지 전략을 제시하였다. 첫째, 모든 호주인은 호주 사회의 자유, 평등, 다양성을 보장받고 호주 사회의 기본원칙과 사회구조를 유지하여야 할 시민적 의무를 지닌다는 시민적 의무(civic duty) 전략, 둘째, 모든 호주인은 법에 따라 자신의 문화와 신념을 표현할 권리를 가지고, 타인의 동일한 권리를 동등하게 존중하여야 할 상호 존중 의무를 지닌다는 문화적 존중(cultural respect) 전략, 셋째, 모든 호주인은 대우와 기회에 있어서 평등하고, 사회적 평등은 모든 호주인에게 호주의 정치적, 사회적, 경제적 삶에 공헌하도록 허용하며, 인종, 종교, 문화, 언어, 지역, 성별 등에 기반을 둔 차별로부터의 자유를 보장한다는 사회적 평등(social equity) 전략, 넷째, 모든 호주인은 생산적 다양성으로부터 이익 - 인구집단의 다양성에 기인한 중요한 문화적, 사회적, 경제적 이익을 얻는다는 생산적 다양성(productive diversity) 전략이다(이용승, 2007).

❸ 미국의 다문화정책

미국은 근대 국가 중 최초의 이민 국가로 1860년대부터 현재까지 지속적으로 인구학적·문화적인 변화가 일어나고 있으며 “다양함으로부터 하나로(E Pluribus Unum)”라는 건국이념을 가진 다민족국가이다. 또한 미국에서 태어나는 아이들은 국적·인종을 묻지 않고 미국 국적을 얻을 수 있도록 하는 속지주의를 채택하고 있다.

초기 미국의 다문화정책은 미국의 정신을 주입하는 동화주의 모델을 기반으로 다양한 문화를 수용하는 용광로 정책을 펼쳤다. 1875년 이민업무가 연방정부의 책임이라는 미 연방법원의 선언 하에 1891년 이민국이 창설되었다. 1921년에는 「출신국적법」(National Origins Act)을 제정하여 출신 국가별 이민 인원 할당제를 채택하였다. 1952년에 제정된 「이민 및 국적 취득에 관한 법」(Immigration and Nationality Act)에 이민정책과 밀접한 주요한 법령을 포함하고 있다.

1960년대 이후 미국의 민권운동을 기점으로 주류사회의 문화와 함께 다양한 소수집단의 문화를 동시에 존중하는 자유주의적 다문화주의 기반의 문화적 다원주의를 채택하게 되었다. 1961년 케네디가 ‘평등 고용기회 위원회’에서 소수자 우대정책을 실시하고 1963년 모든 종류의 차별을 금지하는 민권법안을 통과시켰다. 미국은 이를 토대로 주류문화와 구분되는 문화적 배경을 가진 학생들에게 보다 나은 교육기회 배분 방안과 다문화의 공존을 위한 교육과정 구성에 주력하였다. 1965년에는「이민법」개정을 통해 국적 할당제를 폐지하고 이민자 가족 결합과 숙련 기술자 유입을 목적으로 개방적인 이민정책을 실시하였다.

미국은 2001년 911테러 발생을 기점으로 다시 제한적인 이민정책으로 전환하였다. 2003년에는 이민을 관장하던 법무부를 해체하고 이민업무를 국토안보부로 이관하였다. 현재는 이민 관련 업무를 국토안보부가 주관하고 있으며 국무부, 노동부, 법무부, 보건부, 교육부가 관련 업무를 수행하고 있다(이기범, 2009).

반면에, 트럼프 전 대통령은 취임 직후 행정명령을 발효하여, 여러 이슬람권 국가들로부터의 이민을 봉쇄하였을 뿐만 아니라 멕시코 국경에 장벽을 설치하여 중미 지역으로부터의 불법 이민행렬을 막고자 하였다. 이민봉쇄정책은 연방대법원에서 트럼프 전 대통령의 입장을 옹호하는 판결을 통해 정당성을 확보하였다. 트럼프 행정부는 오바마 행정부 때 시행된 불법 이민자 자녀 보호법(Deferred Action for Childhood Arrivals, DACA)을 폐기하려고 시도하였다.

바이든 행정부의 이민정책은 다양성을 강화하는 포용적인 방향으로 전환하고 있다. 멕시코 국경 장벽 건설 계획은 백지화하였고 이슬람권 국가로부터의 이민 제한 역시 풀었다. 그러나 미국은 오랫동안 개신교 신자 백인들이 주류를 이루었던 사회이므로 이러한 움직임에 저항하는 세력이 정치권에 존재하고 있다. 또한 코로나19가 중국에서 비롯되었다는 믿음을 갖는 미국인들이 아시아계 이민자들에 대한 편견과 차별을 심화시키고 있다. 미국과 중국 간의 경쟁이 격화되고 있는 상황에서 반이민 정서가 아시아계 사람들에게 향하게 되면, 미국의 대중국 정책이 결국에는 서구와 비서구 간의 문명 갈등으로 비화할 가능성을 배제할 수 없다.

(4) 상호문화주의 정책

기존 다문화주의 및 다문화정책의 개념적, 정책적 한계 극복을 위해 상호문화주의와 이에 바탕을 둔 상호문화정책으로서 '상호문화도시 프로그램'을 2008년 유럽평의회와 유럽연합이 공동으로 제시하였다. 상호문화도시는 상호문화주의를 실천하는 도시를 의미하며, 선주민과 이주민 간 상호교류를 통해 함께 더불어 살아가기에 적합한 환경을 조성하고자 하는 도시들을 선정하여 지원하는 사업이다. 상호문화도시는 상호문화주의(Interculturalism), 개방성(openness), 다양성의 이점(diversity advantage)을 핵심 개념으로 제시한다.

❶ 독일의 상호문화주의 정책

독일의 2000년 1월에 시행된 국적법은 전통적인 속인주의 방식을 변경하여, 이주민 가정 출생자일지라도 일정한 조건을 충족할 경우 속지주의를 적용하고 독일에서 태어난 외국인 자녀에게 시민권을 부여하였다. 이 법은 외국인이 일정한 조건을 갖추고 8년 이상 독일에 합법적으로 거주할 경우 독일 국적을 신청할 수 있는 자격이 주어졌다.

2005년에는 이민법을 제정하여 제도적 장치를 통해 이주와 관련된 문제를 체계화하였다. 2007년에는 이민법을 개정하여 EU가 제안한 가이드라인으로 강제결혼 방지를 위해 혼인 연령의 하한선 18세 규정, 가족재결합 배우자에게 독일에 대한 기초적 지식 요구, 외국인의 통합과정 이수 의무조항 등을 포함시킴으로써 이민자 사회통합정책에 대한 다양한 법적 근거를 마련하였다.

독일의 이민법에는 독일에 유기한적인 체류허가(이민법 제7조), 무기한적인 정착허가(이민법 제9조)로 간소화하고 장기적 EC체류허가 자격을 부여하고 있다. 그리고 노동시장의 유연성에 따라 정주 가능한 숙련기술자와 전문 인력에 대한 노동이민의 합법적 기반을 마련하고 자영업자의 이민을 최초로 허용하여, 경제의 발전과 고용시장에 대한 긍정적인 효과를 기대하고 있다.

또한 학업을 마친 외국인 유학생에게 1년 동안 체류를 허가하여 직업을 찾을 수 있도록 하고 있다.

독일 연방정부는 외국인과 이민자의 사회통합정책을 전담하기 위하여 연방 내무부에 이민과 난민을 위한 연방청(Bundesamt für Migration und Flüchtlinge, BAMF)을 신설하여 다양한 사회통합프로그램을 일관적으로 추진하고 있다. 연방정부는 사회통합프로그램의 재정을 지원하고, BAMF는 각 주 및 지방자치단체와 협력하여 정책을 집행하면서 특히 사회통합프로그램에 여성 친화적인 프로그램을 제공하기 위해 다양한 채널 사이의 조정역할을 수행한다.

03 한국 다문화사회 이해

1) 한국 다문화사회 형성과정

한국 사회에서 이주는 오랜 역사적 배경이 있지만 1980년대 말을 기점으로 외국인들의 한국 이주가 증가하였다. 이것은 세계화와 정치·경제적 변화, 그리고 국제 노동이주와 관련된 제도 변화와 관련이 있다. 즉 1990년대 냉전 종식으로 인해 공산주의 국가들의 개혁·개방이 진행되었고, 한국의 유엔 가입과 한중수교, 그리고 한국의 경제성장으로 인한 노동 인력의 필요성이 대두하게 되었다. 이러한 변화는 한국이 다문화사회로 나아가는 배경이 되었고 한국 정부도 한국이 다인종·다문화사회로 이행하는 것을 공식화하였다. 노무현 대통령은 2006년 4월 26일 대통령자문 빈부격차·차별시정위원회가 법무부·교육부·고용노동부·여성가족부 등과 함께 마련한 '여성결혼이민자 가족 및 혼혈인·이주자의 사회통합을 위한 지원대책'을 확정하고 "한국이 다인종·다문화사회로 이행하는 것은 이미 거스를 수 없으며, 다문화정책을 통해 이주자를 통합하려는 노력을 해야 한다"고 선언하였다(박경태, 2009). 이후 정부 각 부처는 다문화 관련 정책들을 마련하기 시작하였다.

법무부 외국인정책 통계에 따르면, 1998년 30만 명에 불과했던 국내 체류 외국인은 2000년대 초 가파르게 증가해 2007년 100만 명을 돌파했고, 2016년에는 200만 명을 넘어섰다. 100만 명을 넘어선 이래 10년 만에 두 배 이상으로 증가한 것이다. 2005년을 제외하고 지속적으로 늘어난 외국인 수는 최근 들어 증가세가 더 뚜렷하다(2021년은 코로나 영향으로 소폭 감소).

2) 한국 다문화사회 특징

한국의 다문화사회는 다민족, 다인종 국가로 출발한 미국, 캐나다, 호주와 부족한 노동력을 이민으로 메우는 서유럽의 다문화사회와 달리 오랜 이민의 역사나 경험의 축적 없이 비교적 짧은 기간에 압축적으로 이뤄진 경향을 보인다(안상수 외, 2012).

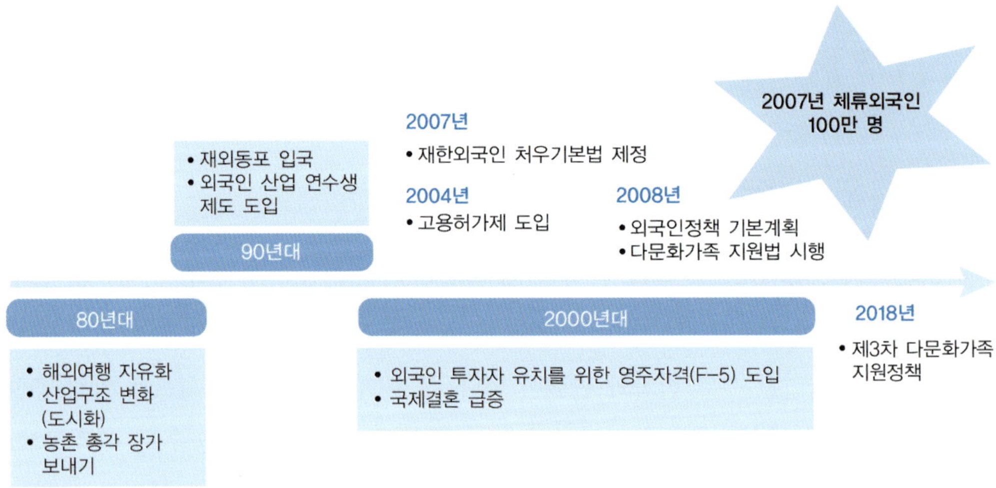

그림 2-13 **한국 다문화사회 형성과정**(출처: 한국건강가정진흥원, 2022)

한국의 다문화사회는 크게 3D 직종 기피현상으로 인한 노동력 부족의 대안으로 유입된 이주노동자와 저출산·고령화의 해결방안으로 정부가 주도한 국제결혼으로 이주한 결혼이주여성 및 그 자녀들로 구성된 다문화가족으로 구분된다.

한국은 1980년대에 이르러 한국 여성의 사회진출이 활발해지면서 결혼 적령기 여성 부족 사태가 사회문제로 부상하면서, 정부는 농촌 총각과 도시 저소득층 남성들의 혼인 문제를 해결하고자 국제결혼을 본격적으로 추진하게 되었다. 여기에 통일교의 국제축복가정 일원으로 일본 및 필리핀 여성과 한국 남성의 국제결혼이 증가하면서 본격적인 다문화사회로의 이행이 시작되었다.

한편 1988년 서울올림픽을 통해 한국의 경제성장을 확인하면서 개발도상국의 젊은이들은 한국을 경제적 어려움을 해결할 수 있는 나라로 여기게 되었다. 세계화로 인한 자본과 노동이주, 개발도상국 젊은이들의 일자리 욕구, 국내 노동시장의 저임금 노동시장 인력난이 맞물리면서 이주노동자의 국내유입이 시작되었다. 노동력 부족으로 인한 이주민의 유입이라는 동일한 현상이지만, 유럽 사회와 한국 사회의 이주노동자에 대한 관점에는 확연한 차이가 있다. 유럽 사회에서는 노동인구의 유입 이후 이주노동자의 가족 이주와 정주화로 이어지는 반면, 한국 사회는 이주노동자를 기간제 노동 인력으로 간주하고 언젠가는 본국으로 귀환할 것이며 귀환해야 한다는 원칙을 고수하고 있다. 즉 한국 사회는 여전히 이주노동자에게 단기 비자를 발급하고 이들이 지역사회에 미치는 영향을 최소화하려는 차별과 배제의 정책에 주안점을 두고 있다.

1990년대 한국 정부의 북방외교로 이루어진 중국과의 수교는 재중동포와의 국제결혼으로 이어졌다. 조선족으로 불리는 재중동포와의 결혼은 단일민족주의가 강한 한국 사회에 국제결혼으로 인한 문화와 언어 접촉에서 이질성의 부담감을 낮추기에 적합한 방안이었다. 언어와 민족, 문화의 동질성이 담보되는 재중동포와의 국제결혼은 연변처녀와 농촌총각 짝짓기 사업으로 명명되며 중앙정부와 지방자치단체가 적극적으로 나설 정도였다(강보라, 2020).

2000년대 이후 한국 사회는 다양한 목적으로 입국하여 체류하는 이주민이 급격히 증가하였다. 여기에 한류의 영향이 더해져 중국 및 필리핀 출신의 결혼이주민의 증가가 두드러졌고 현재는 베트남, 몽골, 태국 등 출신 배경이 다양해지는 경향을 보이고 있다. 1990년대 재중동포와 달리 2000년대는 이질적인 문화권으로부터 이주한 결혼이민자의 안정적인 한국 사회의 적응과 정착을 돕기 위한 다문화정책이 수립되었다. 특히 결혼이민자의 다수를 차지하는 여성이민자와 그 자녀로 구성된 다문화가족의 안정적인 생활지원과 정착을 돕는 데 집중하고 있다.

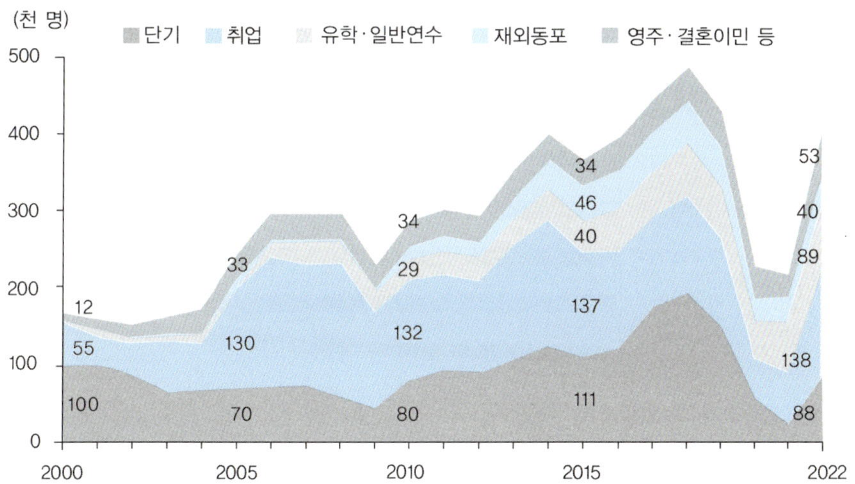

그림 2-14 2022년 외국인 입국 체류자격별 추이, 2000년~2022년(출처: 통계청, 2023)

최근 국제결혼의 증가세는 2019년 코로나19 직전 정점을 이루었고, 2022년 국제결혼은 전체 혼인 건수의 8.7%로 전년 대비 27.2%(4천 건)로 증가하고 있다(여성가족부, 2023). 이러한 국제결혼의 증가세에도 불구하고 결혼이주여성의 위상은 그리 높지 않다. 단일민족주의 전통이 강한 사회문화적 상황에서 기인한 것도 있지만 결혼이주여성 중 아시아 지역에서 이주한 여성들의 대부분이 농어촌 지역과 사회적 취약계층의 남성들과의 결혼이다. 따라서 상당수가 경제적 어려움을 겪는다는 점이 그들을 일상적인 차별과 낯선 시선에 직면하게 하는 원인이 되고 있다. 게다가 미숙련 노동자에 대한 엄격한 국가별 통제로 인해 입국의 수단으로 국제결혼이 '브로커를 통한 매매혼'적인 양상을 나타내면서 사회적 편견이 더해지게 되었다.

이러한 사회적 편견은 결혼이주여성의 자신감을 위축시키고 스스로를 타자화시키거나 한국인으로의 빠른 적응을 위한 노력이 오히려 정체성의 혼란을 겪게 한다. 이는 고스란히 다문화가족의 문제가 되고, 다시 다문화가족 자녀에 대한 차별과 편견이라는 사회적 문제와 부작용을 초래하게 된다(한건수, 2012).

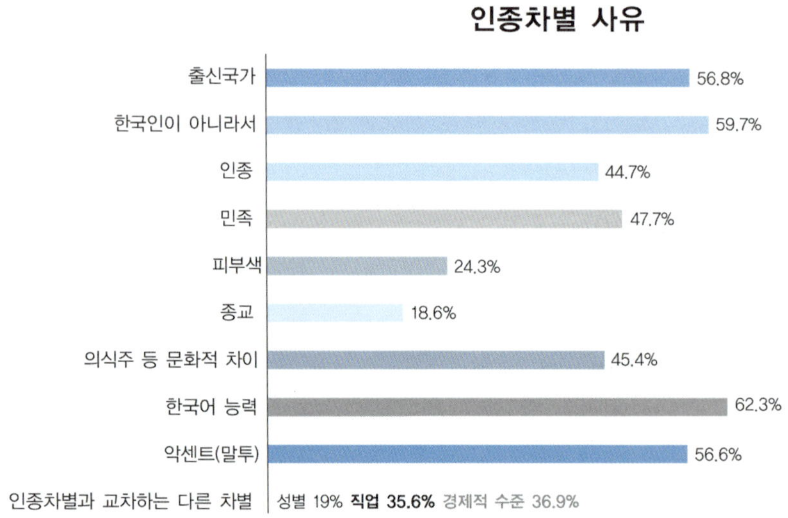

그림 2-15 한국 사회 인종차별 실태(출처: 국가인권위원회, 2020)

정리하자면 한국의 다문화사회화의 과정은 자본과 노동의 이주라는 시대적 흐름과 산업화와 여성의 사회진출로 인한 저출산·고령화라는 국가 경쟁력 저하의 대안으로 국가적으로 장려된 이주이다. 우리 사회는 이주노동자들을 3D 직종의 인력난 해소를 위한 기간제 노동 인력으로 간주하고 지역사회에 미치는 영향을 최소화하는 차별과 배제의 정책을 추진하고 있다. 반면에 한국 다문화정책은 저출산·고령화 문제의 해법으로 장려된 국제결혼으로 이주한 결혼이주여성과 그 자녀의 한국 사회 적응과 정착을 지원하고 있다. 안정적인 사회통합을 촉진하는 방향에 집중하고 있음에도 이들에 대한 차별과 편견은 여전히 존재하고 있어 전 국민 대상의 다문화 인식 개선이 절실한 실정이다.

3) 한국 다문화사회 통합 방해 요인

다문화교육의 필요성을 논하기 전에 다문화사회 통합에 영향을 주는 요인을 살펴보기로 한다.

(1) 소수집단에 대한 편견과 고정관념의 문제

다문화사회의 여러 구성원들을 갈등상황에 놓이게 하는 핵심적인 요인으로 각 집단이 서로에 대해 지니는 편견(prejudice)을 들 수 있다. 편견은 어떤 집단의 구성원에 대한 태도가 공정하지 못하고 한쪽으로 치우친 생각을 의미하며 상대에 공감하지 못하는 태도를 말한다. 그리고 고정관념은 잘 변하지 아니하는 행동을 주로 결정하는 확고한 의식이나 관념이나, 어떤 집단의 사람들에 대한 단순하고 지나치게 일반화된 생각들을 의미한다(나무위키).

편견에는 다음의 세 가지 종류가 있다.

- 공공연한 편견: 대외적으로 특정 집단이나 대상에 대해 편견이 내재된 말과 행동·태도를 서슴지 않는 것

  예 여론조사에서 인종적 분리주의를 주장하거나 흑백 결혼을 지지하지 않는다고 직접적으로 응답하는 경우

- 암묵적인 편견: 겉으로는 편견을 거부하는 것처럼 처신하지만 다른 동기로 위장이 가능하다면 편견이 내재된 태도를 보이는 것
  - 예 흑인 이름이 적힌 투고 글에 대해서 현저히 신랄한 비판을 하거나 유별나게 비판을 꺼리려는 태도를 보이는 경우
- 자동적인 편견: 암묵적인 편견까지는 드러내지 않지만 뇌와 지각(perception)의 차원에서 편견이 드러나는 것
  - 예 흑인의 무표정한 얼굴들 속에서 더 자주 '화난 얼굴'을 찾아내거나 흑인이 들고 있는 물건들을 총이라고 자주 착각하는 경우

이러한 편견은 다양한 구성원들로 이루어진 사회에서 자주 나타나며, 악성적인 집단 갈등에 항상 뿌리 깊게 존재하고 대인교류와 집단 간 교류에 깊은 영향을 미친다(한규석, 2002). 사회구성원들이 이러한 편견과 고정관념을 어떻게 형성하게 되고 그 결과 사회적 갈등을 유발하게 되는 것인지 파악하는 일은, 우리 한국 사회의 갈등 상황을 방지하고 사회통합으로 가기 위해 필수적인 부분이라 할 수 있다.

고아라(2005)의 수도권 초등학생의 인종편견에 대한 연구에서 보면, 흑인에 대하여 '비위생적이다, 어색하다, 불친절하다, 어리석다, 게으르다, 폭력적이다, 알고 싶지 않다' 등의 편견이 가장 강하게 나타났다. 동남아시아인에 대하여 '가난하다, 지위가 낮다' 등의 편견이 나타났다.

이러한 현상은 어린 유아들에게서도 나타났는데, 엄미숙(1999)의 연구에서는 3, 4, 5세 연령의 유아들에게 놀이 상대로 누구를 선택할 것인가를 물었을 때, 황인종을 가장 많이 선택하였고 다음으로 백인종을 선택하였으며 흑인종을 선택한 유아는 2.6%에 불과하였다. 특히 흑인에 대한 반응의 내용으로 '못생겼다', '더럽다', '너무 기분이 나빠', '햇볕에 너무 타서', '까매서 싫어', '시컴둥이라고 친구들이 놀려', '할머니가 검은 것 싫어해', '샤워할 때 자기 몸이 이상해 보여' 등 흑인에 대하여 부정적 태도를 형성하고 있음이 드러났다.

임성택(2003)의 연구에서도 한국 청소년들이 세계의 다양한 인종 및 민족들에 대하여 뚜렷이 편향된 태도를 형성하고 있음을 보여주었다. 일본인과 북한인에 대해서 전반적으로 긍정적으로 지각하고 있었고, 중동인에 대해서 가장 부정적인 태도를 지니고 있었으며, 현재 한국 사회에서 가장 높은 비율을 차지하고 있는 동남아인

들에 대해서는 약간 부정적인 태도를 지닌 것으로 나타났다.

청소년들이 다문화가족 자녀들에 대해서 인종주의적 편견이나 배제를 드러내 놓고 표현하는 경우는 드물고, 서로 잘 어울려야 하는 사이라고 인식하고 있기는 하지만 언어소통의 문제로 친밀감 형성에 어려움을 지니고 있다고 하였다. 또한 타문화에 대한 태도(이중적 평가)도 평가대상 문화가 어떤 문화인지에 대해 서로 상반된 결과를 보여주었다. 유럽이나 서구의 문화에 대해서는 긍정적인 태도를 보이고 백인에 대해서는 신기하다거나 말을 걸어보고 싶다고 생각하는 반면, 아프리카에 대해서는 부정적이며 특히 흑인에 대해 더럽거나 무서웠다고 응답하였다.

활용자료 "모든 사진에는 두 명이 존재한다. 사진가와 보는 사람이다."

그림 2-16 **장벽에 막히다**(출처: 김경훈, 2019)

2019년 퓰리처상 사진부문의 수상자는 한국인 김경훈 기자였다. 온두라스에서 멕시코를 거쳐 미국 샌디에이고 인근 국경지대에서 마리아 메자의 가족들은 국경경비대원들이 쏜 최류탄을 피해 아이들과 혼신을 다해 피하는 장면을 포착하였다. '장벽에 막히다'라는 제목의 사진에 김경훈 기자는 '잊을 수 없는 사진을 찍은 것 같다'고 말했다.

그리고 그는 이듬해 자신의 경험을 담은 책 『인생은 우연이 아닙니다』를 출간하였다. 책의 소주제에 고정관념과 편견 관련 이야기가 담겨 있다. 작가는 "모든 사진에는 두 명이 존재한다. 사진가와 보는 사람이다."는 사진의 거장 앤설 애덤스의 말을 언급한다.

사진 속에는 촬영하는 사람과 그 사진을 보는 사람 사이의 상호 관계가 있고 사진가는 사진을 통해 자신의 메시지가 사진을 보는 사람에게 온전히 전달되기를 바란다는 것이다. 그렇기에 사진가는 사진을 찍을 때 사진을 보는 사람들이 피사체에 대해 파악하기 쉽도록 스테레오타입으로 만들게 된다. 문제는 사진가의 피사체에 대한 스테레오타입 즉 편견이나 고정관념이 고스란히 담긴다는 것이다. 김경훈 작가는 이에 대해 '고정관념 뛰어넘기' 챕터에 넣어두었으며 심지어 '사진도 거짓말을 한다'고 하는 이유다.

실제로 우리는 얼마나 우리가 만나는 타인에 대해 편견과 고정관념 없이 대할까에 대한 질문으로 이어지고 있다. 그리고 우리들이 가진 편견과 고정관념에 대해 2015년 호주에서 캐논이 실험을 했다.

캐논은 동일한 모델에 대한 각기 다른 정보를 사진가 6명에게 주고 인물사진 촬영을 의뢰하였다.

그림 2-17 동일모델에 대한 6명의 시선
(출처: 쿠키뉴스)

촬영은 같은 장소에서 따로따로 진행하였다. 각기 다른 정보로 주어진 직업은 백만장자, 전과자, 심령술사, 알코올중독자, 사람을 구한 적이 있는 인명구조원, 어부 등이다.

모델은 '덩치가 큰 백인 남성 마이클로 약간 튀는 스타일의 외모를 가졌으며 민머리이고 넓은 어깨와 힘이 세어 보이는 외모다. 범상치 않는 기운을 비치지만 미소를 지으면 착하고 여유롭다.'

촬영 장소는 반쯤 허물어진 건물로 갱스터 영화의 무대가 될 수 있고 썰렁하고 음침해 보이기도 하며 콘크리트 건물 벽이 그대로 드러나 모던한 카페로 보일 수도 있는 곳이다. 같은 사람을 같은 장소에서 촬영했음에도 한 장 한 장의 사진은 매우 달랐다.

관련 전문: 동아사이언스. 편견이 낳은, 6개 얼굴을 가진 남자....사진 촬영의 심리학. 2016.06.26. https://www.dongascience.com/news.php?idx=8732
쿠키뉴스. '한 남자의 여러 모습' 6명의 사진작가에게 피사체에 대한 다른 배경을 전하면?. 2015.11.27. https://www.kukinews.com/newsView/kuk201511270011

- 관련 내용의 전문을 읽고 우리가 가진 편견과 고정관념이 얼마나 편협한지 알아봅시다.
  - 여러분이 백만장자, 전과자, 심령술사, 알코올중독자, 사람을 구한 적이 있는 인명구조원, 어부 등의 직업을 가진 사람 중 한 사람을 촬영한다면 어떤 분위기를 만들고 소품을 사용하며 포즈 등을 요구할 것인가?

직업	분위기	소품	자세 혹은 포즈
백만장자			
전과자			
심령술사			
알코올중독자			
사람을 구한 적이 있는 인명구조원			
어부			

▪ 더 나아가기 : 외국인이 가지고 있는 한국인에 대한 고정관념이나 편견은 어떤 것이 있을지 찾아 이야기 나누어 봅시다.

한국인	외국인의 생각(편견이나 고정관념)	이유나 근거
한국 여성		
한국인의 밥상		
한국 남자		
김치		

(2) 한국인의 다문화수용성

안상수 외(2012)는 한국인이 외국인이나 외국 이주민이 증가하는 상황을 어떻게 받아들이는지, 외국 이주민을 대하는 한국인의 인식과 태도 및 행동적 정향이 어떠한 양상을 띠는지를 알아보고, 한국인이 가진 이주민에 대한 편견과 차별을 완화할 수 있는 방안 마련을 위해 다문화수용성 진단도구를 개발하였다. 국민다문화수용성 조사는 2012년부터 일반성인과 청소년을 대상으로 3년마다 주기적으로 실시되고 있다. 다문화수용성 지수는 100점 만점으로 산출된 점수로 점수가 높을수록 이주민, 다문화사회에 대한 높은 수용성을 의미한다(여성가족부, 2022).

표 2-1 대상별 다문화수용성 지수

구분	2015년	2018년	2021년	증감(2018년 대비)
성인	53.95	52.81	52.27	− 0.54
청소년	67.63	71.22	71.39	+ 0.17
격차	13.68	18.41	19.12	−

출처: 여성가족부(2022).

2021년 전국민 다문화수용성 조사에서 청소년의 다문화수용성은 71.39인 데 비해 성인은 52.27로 청소년이 성인에 비해 19.12 높았다. 2018년과 비교하면 청소년의 다문화수용성은 0.17 높아졌으며, 성인은 2021년 오히려 0.54 하락하여 성인과 청소년 간 다문화수용성 차이는 더욱 커졌다(표 2-1 참조).

청소년이 성인보다 다문화수용성 수준이 높은 것은 청소년의 경우 일상생활 속에서 원어민교사 및 학원 강사, 다문화학생 등 이주민 접촉의 기회가 많으며 지속적인 다문화이해교육을 받은 것이 영향을 미쳤을 것으로 추측할 수 있다. 반면에 일반성인의 다문화수용성이 2015년에 비해 2018년에 하락한 것은, 제주도 예멘 난민 신청자 관련 보도 등 이주와 관련된 사회적 현상이 영향을 미쳤을 가능성이 있다고 본다(여성가족부, 2019).

구성요소별 다문화수용성을 보면 성인은 대체로 낮으나, 다양성이 53.5로 다른 차원에 비해 높았고 관계성 차원이 50.38로 타 차원보다 낮았다. 청소년의 경우 다양성, 관계성, 보편성 가운데 관계성이 73.77로 가장 높고 보편성이 66.00으로 가장 낮았으며, 일반성인이 3개 차원 가운데 관계성이 가장 낮게 나타난 것과는 대조적인 결과를 보이고 있다.

표 2-2 2021년 성인과 청소년의 구성요소별 다문화수용성 지수

구분	다양성			관계성			보편성	
성인 (점)	문화 개방성 (48.04)	국민 정체성 (49.20)	고정관념 및 차별 (63.42)	일방적 동화기대 (48.53)	거부회피 정서 (63.86)	교류 행동의지 (38.76)	이중적 평가 (48.89)	세계시민 행동 (54.11)
	53.55			50.38			51.5	
청소년 (점)	문화 개방성 (65.26)	국민 정체성 (71.89)	고정관념 및 차별 (74.69)	일방적 동화기대 (66.04)	거부회피 정서 (77.18)	교류 행동의지 (78.09)	이중적 평가 (66.92)	세계시민 행동 (65.08)
	70.61			73.77			66.0	

출처: 여성가족부(2022). 2021년 국민다문화수용성 조사 재구성.

8개 하위요소별 일반성인과 청소년의 다문화수용성을 표 2-2로 비교해 보면 다양성 차원에서는 두 집단 모두 고정관념과 차별에 대한 수용성 지수가 높았고, 국민정체성에 대한 다양성의 인정 부분에서 청소년과 성인의 격차가 컸다. 관계성 차원은 청소년은 타 차원에 비해 73.77로 가장 높은 반면, 성인은 50.38로 가장 낮았다.

특히 이주민과 적극적 교류 관계를 맺으려는 경향인 상호교류 행동의지 측면의 수용성은 청소년에게서 가장 높은 78.09인 반면, 성인은 39.33 낮은 38.76으로 가장 큰 격차를 보였다. 보편성 차원은 청소년의 다문화수용성 지수가 다른 차원에 비해 66.00으로 가장 낮았는데, 특히 세계시민으로서의 실천 의지는 65.08로 전체 수용성에서 가장 낮았다. 일반성인 또한 이중적 평가는 50이 되지 않는 48.89로 낮은 편이다.

이는 한국이 선진국임에도 불구하고 부유한 서구 국가 출신들에게는 친절한 반면, 우리보다 경제력이 낮은 동남아 출신이나 아프리카 출신들에게는 달리 대하는 외국인에 대한 한국인의 이중적 시선에서 잘 드러난다. 심지어는 재미동포, 재일동포와 달리 중국동포를 재중동포로 부르지 않고 '조선족'이라고 부르는 것도 이런 이중적 평가에 기인한다고 할 수 있다.

아산정책연구원에서 외국인 통계, 여론조사 결과 등을 이용한 한국인의 인식을 분석한 결과 출신 지역별로 이민에 대한 태도에서 한국인의 차별적 포용성이 드러났다. 외국인에 대해 거부감이 없다고 답했던 한국인도 출신지역에 따라 다른 수준의 관용적 태도를 보였다.

한국인이 가장 부정적으로 본 이민은 중동지역으로부터의 유입으로 2016~17년 각각 68.1%, 66.7%로 매우 높았다. 중동지역에서 연상되는 이슬람, 무슬림 등에 대한 편견이 작용한 것으로 해석할 수 있다. 이는 부정적 의견이 낮았던 북미(21.9%)나 유럽(22.1%) 출신 이민에 비하면 약 3배 또는 그 이상 높은 수치다. 부정적 인식이 두 번째로 높았던 아프리카 지역(49.8%)보다도 15%p 이상 높았다. 외국인에 대한 관용이 과거보다 개선된 것으로 나타났지만 외국인을 인종, 출신 등의 조건으로 판단하는 경향도 지속된 것으로 볼 수 있다.

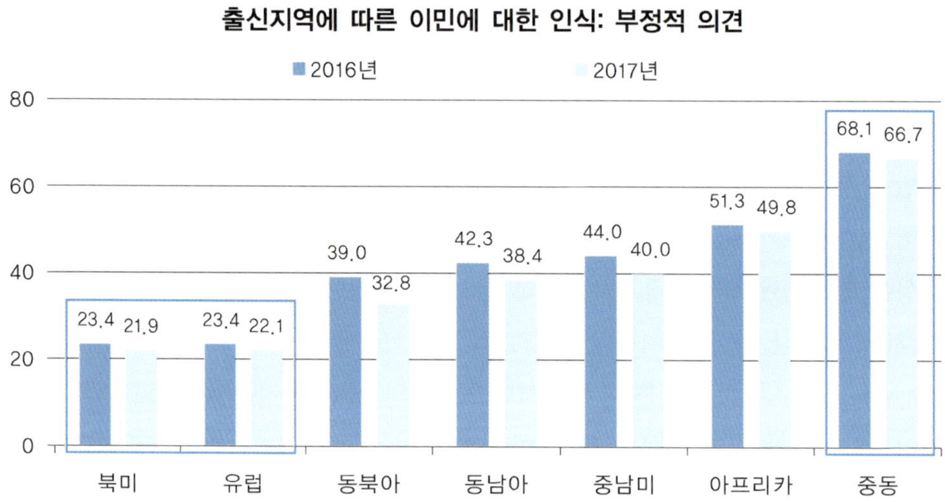

그림 2-18 **한국인의 다문화 인식**(출처: 아산정책연구원, 2018)

활용자료 글로벌 시대를 살아가는 세계시민으로 다문화감수성 키우기

다문화사회를 살아가는 청소년들에게 세계는 타문화와 그 문화권의 사람들을 이해하고 존중하는 개방적인 태도, 즉 다문화감수성을 갖추길 요구한다. 다문화감수성은 자신의 문화 지식을 후천적으로 습득하는 것만으로는 획득될 수 없는 능력으로, 타문화 및 그 문화권 사람들에 대한 개방적인 태도를 의미한다.

그림 2-19 **캄보디아에서 학생들에게 한국봉사단이 진행한 문화교류 활동**

최봉도(2022)의 연구에서 대학생들은 미래를 준비하기 위한 역량으로 다문화감수성 교육의 필요성을 충분히 인식하고 있으며 다문화감수성 교육의 중요성을 인식하게 된 배경에는 참여자들 개인의 직·간접적인 경험이 있었다고 하였다.

즉 한 문화권에 대한 이러한 개방적인 태도는 독서를 하고 책을 암기하여 생기는 지식이 아니라, 직접 체험하고 스스로 사고하여 자신의 고정관념을 반성함으로써 생기는 성찰의 과정을 통해 습득되는 것이다.

그러므로 글로벌 시대를 살아가는 세계시민으로서 다문화감수성 키우기 위한 실천활동에 적극적으로 나설 필요가 있다. 해외 교환학생, 해외 취업, 해외봉사 등의 직접적인 활동뿐만 아니라, 우리 지역 이주민 관련 기관 탐색, 문화다양성이나 디아스포라 관련 영화나 문화활동 참여, 이주민관련 연구 활동 등의 활동도 매우 중요하다.

출처: 최봉도(2022). 대학생의 다문화감수성 향상을 위한 교육의 필요성과 상호문화역량 인식에 관한 연구. 인문사회 21, 13(1), 1325-1338.

▪ 자신이 좋아하는 나라에 대한 조사나 자신이 살고 있는 지역의 이주민 관련 시설, 혹은 세계 문화 관련 축제, 영화제 등에 대해 알아보고 새롭게 알게 된 사실들을 발표해 봅시다.

(3) 한민족의 순혈주의 정체성

한국 사회는 일찍부터 혈연적 문화적 공동기반과 단일국가 안에서 살아온 역사 속에서 민족적 동질성과 공동운명의식을 키워 왔다. 이처럼 한국인은 민족과 국가가 일치하다 보니 한국인의 민족정체성은 결국 국민정체성(national identity)으로 인식하게 되었다.

이는 다문화사회로의 전개에서 5,000년 유구한 역사를 지켜온 순수 단일혈통, 단군 자손의 가부장적 단일문화주의를 어떻게 변화시켜야 할 것인가 하는 물음에 직면하게 만든다. 이제 우리는 “단일민족을 유지해 온 한국 사회는 문화적 다양성에서 기인하는 문화적 충격을 어떤 시각에서 어떤 방식으로 대응할 것인가?”와 같은 질문들에 대해 사회구성원 모두가 관심을 기울여야 할 시점에 있다. 우리 민족만이 아니라 다양한 국가와 문화권에서 온 사람이나 그들의 가족구성원들과 어울려 산다는 것 자체가 한국 사회구성원들이 지금까지 경험하지 못했던 새로운 문화적 과제라고 볼 수 있다. 동아시아연구원(EAI · 원장 손열)과 성균관대 동아시아 공존협력연구센터(EACC · 센터장 이숙종) 그리고 중앙일보가 실시한 ‘2020년 한국인의 정체성’ 조사 결과에 따르면 한국을 단일민족, 단일국가라는 비율이 미세하게 증가하고 있는 것으로 나타났다.

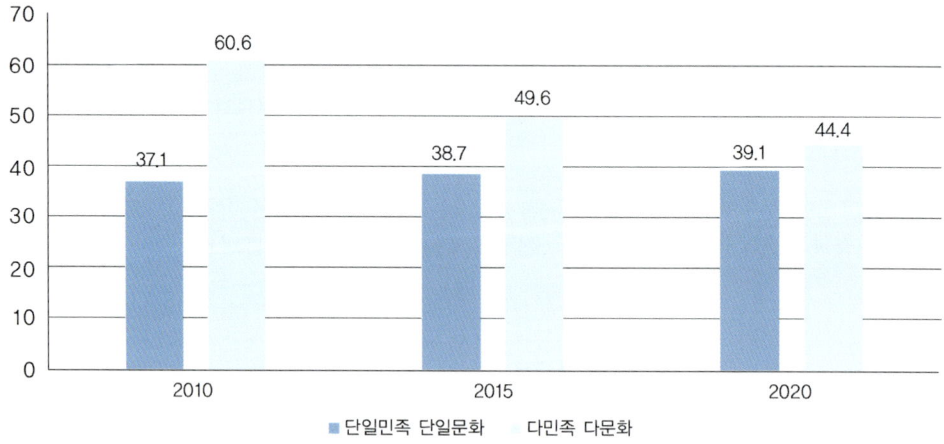

그림 2-20 2020 한국인의 정체성: 지난 15년간 변화의 궤적(출처: 동아시아연구원)

민족정체성은 특정 민족 집단(ethnic group)이 다른 민족과 구별되는 고유의 특질, 이를테면 공통적인 언어, 문화, 역사, 유전적인 형질, 공통의 조상에 대한 믿음 등을 바탕으로 자발적으로 선택하는 같은 민족 구성원이 가지는 소속감이다(박선운, 2019). 윤인진(1998)은 민족정체성이 자신을 평가하고 이해할 수 있는 토대가 된다고 보았고, 정영훈(2002)은 개인이나 집단을 주변 세계와의 관계 속에서 설명하고 규정하는 기능을 한다고 보았다.

한국인의 단일민족, 순혈주의 정체성은 주변 강대국들의 빈번한 침탈로 인한 역사적 산물이기도 하다. 특히 20세기 초 일제의 침략과 식민지배 상황에서 단일민족 정체성은 독립운동을 추동하는 원천이 되기도 했다. 서구 열강의 민족주의가 자신들의 제국주의적 침략을 합리화하기 위한 도구였다면, 우리는 단군의 후손이라는 한민족 단일주의가 생존을 위한 최소한의 방어적 기제였던 셈이다. 반면에 한국 사회가 오래도록 지속해 온 단일민족 정체성은 다문화사회에 대한 관용과 이해를 감소시키는 원인이 되기도 한다. 순혈주의적 민족정체성은 한국 사회가 바람직한 다문화사회를 형성하고 사회통합을 지향함에 있어 다소 부정적 요소로 작용하고 있다.

2007년 8월 9~10일 이틀 동안 스위스 제네바에서 열린 유엔 인종차별철폐위원회에서 "한국의 '순수한 혈통' 개념이 한국인이 아닌 다른 사람들을 '불순한 혈통'

으로 보는 의미를 내포하고 있어 궁극적으로는 인종적 우월성으로 다가가게 된다."는 비판이 제기되었다. 위원회는 또 인종의 우월성을 선전하는 활동을 금지하는 입법의 필요성을 거듭 역설하면서 혼혈과 관련한 한국 사회의 취약점도 적시하였다.

이미 전체 혼인 건수 10쌍 중 1쌍이 국제결혼이고 외국인과의 밀접한 교류는 일상사가 된 지 오래다. 본격적인 다민족·다인종사회에 요구되는 제도와 규범을 하루 빨리 정립해야 할 때가 된 것이다. 무엇보다 중요한 것은 단일민족을 강조함으로써 은연중에 혼혈차별을 조장하는 각급 학교의 교육을 적극적으로 바꾸는 일이다. 초등학교에서부터 대학에 이르기까지 다민족 사회에 맞는 새로운 교육과정이 필요하다.

활용자료 국기에 대한 맹세 논란에 대하여

그림 2-21 국가대표팀의 국기에 대한 경례
(출처: OSEN. 조선일보)

초등학교가 초등학교이던 시절 학교에 입학하고서 모두가 외워야 했던 것은 '국기에 대한 명세'와 '애국가'였다. 학교 아니 모든 공공의 장소에서 행사에서는 국민의례라는 이름으로 국기에 대한 경례와 애국가가 울려 퍼졌다.

한국 사람이 당연하게 여겨지던 국기에 대한 경례에 대해 어떻게 생각하느냐에 대한 토론이 2006년 실시되었다. '국기에 대한 맹세 어떻게 생각하세요?'라는 여론조사에서 누리꾼 64.2%(1만 1160명)는 '유지'를 주장했다. 반면 '폐지' 의견은 22.3%(3882명)에 그쳤다. 이밖에 '문구수정' 의견이 12.0%(2082명), '판단유보'는 1.5%(262명)였다.

그리고 폐지라고 응답한 사람들과 유지라고 생각한 사람들 모두 '문구수정'에 동의하면서 국기에 대한 맹세에 대한 관심이 높아졌다.

국기에 대한 맹세는 1968년 당시 충남도교육청 장학계장이었던 유종선(85) 씨가 만든 "나는 자랑스런 태극기 앞에 조국의 통일과 번영을 위해 정의와 진실로써 충성을 다할 것을 다짐합니다."이다. 이후 충남 지역 학교에서만 시행되다가 문교부가 유신 정권이 탄생한 1972년부터 전국으로 확대됐다. 유씨는 <한겨레21> 인터뷰에서 이 과정에서 '통일, 번영, 정의, 진실' 등이 '절대적인 충성을 맹세'하는 전체주의적이고 국수주의적으로 바뀌었다고 했다.

▪ 관련 기사와 국기에 대한 맹세의 개정 관련 자료를 조사하여 지적되고 있는 '군국주의적인 훈육'의 내용은 무엇이며 새로운 국기에 대한 맹세가 담고 있는 의미에 대해 이야기해 봅시다.

- 군국주의적인 훈육 내용 찾기

- 바뀐 국기에 대한 맹세의 의미

- 관련 기사 원문 : 한겨레. 국기에 대한 맹세 논란에 대하여. 2006.07.21.
  https://www.hani.co.kr/arti/society/society_general/143184.html

(4) 한국인의 자민족중심주의

자민족중심주의(ethnocentrism)는 자신이 속한 집단의 문화와 가치관을 중심으로 다른 집단을 평가하고 해석하며, 자신과 다른 집단은 배척하고 동일한 집단은 맹목적으로 수용하는 경향을 의미한다(전경숙, 박혜정, 2005). 이러한 자민족중심주의는 애국이나 보수성향과 매우 관련이 높은 개념이다(Sharma, Shimp, & Shin, 1995). 이러한 개념은 다양한 방면에서 집단구성원의 행동에 영향을 미치는데 자기가 속한 집단의 이익을 위해 다른 집단의 이익은 무시해도 좋다는 태도를 형성하게 한다. 그리고 자민족중심주의는 한 집단 고유의 윤리와 국가의 상징성 및 가치가 자존심 형성의 근거가 되고, 반면에 다른 집단의 상징은 경멸의 대상으로 보는 경향이 있다(Levine & Campbell, 1972). 자민족중심주의는 연령이 높을수록, 유색인종보다는 백인이, 남성보다는 여성이 강한 것으로 보고되고 있다(Han, 1988).

연구에 따르면 민족정체성이 지나치게 강화되었을 때 자민족중심주의로 발전하게 될 가능성이 있고, 자민족중심주의가 약할수록 외국인에 대한 수용 수준이 높은 것으로 나타났다(한국청소년개발원, 2002).

활용자료 역사는 자민족중심주의가 아니라 보편적 가치 가르쳐야

글로벌시대를 살아가는 세계시민은 어떤 역사의식이 필요할까? 인류를 위협하는 전쟁이나 기후 위기에 공동으로 대처하고 공존을 위한 소통과 협력이 필요하며 이를 위해 다문화적 역량의 함양을 강조한다. 인류의 평화와 인권을 침해하는 행위에 대한 공동의 대처 방안을 찾을 수 있는 교육이 필요하다. 역사교육도 예외는 아닐 것이다.

매년 8월 15일이 되면 동북아는 긴장 모드에 든다. 일본의 야스쿠니 신사참배는 한국과 중국의 거센 비판에도 어김없이 행해지고 총리참배까지 이어지느냐 일부 국회의원으로 그치느냐 정도 차이일 뿐이다. 이에 대해 중국이나 한국의 국민들은 아시아를 전쟁의 포화 속으로 몰아넣은 태평양 전쟁 전범들의 위패에 참배하는 것은 전쟁에 대한 반성도 참회도 없는 것이라 비난한다. 그리고 일본이 생각하는 조선 침략, 중일전쟁, 그리고 태평양 전쟁을 영광의 역사로 기억하는 것은 아닐까? 그리고 그들은 재현하고 싶은 역사로 참배하는 건 아닐까? 하고 의문을 품는다.

모든 일본인이 야스쿠니 신사 참배를 찬성하는 것이 아니듯 일본의 지난 전쟁에서 모두가 전쟁을 찬성한 것도 아니다. 중일전쟁 당시 중국에서 라디오를 통해 자국의 침략 행위를 비판한 일본 여성 하세가와 데루(1912~1947) 사례다. 2010년부터 7년간 진행된 첫 전국 단위 학생 대상의 역사의식 조사에서 '전쟁은 무고한 사람에게 피해를 주는 일인 만큼 하세가와 데루가 전쟁에 반대하는 건 올바른 선택'이란 의미에서 많은 사람들은 하세가와를 지지했다.

그렇다면 신라가 당과 연합해 백제 · 고구려를 무너뜨리고 대동강 이남 땅을 영토로 확보한 걸 어떻게 보느냐에 대답은 어떨까? 앞서 중일전쟁처럼 평화와 인권에 지지를 보낼까? 평화와 인권의 관점에서 제시된 답안 '삼국시대 내내 계속되던 전쟁이 줄어 보통 사람들이 부담을 덜었다'는 항목을 택한 이들은 고작 3~5%에 그쳤다. 같은 전쟁이라도 내 문제, 즉 내 민족이 들어가는 순간 보편적 가치인 평화와 인권을 저버린 것이다.

역사교육연구소장이었던 김육훈(58) 서울공고 교사는 국사교육에서의 보편적 가치 대신 지나치게 자기 민족의 희생만 강조하는 방식은 지양돼야 한다고 강조했다. 그러면서 "위안부 피해자 분들은 '살아낸' 사람입니다. 전쟁 폭력 속에서 살아낸 뒤 인권과 평화를 위해 여생을 바치는 여성 운동가로 보는 게 바람직하죠."라고 하였다. 무엇보다. 학교 밖 실제 논쟁을 교실 안으로 과감히 끌어들이고 학습과 토론의 경험을 통해 잘못된 주장에 휩쓸리지 않는 힘을 기르는 교육을 강조하였다.

다문화시대 우리의 이웃으로 살아가고 있는 이주배경을 가진 사회구성원과 함께 같은 사건 다른 관점을 이해하는 것에 그치지 않고 학습과 토론을 통해 인류의 보편적 가치를 지향하는 장이 필요하다.

출처: 한국일보. 김육훈 교사 "역사는 자민족 중심주의가 아니라 보편적 가치 가르쳐야". 2020.06.18.
https://www.hankookilbo.com/News/Read/202006171473736329

- 같은 사건 다른 관점과 관련된 주제를 선정하고 자료 조사 후에 함께 토론해 봅시다.
  - 예시 : 콜럼부스의 날인가? 원주민 저항의 날인가?
    [관련 기사] 한국일보. 콜럼버스의 날에서 원주민 저항의 날로. 2022.09.29.
    https://m.hankookilbo.com/News/Read/A2022092909530000752
    동아일보. 트럼프 "극단주의자, 콜롬버스 유산 훼손하려 해". 2020.10.10.
    https://www.donga.com/news/Inter/article/all/20201010/103332636/1
  - 주제 :

4) 부처별 다문화정책

우리 사회에서 다문화정책은 국제결혼 및 외국인근로자 유입 증가에 대한 대응방안 차원에서 본격적으로 논의되기 시작한 것은 2006년 이후이다.

2006년 4월 빈부격차·차별시정위원회는 '혼혈인 및 이주자의 사회통합 기본방향'과 '여성결혼이민자 가족의 사회통합 지원대책'을 발표하였다. 우리 사회가 무관심했거나 의도적으로 무시했던 혼혈인 및 이주자들의 차별 문제를 공론화하고, 국제기준에 부합하는 인권보호 및 지원방안을 마련하였다.

그리고 국가인권위원회는 4년마다 국가 인권정책 기본계획 권고안을 마련하여 권고하고 있다. 정부 각 부처는 이 권고안을 받아 실행계획을 세우고, 법무부는 추진계획을 종합하여 국가 인권정책 기본계획을 수립하게 된다. 국가인권위원회는 이주민과 관련된 법과 제도를 개선하여 이주민의 인권침해 예방 및 기본권과 가족의 양육권, 건강권, 교육권, 문화권, 이주여성에 대한 폭력 예방과 모성 보호 증진을 권고하여 왔다.

법무부는 2007년 이민자와 국민의 공존과 사회통합을 목적으로 하는 「재한외국인 처우 기본법」을 제정하고, 관계 중앙행정기관의 장과 협의하여 5년마다 외국인정책에 관한 기본계획을 수립하고 시행하고 있다. 여성가족부 또한 2008년 「다문화가족지원법」이 제정되고 5년마다 다문화가족 정책에 대한 기본계획을 수립 시행하고 있다. 그리고 교육부는 2006년부터 '다문화가정 교육지원 대책'을 마련하여 다문화가정 자녀들이 우수한 인재로 성장할 수 있는 내실 있는 체제를 마련하고자 하였다. 결혼이민자를 포함한 다문화가족의 안정적 정착을 위해 기본 틀이 마련되었다고 할 수 있다.

고용과 노동정책 지원 프로그램은 행정안전부와 고용노동부가 맡아서 시행하고 있다. 행정안전부에서는 여성결혼이민자가 지역사회에서 정상적으로 정착할 수 있도록 각 지자체와 협력하여서 노동정책 지원과 프로그램을 시행하고 있다. 고용노동부에서는 이민자들의 직업상담과 고용서비스를 지원하고 있다. 한국의 고용허가제는 정책적인 개선을 통해 과거 외국인노동자의 노동권에 대한 차별적 배제주의적 성격이 약화되어 동화주의적 경향으로 변화되고 있다.

그럼에도 여전히 3D 업종 분야의 단순노동 중심의 외국인노동자만을 유입시키고 있어 법적 신분이나 인권 보장 등에 문제점이 노출되고 있으며, 전문 인력을 개발하고 채용할 수 있는 고용과 노동정책이 미흡한 실정이다.

부처별 다문화정책 대상 및 정책 영역을 정리하면 아래 표 2-3과 같다.

표 2-3 부처별 다문화정책 대상 및 정책 영역

해당 부서	주요 정책 대상	정책 영역	정책 초점
법무부	입국외국인·이주민·일반국민	출입국·국적·이민	외국인정책 총괄
문화체육관광부		문화·예술·체육·관광	언어적 적용 및 이주민 문화 지원 다문화에 대한 사회인식 제고
고용노동부	외국인노동자	고용	외국인근로자 취업지원 외국인근로자 고용허가
교육부	다문화가족 자녀	제도권·교육인적 자원개발	학습능력 향상 환경 조성 다문화자녀 학교 교육 지원
행정안전부	외국인주민(결혼이민자, 외국인근로자, 유학생 등)	지방행정 주민관리	이주민 지역정착 및 지역참여 지원 지방자치단체 추진체계 구축 지원
여성가족부	다문화가족(결혼이주여성, 배우자, 시부모, 다문화가족 자녀, 외국인, 유학생, 새터민 등)	다문화가족 성평등·여성인권	이주여성의 인권·복지 증진 다문화가족 사회적응 지원
농림축산식품부	농촌거주 이주여성	농업인 여성결혼 이민자 교육훈련	여성결혼이민자 맞춤형 농업인 영농교육

출처: 이주연·이동기·최지훈(2019).

(1) 법무부

법무부(2022)는 다문화정책과 구분되는 '외국인정책'을 실시하는데 국경 및 출입국관리, 국적 부여, 이민자 사회통합을 포괄하는 이민정책을 의미한다. 이민정책(Immigration Policy)은 대한민국으로 이민하려는 외국인 및 그 자녀에게 일시 또는 영구적 사회구성원의 자격을 부여하거나, 이들이 국내에서 살아가는 데 필요한 제반 환경 조성과 관련한 사항을 종합적 관점에서 다루는 정책이다.

법무부는 2007년 「재한외국인 처우 기본법」을 제정하고 이에 의거하여 '재한외국인의 적응, 능력발휘, 국민과 상호이해 존중으로 사회통합 기여'를 목적으로 2008년부터 5년 단위로 '외국인정책 기본계획'을 계획하고 실행하고 있다. 외국인정책 기본계획은 외국인 및 이민 분야 범정부 최상위의 종합적인 계획으로, 중앙행정기관과 지방자치단체에 이민정책의 기본원칙과 방향을 제시하는 역할을 한다.

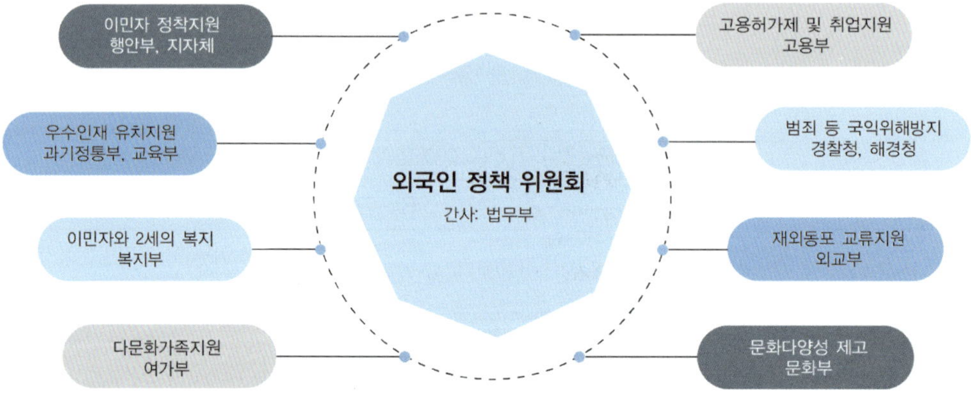

그림 2-22 **외국인정책 기본계획 추진구조**(출처: 법무부, 2023)

2008년~2022년까지 총 3차의 외국인정책 기본계획이 수립되어 진행되었으며, 2023년 12월 현재 제4차 외국인정책 기본계획의 발표를 앞두고 있다.

기존 이민정책의 목표가 통제를 기반한 이민자의 권리를 축소하는 방향이었다면, 최근에는 선별 및 통합을 전제로 이민자의 인권과 권리를 보호하는 방향으로 바뀌고 있다. 기존 중앙정부 위주로 진행되었던 정책이 중앙정부는 사회통합정책을 포함한 이민정책의 큰 그림을 그리고 지방정부에서 사회통합프로그램을 실시하는 등 주체가 변화하고 있다. 하지만 최근 반이민정서가 확산되고 있어 반이민정서의 완화를 이민정책의 중요한 과제로 삼아야 하는 등 이민정책의 목표와 결과 사이의 간격을 좁히려는 시도가 필요하다(김혜순, 2019).

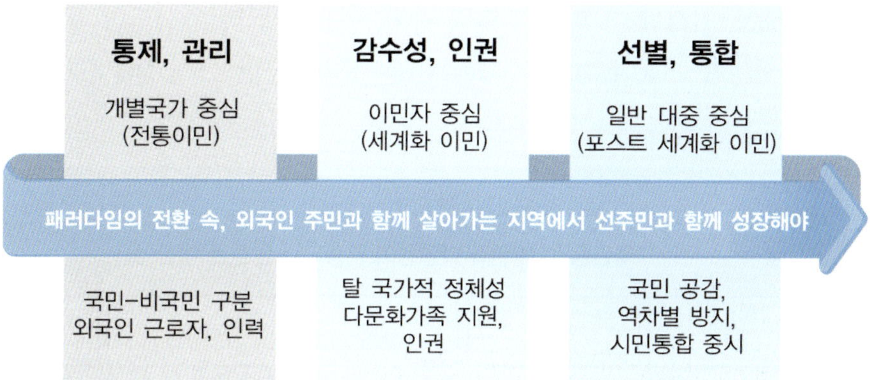

그림 2-23 이민 정책 패러다임 전환: 주요 행위자의 변화(출처: 김혜순, 2019)

법무부가 발표한 제3차 외국인정책 기본계획(2018년~2022년)의 구체적인 내용은 다음과 같다.

제3차 외국인정책 기본계획(2018년~2022년)은 '국민 공감! 인권과 다양성이 존중되는 안전한 대한민국'이라는 비전을 갖고 5대 정책목표로 국민이 공감하는 질서 있는 개방, 이민자의 자립과 참여로 통합되는 사회, 국민과 이민자가 함께 만들어 가는 안전한 사회, 인권과 다양성이 존중되는 정의로운 사회, 협력에 바탕을 둔 미래 지향적 거버넌스를 제시하였다.

첫째, 국민이 공감하는 질서 있는 개방을 위한 중점 과제로는 우수인재 유치 및 성장지원 강화, 성장동력 확보를 위한 취업이민자 유치·활용, 관광객 및 투자자 유치를 통한 경제 활성화, 유입 체계 고도화 및 체류·국적 제도 개선 등이 포함된다. 둘째, 이민자의 자립과 참여로 통합되는 사회를 위한 중점 과제로는 이민단계별 정착 지원 및 사회통합 촉진, 이민배경 자녀 역량 강화, 이민자 사회통합을 위한 복지지원 내실화, 이민자의 지역사회 참여 확대 등이다. 셋째, 국민과 이민자가 함께 만들어 가는 안전한 사회를 위한 중점 과제로는 안전하고 신속한 국경관리 체계 구축, 체류외국인 관리체계 선진화 등이 포함되어 있다. 넷째, 인권과 다양성이 존중되는 정의로운 사회를 위한 중점 과제로는 이민자 인권보호 체계 강화, 여성·아동 등 취약 이민자 인권증진, 문화다양성 증진 및 수용성 제고, 동포와 함께 공존·발전하는 환경 조성, 국제사회가 공감하는 선진 난민정책 추진 등이다. 다섯째, 협력에 바탕한 미래 지향적 거버넌스를 위한 중점 과제로는 이민 관련 국제협력 증진, 중앙부처·지자체·시민사회 협력 강화, 이민정책 및 연구기반 구축 등이다. 제3차 외국인정책 기본계획(2018년~2022년)을 정리하자면 아래 그림 2-24와 같다.

	제3차 외국인정책 기본계획				
비전	국민공감! 인권과 다양성이 존중되는 안전한 대한민국				
핵심가치	상생	통합	안전	인권	협력
정책목표 및 중점과제	국민이 공감하는 질서 있는 개방	이민자의 자립과 참여로 통합되는 사회	국민과 이민자가 함께 만들어 가는 안전한 사회	인권과 다양성이 존중되는 정의로운 사회	협력에 바탕한 미래 지향적 거버넌스
	• 우수인재 유치 및 성장 지원 강화 • 성장동력 확보를 위한 취업이민자 유치, 활용 • 관광객 및 투자자 등 유치를 통한 경제 활성화 • 유입 체계 고도화 및 체류, 국적 제도 개선	• 이민단계별 정착 지원 및 사회통합 촉진 • 이민배경 자녀 역량 강화 • 이민자 사회통합을 위한 복지지원 내실 • 이민자의 지역사회 참여 확대	• 안전하고 신속한 국경관리 체계 구축 • 체류외국인 관리 체계 선진화	• 이민자 인권보호 체계 강화 • 여성, 아동 등 취약 이민자 인권증진 • 문화다양성 증진 및 수용성 제고 • 동포와 함께 공존, 발전하는 환경 조성 • 국제사회가 공감하는 선진 난민정책 추진	• 이민관련 국제협력 증진 • 중앙부처, 지자체, 시민사회 협력 강화 • 이민정책 및 연구기반 구축

그림 2-24 제3차 외국인정책 기본계획(2018년~2022년, 법무부)

제4차 외국인정책 기본계획은 기존 제1차~제3차 기본계획이 전문가(교수, 학자 등), 공무원 의견을 중심으로 수립에서 국민참여단의 다양하고 폭넓은 의견을 수렴하는 과정이 추가되었으며, 당초 2023년 시행이었으나 2023년 12월 현재 발표가 되지 않고 있다. 본 제4차 외국인정책 기본계획의 내용은 연구용역을 맡은 이민정책연구원의 연구용역보고서를 토대로, 법무부의 「제4차 외국인정책 기본계획」 수립 방향에 관한 공청회 주제발표를 정리하면 다음과 같다. 확정된 것이 아니므로 최종안과 다를 수 있다.

이민정책연구원(2022)은 제4차 외국인정책 기본계획 수립을 앞두고 국내외 이민 관련 이슈들, 즉 아프가니스탄 출신 특별기여자들의 입국과 체류 및 한국정착과 사회통합에 대한 지원, 「국적법」 개정안과 관련한 국민적 찬반 논쟁, 외국인보호소의 인권 침해 논란, 이민자의 인권 옹호와 차별방지법 제정 논의, 코로나19와 대응 체계에서의 사각지대에 놓인 외국인과 이민자 이슈에 주목했다. 그리고 이민정책이 이와 같은 현재의 문제에 대해 합리적으로 대응, 해결해 나가면서도 국내·외적 정치, 경제, 사회문화적 변화가 미칠 영향을 전망하는 미래지향적인 국가정책, 즉 '국가와 사회의 지속가능발전에 힘이 되는 이민정책으로의 패러다임 전환'의 방향성을 제시하였다.

제4차 외국인정책 기본계획에서 구현하고자 한 첫 번째는 '균형적 이민정책'의 구현이다. 중앙과 지방의 균형, 특정유형(결혼이민자와 다문화가족)에 집중된 정책 탈피, 국민과 이민자를 모두 고려하는 정책, 국제적 맥락을 국내적으로 적용하고자 하는 것이 균형적 이민정책 구현의 핵심이다. 특히 이민정책이 실질적으로 운영되고 있는 지역의 상황을 잘 반영한 정책 추진이 앞으로 매우 중요해질 것으로 보인다.

둘째는 국제협력에 관한 것이다. 국제사회에서 다양하게 논의되었던 개발 협력, 발전, 인권 등 소위 비전통적 국제정치 영역의 쟁점과 이민 관련 쟁점들은 서로 결합되고 연계하며, 새롭고도 종합적인 '글로벌 레짐' 형태로 확대되고 있다. 이를 위한 국내대응 체계의 구축은 이민 관련 국제협력에서 요구하는 다양한 가치를 공유하고 정부 부처 전체와 시민사회로 확산시키는 것이다. 따라서 중앙정부 부처 간, 지자체 등 관련 부서에 국제협력 전담 조직을 설치하는 것도 적극적으로 고려할 필요가 있다.

세 번째는 현재 5년 단위로 수립하고 있는 외국인정책 기본계획을 5년 단위의 현 계획은 유지하되 한편으로는 20년 단위의 중·장기 종합계획으로 확대하는 것이다. 국내외의 빠르게 변화하는 이민을 둘러싼 환경과 국제관계를 고려한 이민정책, 영주와 정주를 가능하게 하며, 국민의 개념을 확장하는 이민정책이 되려면 국가 목표의 재설정과 종합적 차원의 대전략 수립이 절대적으로 필요하다. 따라서 지금과 같은 5년 단위의 계획으로는 국가 미래 전략의 큰 그림을 만들어 나가거나 이를 정책으로 연계하는 데 한계가 있다. 이민정책이 국가 미래성장 동력의 핵심 정책이라고 판단된다면 이러한 수준의 장기 종합계획으로의 확대를 매우 적극적으로 추진할 필요가 있다. 차제에 기존에 외국인정책이라는 정책 명칭을 이민정책으로 변경하여 정책의 '포괄성'과 '미래지향적' 가치와 중요성을 명확히 드러내는 것이 바람직하다. 제4차 외국인정책 기본계획(안)은 아래 그림 2-25와 같다.

비전	국민과 이민자가 함께 도약하는 미래지향적 글로벌 선도국가
정책목표	**중점과제**
[경제] **이민을 활용한 경제와 지역발전 촉진**	① 우리 경제에 필요한 이민자 유치와 육성 ② 지역기반의 이민정책 활성화 ③ 국가매력도 연계를 통한 경제성장 ④ 체계적인 이민자 관리 시스템 구축
[안전] **안전하고 질서 있는 이민사회 구현**	① 엄정한 체류관리를 위한 범정부적 대응 ② 안정적이고 실효적인 체류질서 확립 ③ 국민이 신뢰하는 안전한 국경관리
[통합] **국민과 이민자가 함께하는 사회통합**	① 질적으로 향상된 수준 높은 사회통합 실현 ② 국민과 이민자의 상호 이해·소통 증진 ③ 이민자의 역량 강화와 삶의 질 향상 ④ 사회구성원으로 공생하는 발전
[인권] **인권의 가치를 존중하는 환경 조성**	① 실질적이며 다각적인 이민자 인권보호 ② 사각지대 없는 촘촘한 안전망 구축 ③ 인도적인 차원의 국제적 의무 이행
[협력/인프라] **글로벌 선도국가다운 이민행정 기반 구축**	① 범정부가 협력하는 이민행정 추진체계 구축 ② 정책수요자와 소통하는 이민정책 수립 ③ 데이터에 기반한 이민행정 서비스 고도화 ④ 국격 상승에 부합하는 국제사회 협력

그림 2-25 **법무부 제4차 외국인정책 기본계획안**(출처: 법무부, 2022)

활용자료 '국민 역차별 초래' 다문화 지원정책 개선방안 마련한다

그림 2-26 외국인범죄척결연대 회원의 역차별 반대
(출처: 경향신문)

법무부가 다문화가정에 대한 우선적 배려 정책이 오히려 한국 국민에 대한 '역차별'을 불러온다는 일각의 지적에 대해 이를 합리적으로 개선하기로 했다.

4월 15일 법무부는 지난 4월 11일 '국민이 공감할 수 있는 외국인정책 방향 모색'을 주제로 교육부·행정안전부·문화체육관광부·고용노동부·국토교통부 등 관계부처들이 참여한 국적·통합제도개선 실무분과위원회를 개최했다고 밝혔다.

법무부는 "자국민 역차별 금지법을 만들어 달라", "다문화 지원 폐지·외국인 건강보험 혜택 폐지" 등 잇따라 제기되는 청와대 국민 청원을 바탕으로 그간 다문화 정책의 경쟁적 추진으로 일부 시혜적 조치가 내국민에 비해 과도하다는 비판이 지속적으로 제기되어 왔다고 위원회 개최 취지를 설명했다.

이번 회의에서는 이런 시책들로 다문화가족 전체가 정부 지원을 받아야 할 소외계층으로 낙인이 되어 부정적으로 인식될 수 있다는 의견과 함께 다문화가족 정의에 대한 근본적 재검토가 필요하다는 목소리도 나왔다.

법무부 관계자는 "다문화가족 전체가 정부 지원을 받아야 할 소외계층으로 낙인이 찍힐 수 있고 국민들도 역차별을 느껴 장기적으로 국민과 이민자 간의 통합을 저해할 우려가 있다"면서 "향후 관계부처와 전문가, 국민으로부터 다양한 의견을 수렴해 올해 말 외국인정책위원회(위원장 국무총리)에 정식 안건으로 보고할 예정"이라고 밝혔다.

출처: 머니투데이. '국민 역차별 초래' 다문화 지원정책 개선방안 마련한다. 2019.04.14.
https://news.mt.co.kr/mtview.php?no=2019041409008275668

- 관련 기사 원문을 읽고 자국민 역차별 관련 근거로 제시되는 시책을 찾아보고 이에 대해 개선방안도 제안해 봅시다.

  - 비판이 제기된 시책 :

  - 개선방안 :

(2) 여성가족부

2006년부터 다문화사회로 진입하는 과정에서 발생할 수 있는 여러 가지 정책적 과제에 대한 관심이 형성되기 시작하였다. 2006년 노무현 전 대통령에 의해 다문화사회에 대한 정책적 의제가 제기되었고, 그것을 기점으로 관련 부처 협의회가 추진되면서 각 부처별 정책 방안들이 수립되기 시작하였다. 특히 여성가족부를 중심으로 하는 다문화정책은 대부분 국제결혼여성 이민자와 자녀들을 한국 사회에 적응시키기 위한 교육과 사회복지 서비스 지원에 초점을 맞추고, 일부 이주노동자 및 자녀교육에 관한 대책이 포함되어 있다. 여성가족부의 결혼이주민 정착지원 정책은 2006년 이주여성의 안정적인 정착을 목표로 하는 '이주여성(다문화)가족지원센터' 설립을 시작으로, 2014년 다문화정책을 '가족정책'의 범주 안에 포함시킴으로써 다문화가족 지원에 대한 고정관념을 국민적 대통합 차원에서 다문화정책의 큰 틀을 전환시켰다. 이는 이주민에서 한국인으로의 국적 변화와 시민권 차원에서가 아니라 가족 지원 차원으로의 인식 전환을 의미한다.

그리고 2008년 여성가족부는 「다문화가족지원법」을 제정하고 '다문화가족 구성원의 안정적 가족생활 영위, 삶의 질 향상, 사회통합에 기여'를 목적으로 2010년부터 다문화가족지원정책 기본계획을 수립하여 운영하고 있다. 다문화가족정책 기본계획은 다문화가족정책의 기본방향과 발전시책을 담아 5년마다 수립되는 법정계획이다.

2013년 발표된 제2차 다문화가족정책 기본계획(2013~2017)에서는 기존 결혼이민자들의 적응과 정착에서 나아가, 이들이 우리 사회에서 성장할 수 있고 참여할 수 있도록 재구성되었다. 2018년 3차 기본계획(2018~2022)에서는 다문화가족 정책 '도입·성장기'에서 '정착기'로 패러다임이 변화하는 추세를 고려하여, 초기적응 중심의 정책에서 장기 정착화에 따른 정책으로 재편되었고 중장기 관점에서 다문화수용성을 제고할 수 있는 방안을 마련하고 시행될 수 있도록 하였다. 참여와 공존의 열린 다문화사회를 비전으로 모두가 존중받는 차별 없는 다문화사회 구현, 다문화가족의 사회·경제적 참여 확대, 다문화가족 자녀의 건강한 성장을 도모하는 것을 목표로 5대 영역에 70개의 세부과제로 구성하였다. 제3차(2018년~2022년) 다문화가족정책 기본계획을 정리하면 그림 2-27과 같다.

제3차 다문화가족정책 기본계획 비전 및 목표

구분					
비전	참여와 공존의 열린 다문화 사회				
목표	모두가 존중받는 차별 없는 다문화 사회 구현		다문화가족의 사회 · 경제적 참여 확대		다문화가족 자녀의 건강한 성장 도모
정책 과제	다문화가족 장기정착 지원	결혼이민자 다양한 사회참여 확대	다문화가족 자녀의 안정적 성장 지원과 역량 강화	상호존중에 기반한 다문화 수용성 제고	협력적 다문화 가족정책 운영을 위한 추진체계 강화
	• 결혼이주 여성 인권 보호 강화 (가정폭력 예방 및 대응 체계 구축) • 국제 결혼피해 예방지원 • 안정된 가족생활지원 • 서비스 연계 활성화	• 자립역량 강화 • 취 · 창업 지원 서비스 내실화 • 사회참여 기회 확대	• 안정적 성장을 위한 환경조성 • 학업 및 글로벌 역량 강화 • 진로준비 및 사회진출 지원 • 중도입국자녀 맞춤형 지원	• 정책환경에 대한 주기적 모니터링 실시 • 다문화 이해교육 활성화 • 다문화수용성 제고를 위한 미디어 환경 조성 • 지역 환경 조성 및 참여 · 교류 프로그램 활성화	• 정책추진 체계 간 협력 강화 • 다문화가족 지원체계 내실화

그림 2-27 제3차 다문화가족정책 기본계획(2018년~2022년, 여성가족부)

여성가족부(2023)는 2023년부터 제4차 다문화가족정책 기본계획(2023~2027)을 수립하여 시행하고 있다. 주요 내용을 정리하면 다음과 같다.

제4차 다문화가족정책 기본계획(2023~2027)은 '누구 하나 소외되지 않는 가족, 모두가 함께하는 사회 구현'이라는 윤석열 정부의 국정과제를 뒷받침할 수 있는 다문화가족정책의 추진방향을 제시하였다. 첫째, 1~3차 다문화가족정책 기본계획의 결혼이민자의 정착과 양육 지원 중심에서 나아가 다문화 아동·청소년이 건강하게 성장하여 우리 사회의 인재로 발돋움할 수 있도록 성장단계별 맞춤형 지원에 특히 중점을 둔다. 둘째, 한국에 15년 이상 장기 정착한 결혼이민자가 증가하고 한부모 다문화가족과 본국 귀환 가족 등 가구 유형이 다양화되어 결혼이민자의 다양한 상황을 고려한 맞춤형 지원을 강화한다. 셋째, 다문화가족과 함께 성장하는 사회를 만들기 위해 여전히 낮은 수준인 우리 사회의 다문화 수용성을 제고하고, 다문화가족의 사회참여를 확대한다.

제4차 다문화가족정책 기본계획은 '다문화가족과 함께 성장하는 조화로운 사회'라는 비전과, 다문화 아동·청소년의 동등한 출발선 보장, 다문화가족의 안정적 생활환경 조성의 2대 목표 아래 14개 주요 과제로 구성되었다.

구분		
비전	다문화가족과 함께 성장하는 조화로운 사회	
목표	다문화 아동 · 청소년의 동등한 출발선 보장	다문화가족의 안정적 생활환경 조성
추진 과제	다문화 아동 · 청소년 성장단계별 맞춤형 지원	① 영유아 자녀양육 지원 ② 학령기 다문화 아동 학습역량 제고 ③ 다문화 청소년 진로개발 지원 ④ 다문화아동 · 청소년의 정서안정 기반 조성
	결혼이민자 정착주기별 지원	① 건전한 국제결혼 환경 조성 ② 다문화가족 가구상황별 맞춤형 지원 ③ 결혼이민자 경제활동 참여 확대 ④ 가정폭력 예방 및 피해자 보호
	상호존중에 기반한 다문화 수용성 제고	① 다문화 이해교육 확대 ② 다양성 존중 인식 확산 ③ 다문화가족 사회참여 활성화
	다문화가족정책 추진기반 강화	① 다문화가족정책 환류 시스템 구축 · 운영 ② 다문화가족 지원 서비스 접근성 개선 ③ 다문화가족정책 협력체계 강화

그림 2-28 **제4차 다문화가족정책 기본계획**(출처: 여성가족부, 2023)

활용자료 "다문화가족, 정책 제안 및 수립 직접 한다"

여성가족부 '제6기 다문화가족 참여회의' 위원 위촉식… 17개 시·도의 추천 거쳐 선정

그림 2-29 **김현숙 장관과 제6기 다문화가족 참여회의위원**(출처: 여성가족부)

김현숙 여성가족부 장관이 29일(목) 오후 정부서울청사에서 대국민 공모 및 17개 시·도의 추천을 거쳐 선정된 결혼이민자, 자녀, 배우자 등 '제6기 다문화가족 참여회의' 위원을 위촉하고 회의를 개최했다.

김현숙 장관은 모두발언을 통해 "올해는 '제4차 다문화가족정책 기본계획'을 준비하는 아주 중요한 해"라며 "최근 다문화가족 자녀들이 증가하면서 자녀 교육 문제, 진로 문제 등 새로운 정책 수요가 발생하고 있는 만큼 새로운 기본계획에 이런 변화를 반영하고 선제적인 대응방안을 마련해야 한다"라고 밝혔다.

이에 따라 참여위원들에게 "정착과정에서 그리고 현재 겪고 있는 상황 및 어려움, 또 초기 이민자들에게 들었던 사례들에 대한 허심탄회하고 가감 없는 의견 부탁한다"고 당부하며 "이러한 직접 제안한 정책 아이디어는 '제4차 다문화가족정책 기본계획(2023~2027)' 수립에 활용, 향후 5년간의 정책방향에 담아낼 수 있도록 적극적으로 소통하겠다"고 밝혔다.

이번 제6기 참여위원은 대국민 공모와 17개 시·도의 추천을 거쳐 선정됐으며, 결혼이민자, 자녀, 배우자 등 다양한 다문화가족으로 구성되었다.

출처: 다문화TV뉴스. 다문화가족, 정책 제안 및 수립 직접 한다. 2022.09.29.
http://www.damunhwanews.com/news/articleView.html?idxno=2863

- 관련 기사에서 '다문화가족은 자녀 양육 및 학습 지도 등에서 어려움을 겪고 있는 것으로 파악돼 변화된 정책 환경에 대한 대응이 필요'하다고 하였다. '제4차 다문화가족정책 기본계획(2023~2027)'에 대책이나 지원방안이 있는지 찾아보고 제시해 봅시다.

  - 지원대책이나 지원방안 :

(3) 교육부

교육인적자원부(이하 '교육부'로 통칭)는 2006년부터 '다문화가정 교육지원 대책'을 마련하여 다문화가정 자녀들이 우수한 인재로 성장할 수 있는 내실 있는 체제를 마련하고자 하였다. 교육부의 다문화교육지원계획은 2006년 초기 당시에는 교육부가 추진체계로써 다문화교육의 기획, 총괄 및 운영을 담당하는 중앙다문화교육센터 지정 · 운영(2012~)하였으나, 2015년부터는 지역별 다문화교육지원센터를 지역별로 설립하기 시작하여 2019년에는 전국 17개 시도 지역에 지역다문화교육지원센터를 개소함으로써 지역 중심 다문화교육지원체계를 확립하였다.

교육부(2006)의 다문화가정 교육지원 대책은 모든 학생을 위한 교육이 아닌 한국 학생을 배제한 다문화가정 자녀, 즉 국제결혼가정 자녀 및 외국인근로자가정 자녀를 위한 교육으로 시작하였다. 2007년부터 다문화교육의 대상을 한국 학생까지 확대하였고, 2010년에는 중도입국 자녀가 포함되면서 다문화교육의 대상 범위가 더욱 확대되었다. 교육부는 다문화가정 교육지원 사업으로 다문화 대학생 멘토링 실시(2009~), 한국어교육과정 도입 및 한국어교육 지원(2012~), 다문화교육정책학교 운영(2012~), 한국어능력 진단-보정학습 반복시스템(2019~) 등을 운영하고 있다. 그리고 교과 보조교재 개발(2015~2020), 이중언어교재 9종 개발(2016~2018), 한국어교재 17종 개발(2019~2020), 한국어교육 영상콘텐츠 318차시 제작(2020~2021), 교과보조교재 기반 영상콘텐츠 115차시 제작(2021~)하고 있다.

2021년 여성가족부 주관의 다문화가족실태조사 결과를 통해 다문화가족 자녀의 학력격차가 심화되었으며(고등교육기관 취학률 격차: '18년 18%p → '21년 31%p) 이러한 경향이 지속될 경우 사회계층 격차로 이어질 우려가 제기되었다. 아울러 다문화가족 자녀의 학교적응도는 2015년(4.53), 2018년(4.33)과 비교하면 점차 낮아지는 추세이며 부적응 이유로는 '학교공부가 어려워서(56.2%)', '친구들과 잘 어울리지 못해서(55.4%)'라는 응답이 많아 주로 학업과 교우관계 문제를 개선할 필요가 있다고 조사되었다. 이에 교육부(2023)는 출발선 평등을 위한 2023년 다문화교육 지원계획을 수립하고 시행하고 있다. 2023년 다문화교육 지원계획을 수립에 있어 국제결혼· 외국인가정 자녀 증가에 따른 교육수요에 대응하고 다문화학생의 교육수요를 고려한 사각지대 없는 맞춤형지원을 통해 학교 구성원의 다문화 수용성 개선으로 다문화 친화적 교육환경을 통해 모든 학생이 함께 배우고 성장하는 교육기반을 조성하고자 하였다.

구분	내용	
비전	함께 배우며 성장하는 학생, 다양하고 조화로운 학교	
목표	• 다문화학생 교육기회 보장 및 교육격차 해소 • 다양한 문화가 공존하는 성숙한 교육환경 구축	
추진 과제	출발선 평등을 위한 교육기회 보장	① 다문화학생 공교육 진입 지원 ② 학교교육 준비도 격차 해소
	학교 적응 및 안정적 성장 지원	① 맞춤형 한국어교육 제공 ② 학교 적응 및 인재양성 지원
	다양성이 공존하는 학교 환경 조성	① 전체 학교의 다문화교육 확대 ② 교원의 다문화교육 역량 제고 ③ 가정 및 지역사회와의 연계
	다문화교육 지원체제 내실화	① 다문화교육 제도 개선 및 실태 파악 ② 타 사업과의 연계 활성화 ③ 중앙-지역 및 부처 간 협력 강화

그림 2-30 교육부 2023년 다문화교육 지원계획(출처: 교육부, 2023)

그리고 2023년에는 「초·중등교육법」 내 다문화 교육환경 조성을 위한 법적 근거를 최초 마련하여, 관계부처 합동으로 「이주배경학생 인재양성 지원방안(2023~2027)」을 발표하였다. 이번 법률 개정은 다문화학생만을 위한 것이 아니라, 이주배경에 상관없이 모든 학생이 동등한 교육기회를 보장받고 함께 성장할 수 있는 교육환경을 만드는 데 초점을 두고 있다.

활용자료 보충학습 없이 수업 어려워…한국어 습득부터 도와야

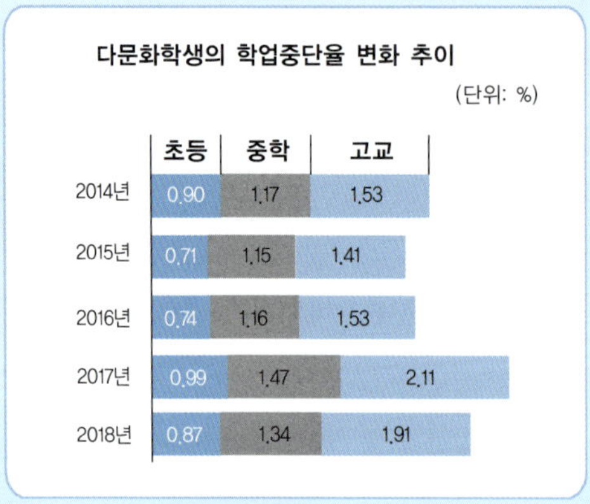

그림 2-31 **다문화학생의 학업중단율**
(자료: 교육부)

다문화학생 성공적 정착 해법은

작년 외국인 학생 17.8% '증가세'
학교급 오를수록 학업중단도 늘어
다문화학생 돌봄 초교 매우 부족
적응 등 돕도록 교육법 개정 시급

2021년 교육기본통계(교육부)를 보면 다문화학생 중 국내 출생(국제결혼가정)이 차지하는 비중이 12만 2093명(76.3%)으로 가장 높지만 2017년(8만 9314명·85.3%)보다 크게 줄었다. 최근에는 중도 입국 및 외국인 학생이 차지하는 비율이 늘고 있다. 외국인 학생 비율은 지난해 17.8%(2만 8536명)로, 4년 전인 2017년 대비 6.6% 증가했다.

다문화학생이 늘면서 다문화학생의 학업중단율도 늘어나는데 특히 학교급이 올라갈수록 높아진다. 2018년 다문화학생 학업중단율은 0.87%로 전체 학생 0.90%와 비슷했다. 중학교는 1.34%, 고등학교는 1.91%였는데 이는 2017학년도 전체 학생 학업중단율(중학교 0.7%, 고등학교 1.5%)에 비해 상당히 높은 수준이다.

가능한 한 빠른 시기에 다문화학생에 대한 돌봄이 필요한 것을 알 수 있으나 학교현장의 준비는 미흡해 보인다. 박희진 계명대 다문화교육전공 교수가 다문화학생 밀집 학교에서 다문화교육을 담당하는 교사를 심층면접한 결과 아무런 준비 없이 학교에 와 실제 근무를 시작한 사례가 대부분이었다. 밀집 학교는 다문화학생 비율이 전체의 10%를 웃도는 학교를 의미한다. 박 교수는 "교사들 중 1년 동안 다문화학생 관련 연수를 받는 인원이 몇 백 명 정도이고, 연수 시간도 몇 시간에 그쳐 다문화학생을 제대로 가르치기 어렵다"면서 "교사 전공과 상관없이 무조건 다문화학생 관련 개론을 수강하고 현장에 나가도록 교사 양성 과정을 바꿔야 한다"고 밝혔다.

그리고 성상환 한국다문화교육학회장(서울대 독어교육과 교수)은 "한국어를 잘 못하는 다문화학생을 제대로 수용할 수 없는 학교가 대부분이다. 한국 내 학교들은 입시 위주로 다문화학생이 방치되는 경우도 비일비재하다"면서 "초중등교육법에 관련 규정이 없다 보니 급한 일이 생기면 땜질 처방으로 일관해 온 게 사실"이라고 말했다.

이어 성 교수는 "한국어와 외국어를 할 수 있는 한국어 교사를 보조교사로 배치해 다문화학생들의 적응과 정착을 돕는 것도 고려할 필요가 있다"면서 "세세한 사항까지는 아니더라도 우선은 초중등교육법에 국가가 다문화학생의 교육 수요에 대응한다는 식의 내용을 넣어 국가의 책임을 분명히 명기해야 한다"고 밝혔다.

출처: 서울신문. 보충학습 없이 수업 어려워…한국어 습득부터 도와야. 2022.05.26.
https://www.seoul.co.kr/news/newsView.php?id=20220527014019

▪ 한 아이를 키우려면 온 마을이 필요하다는 말이 있다. 우리 마을의 아동들이 제대로 교육받고 행복한 삶을 누릴 수 있도록 해야 한다. 학교현장의 다문화학생 지원프로그램을 찾아보고 적응과 정착을 넘어 공존을 위한 다문화교육인지 분석해 봅시다.

- 프로그램명 :

- 운영방식 :

- 분석 :

5) 한국 다문화주의에 대한 비판

한국 사회에서 다문화주의에 대한 문제제기도 다양하게 나타나고 있는데 박경태(2009)는 한국 다문화주의에 대한 비판을 크게 네 가지로 정리하였다.

먼저, 한국의 다문화주의는 관주도형 다문화주의라는 비판이다. 정부의 각 부서들이 다문화 관련 정책들을 마련하였으나, 정부의 다문화주의 정책이 사회의 안정·질서·통제라는 관점에서 접근하는 것을 미루어 볼 때 이주민의 다양한 목소리를 담기 어렵다는 것이다.

둘째, 한국의 다문화주의는 역설적으로 다문화적이지 못하다는 비판이다. 다문화를 위한 노력이 이주여성의 적응을 위한 한국어교육과 한국문화 배우기 중심으로 이루어지고 있다. 다문화주의의 핵심은 한 사회나 국가 안에 여러 문화가 존재한다는 사실을 받아들이고 서로 다른 문화의 고유 가치를 존중하는 것이다. 이를 미루어 보면 한국문화를 배우는 것뿐만 아니라, 이주민이 자기의 문화 배경을 자랑스럽게 여기고 그 장점을 유지하면서 한국문화와 어울려 더욱 풍요롭게 만드는 모습으로 나아갈 필요가 있다.

셋째, 한국의 다문화주의는 대상 집단을 차별하는 다문화주의라는 비판이다. 정부의 다문화정책은 결혼해서 이주해 온 사람, 그중에서도 여성 이주민 그리고 그 자녀들을 주요 대상으로 해 왔다. 이는 정주형 이민자 중심으로 정책을 추진하는 것에 대한 비판으로 선진국의 이민정책과 비교하여 많은 지원제도가 있지만 이주노동자, 난민, 유학생 등 다양한 이주민들을 포용하는 데는 부족함이 있다.

넷째, 한국의 다문화주의는 '문화만 있는' 다문화주의라는 비판이다. 이주민들이 한국어와 문화를 배우는 것뿐만 아니라, 자기 이익을 대변할 수 있는 정치 권리를 갖고 법으로 규정된 복지혜택을 받는 것도 중요하다.

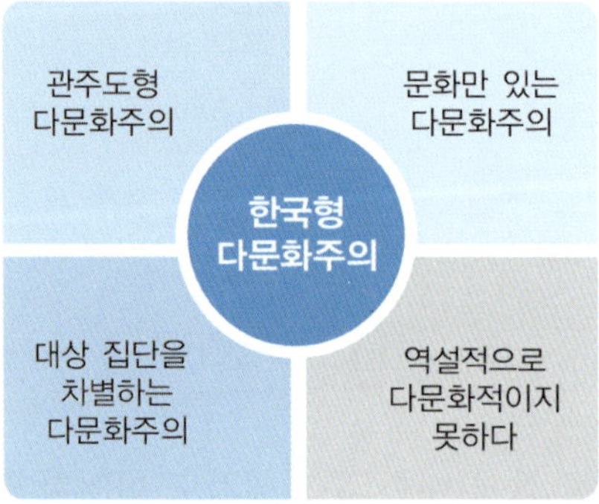

그림 2-32 한국 다문화사회의 쟁점과 비판

한국이 다문화사회로 나아가기 위해서는 학계, 정책, 이주민 당사자들의 목소리, 시민단체들의 의견을 적극적으로 수용하고 개선하려는 노력이 지속적으로 이어져야 할 것이다.

활용자료 내 안의 편견 이야기, 인간의 두 얼굴

'나는 내가 눈앞에서 보고 있는 것이 진실이라고 생각한다.' 그런데 많은 사람들이 보고 싶은 것만 보고, 믿고 싶은 것만 믿는 착각을 할 때가 많다. 사람들은 오감을 통해 1초에 1100만 개의 정보를 받아들이는데 이때 뇌는 이 정보들 중에 내가 원하는 것, 믿는 것, 생각하는 것들 40개 정도만을 편집해서 기억에 남기게 되면서 오류와 착각이 생긴다. 편견 역시 사회적 착각의 하나로 어떤 것에 대한 과장된 믿음과 관념의 결과로 생기는 것이다.

여기서 EBS 다큐프라임 - '인간의 두 얼굴' 2편에 나온 몇 가지 사례를 통해 착각과 편견이 만들어지는 과정을 부연해 볼 수 있다.

자동차에 따른 사람들의 반응 차이

겉모습에 따른 직업, 선호도 인식

사진 출처: EBS 다큐프라임 - Docuprime. 인간의 두 얼굴2 제1부 착각의 진실1.
https://www.youtube.com/watch?v=NLcNmLRpTdk&ab_channel=gkfkadl74

고급승용차인지 경차인지에 따라 사람들의 반응이 다르게 나타나고 사람의 겉모습만 보고 직업, 성격, 연봉, 호감도가 다르게 나타난다. 똑같이 영어로 길을 묻는 백인과 동남아시아 사람에 대한 태도도 다르다. 겉모습을 보고 누군가를 평가하는 일은 일상에서 흔히 일어나고 그것이 차별적인 행동으로 이어진다. 즉 겉모습에 대한 편견이 고정관념으로 굳어지면서 개인의 다양한 차이가 어떤 특정집단에 대한 특성과 결부되고 그것이 사회적인 차별을 정당화하는 요인으로 작용하는 문제가 따른다.

- 에드워드 머로는 '모든 사람은 자기 경험의 포로다. 편견을 버릴 수 있는 사람은 아무도 없다.'고 하였다. 우리가 의도하든 그렇지 않든 우리는 살아가는 가운데 자신을 둘러싼 환경과 상호작용하며 의식하지 못한 채 편견과 고정 관념을 쌓아 간다. 그래서 나를 객관화하고 성찰할 수 있는 기회를 마련할 필요가 있다. 내가 혹은 우리 사회가 가진 편견을 찾아보고 함께 바꿀 수 있어야 한다.
  아래 그림은 우리가 가진 편견을 표현한 것이다. 더 많은 편견의 사례를 추가해 봅시다.

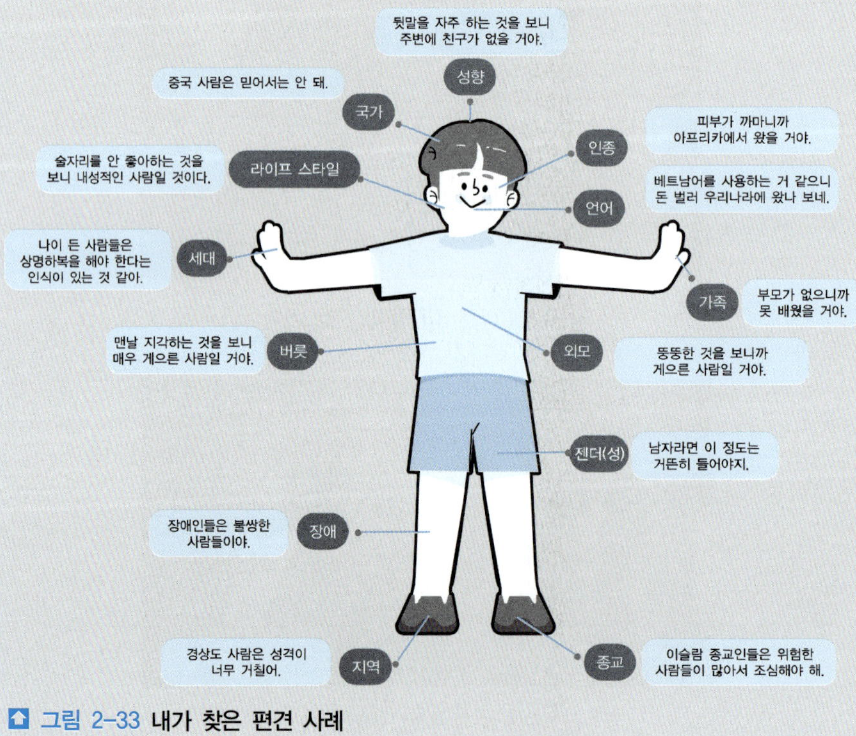

그림 2-33 내가 찾은 편견 사례

Chapter 03

다문화교육의 이해

들어가며

"우리는 더 오래 지속된 편견일수록, 더 일반적으로 만연되어 있는 편견일수록
던져버리는 대신 상당히 소중히 여긴다.
더욱 수치스러운 것은 그것이 편견이기 때문에 소중히 여긴다는 점이다."

-에드먼드 버크-

01 다문화교육 이론

1) 다문화교육의 필요성

다문화사회로의 변화에서 문화적 다양성의 가치를 존중하고 인정하며, 타 인종과 타문화를 편견 없이 받아들일 수 있는 다문화적 역량 함양이 필요하다. 앞서 청소년의 다문화수용성 조사에서 상대적으로 낮은 일방적 동화의 기대나 이중적 평가는 학습이나 경험에 의해 형성되고 고정관념으로 전개될 수 있다. 이는 시일이 지난다고 해서 자연스럽게 개선되는 것이 아니므로 적극적인 인권교육으로서의 다문화교육이 필요하다(양근숙, 2021).

다문화교육은 우리 사회의 다양성 증가에 따라 나타나는 여러 가지 과제를 해결하는 데에 기여할 수 있는 중요한 해결책의 하나로 여겨진다. 다문화교육에 대해서는 여러 가지 다양한 개념이 존재함에도 불구하고 많은 학자들은 다문화교육이 다양한 인종과 민족 및 여러 사회 계층 출신인 학생들에게 어떻게 평등한 교육적 경험을 하게 할 것인가에 관심을 두고 있으며, 여러 요인들이 교육에 어떤 영향을 끼치는가를 연구하는 것에 의견을 같이 하고 있다. 이러한 다문화교육은 다음의 세 측면으로 그 필요성을 요약할 수 있다.

첫째, 인권의 측면에서 다문화적 배경을 가진 학생 개인에게 교육권과 학습권을 보장하여 민주적 가치관과 태도를 길러 줄 수 있다. 이는 헌법 질서를 통하여 자유민주국가를 지향하고 있는 국가의 입장에서는 당연히 해야 할 일로 여겨진다. 아울러 인종, 언어, 민족, 종교, 성적취향 등 개개인이 가진 다양성을 이유로 편견과 차별의 대상이 되는 현실을 개선하기 위해 인권적 측면의 다문화교육이 전개되어야 한다.

둘째, 사회 전체의 측면에서 보면 다문화교육은 사회적 갈등을 줄이고 사회통합에 기여할 수 있는 방안을 제시해 줄 수 있다. 특히 한국 사회와 같이 단일민족을 오랫동안 유지해 온 경우에 다문화가정의 자녀들은 국적과 민족의 불일치를 경험하게 되고 언어와 문화에서도 이중성을 경험하게 된다. 또한 이들이 한국 사회의 근대화 이후 늦게 한국 사회의 구성원으로 편입됨으로써 사회적 취약계층에 속할 가능성이 많다는 점을 고려하면, 이러한 사회적 통합을 위한 교육적 노력으로서의 다문화교육은 사회적 갈등을 줄일 수 있는 매우 중요한 것이라 할 수 있다.

셋째, 문화적인 측면에서 한국 사회에 다양한 문화적 배경들이 섞임으로써 더욱 더 건강하고 새로운 문화 창조의 기회를 제공받을 수 있다. 사실 어떻게 보면 오랫동안 단일민족과 단일문화를 유지해 온 한국 사회의 경우, 다양한 문화의 유입은 새로운 문화의 창조를 위한 시발점이 될 수도 있다.

이처럼 다문화교육은 개인의 인권적 측면과 사회 전체의 통합적 측면 모두에서 그 필요성을 인정받으며, 나아가 새로운 문화를 창조하는 기반으로 작용할 수 있다.

2) 다문화교육의 개념과 목표

다문화교육은 미국의 인종문제와 관련된 소수자 인권 운동에서 출발하였으나 오늘날까지 그 범위가 점차 확장되고 있다. 다문화교육의 개념은 문화를 바라보는 학자들의 시각에 따라 다르며 다문화교육의 내용은 국가에 따라 다양하다.

(1) 다문화교육의 개념

다문화교육은 미국의 인종문제와 관련된 소수자 인권 운동에서 출발하였으나 오늘날까지 그 범위가 점차 확장되고 있다. 다문화교육의 개념은 문화를 바라보는 학자들의 시각에 따라 다르며 다문화교육의 내용도 국가에 따라 다양하다. 본 장에서는 Bennett(2011)의 다문화교육 개념을 종합하여 네 가지 핵심영역으로 평등교육, 교육과정 개혁, 다문화적 능력, 사회정의를 향한 교육으로 정의하고자 한다.

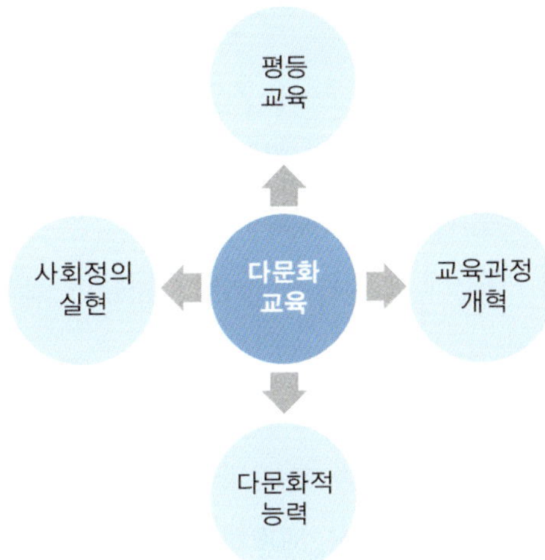

그림 3-1 다문화교육의 핵심영역

❶ 평등교육 = 과정의 평등

Johnson & Johnson(2002)은 다문화교육을 모든 학생이 인지적, 사회적, 인격적 측면에서 본인의 잠재력을 최대한 발휘할 수 있도록 동등한 학습기회를 제공하는 것으로 정의하였다. 다문화교육은 모든 학생이 자신이 속한 집단에 상관없이 동등하게 교육 혜택을 보장받는 교육 평등과 다양성을 포함한 개념이다.

다문화교육의 가장 분명한 목표인 평등교육은 다양한 인종, 문화, 종족, 언어 등의 다양한 상황이 존재하는 교실에서 모든 학생, 특히 소수민족이나 경제적으로 불리한 조건에 있는 학생들이 공정하고 효과적으로 참여하는 배움의 기회를 가지는 것이다. 이를 위해 교육과정은 다양한 학생들의 언어와 문화의 다양성이 고려되어야 한다. 아울러 다양한 민족, 언어, 문화적 소재를 수업의 내용으로 사용하고 학습방법에 있어 인종과 민족에 대한 편견을 줄이고 민주적 절차와 가치관을 함양할 수 있도록 해야 한다.

결론적으로 다문화교육에서 의미하는 평등교육은 교육이 이루어지는 과정, 즉 문화적 차이에 따른 결핍이 없이 학생 개개인이 가지고 있는 잠재력(언어, 문화 등)을 발현할 수 있도록 잠재력의 차이에 따라 국가나 지역 차원에서 지원을 제공하는 '과정의 평등'을 의미한다.

❷ 교육과정 개혁

다문화교육은 교육철학이자 교육개혁운동으로 교육기관의 구조를 바꾸어 학생들에게 평등한 교육기회를 제공하는 것이다. 그에 의하면 다문화교육은 사람들의 인식 구조를 변화시키고 교육과정과 교육제도의 재구성을 통한 교육개혁운동으로 다양한 인종, 언어, 성별, 계층에 속하는 사람들이 동등한 교육기회를 갖도록 노력하는 것이다.

다문화교육은 모든 학생을 위한 기본 교육과 종합적인 학교 개혁과정이다(Nieto, 2006). 다문화교육은 문화적 다양성의 존중과 이해를 위한 일련의 교육과정을 통해 문화적 차이에서 오는 사회적 차별을 해결하여 민주주의 가치를 실현하기 위한 교육 전략이기도 하다. 교육과정 개혁(curriculum reform) 차원은 지식에 대한 다차원적인 관점의 탐구를 통해 다양한 관점에서 교육과정을 재검토하는 것으로, 전통적인 관점에 의해 무시당해 온 지식의 고정성을 부인하고 관점을 재조명함으로써 변형력이 있는 지식을 창출하거나 수용하는 것을 의미한다.

예를 들면, 한국 사회는 오랜 세월 동안 매몰되어 있던 단일민족 중심의 관점에서 교육내용을 확장하여 다민족적이고 전 지구적인 관점으로 교육과정을 개편하는 것이다. 그리고 한국의 역사 속 사건들(몽골 침략, 왜란, 일제강점기, 6.25 등)에 객관적 사실을 설명하고 이에 대한 관련국의 입장을 생각함으로써 나의 입장만이 아닌 다른 사람 혹은 국가의 입장에서도 생각할 수 있는 비판적 사고력을 키우도록 하는 교육과정의 개혁이 필요하다.

❸ 다문화적 능력 함양

다문화적 능력은 다양한 방식으로 인식하고 생각하고 평가하고 행동할 수 있는 역량을 말한다. 중요한 것은 국내뿐만 아니라 국가 간에 존재하는 문화적 다양성을 이해하고 조율하는 학습방법을 통해 다양한 방식으로 인식하고 행동할 수 있는 역량을 기르도록 하여 문화적 공감(cultural empathy), 제3세계적 관점(third world perspective), 타자의 세계관에 대해 이해할 수 있는 역량을 갖춘 사람으로 성장시키도록 교육하는 것이다.

❹ 사회정의를 향한 교육

Sleeter & Grant(1987)는 모두를 위한 기회와 부의 공평한 분배는 사회와 개인에 대한 권한부여를 통해서 가능하므로, 이는 다문화교육을 통한 사회 개혁으로 이루어질 수 있다고 하였다. 다문화교육은 지역과 국가, 국제사회 차원에서 모든 개인 간에 힘과 자원을 평등하게 분배하는 것이다.

이처럼 다문화교육은 교육철학이지만 교육개혁운동이며, 평등교육의 목표를 실현하기 위한 교육과정 개혁을 통해 학교 및 사회 개혁을 달성하려는 교육이다. 사회정의를 향한 다문화교육은 인종차별, 계급차별, 성차별 등에 대한 이해력을 향상시키고, 인권 침해에 대한 적절한 태도와 사회적 행동을 실천할 수 있는 기술을 습득함으로써 차별에 대한 투쟁과 문제해결 과정에 직접적으로 참여하게 하는 교육이다.

다문화교육을 통해 학습자들은 미처 알지 못한 우리 사회의 인종차별, 편견, 성차별 등의 차별에 대한 인식과 적절한 대응이나 문제해결을 위한 행동으로 옮길 수 있다.

정리하면 다문화교육은 평등교육을 목표로 교육과정을 개혁하고, 이를 통해 주류집단과 소수집단의 모든 사람이 다문화적 능력을 배양하여, 사회정의 실현에 참여할 수 있도록 하는 교육을 의미한다.

활용자료 **인천한누리학교 15개국 다문화가정 학생들의 새 배움터**

그림 3-2 전국 최초의 초·중·고 기숙형 다문화학교인 인천한누리학교

전국 최초의 초·중·고 기숙형 다문화학교인 인천한누리학교에는 15개국의 다문화가정 학생들이 생활하고 있다. 피부색은 달라도 모두 '살색'이듯이 살아온 환경이나 언어는 다르지만 이곳에서 생활하는 학생들은 서툰 한국어를 배우고 낯선 한국문화를 익히며 다문화교육이라는 '꽃'을 피워나간다.

출처: 교육부. 행복한교육 2014년 01월호.

▪ 전국 최초의 초·중·고 기숙형 다문화학교인 인천한누리학교에 대한 기사를 찾아보고, 한누리학교의 특성, 재학생 분포, 교육 내용, 지향점 등을 토의해 봅시다.

(2) 다문화교육의 목표

다문화사회는 모든 사회구성원들이 각자의 사회적·문화적·경제적 배경에 의해 차별받지 않고 자신의 존재감을 지닐 수 있어야 한다. 그리고 개개인들이 각각의 권리를 취득하고 향유함에 있어서 불평등과 차별의 근거가 되지 않고 동등하고 조화롭게 서로 공존하며 살아가는 열린사회를 추구한다(Banks, 1994). 또한 이질적인 사회적 범주들의 문화적 차이와 다양성을 존중하고 나아가 개인의 자아실현, 사회적 풍요와 결속에 기여할 것을 기대한다.

이처럼 다문화사회는 역동성이 내재된 열린사회를 추구하고 있으며 이에 따라 다문화교육의 목표와 내용 또한 변화되고 있다. 초기 한국 사회의 소수 이민자들은 국가가 제공해 주는 권리와 의무를 수용하여 한국 사회로의 적응에 집중하는 수동적인 존재로 이해되었다. 그러나 이제 한국 사회에 살고 있는 이민자들은 한 국가 공동체 내에서 집단 고유의 문화와 정체성을 유지하면서, 스스로 자신의 삶의 영역에서 사회현상을 경험하고 분석하며 이해하는 능동적인 주체로 변화하고 있다.

다문화사회에서의 다문화교육은 민주주의 가치와 신념을 기초로 하여(Bennett, 2007) 다양한 문화적 배경을 가진 사람들이 경험하는 차별과 불평등을 감소시키기 위해 끊임없이 노력하는 과정이 되어야 한다. 또한 개개인이 가진 다양한 문화 간 차이를 동등하게 인정하고 과정의 평등을 통해, 성취경험을 누리고 인재로 성장할 수 있도록 돕는 교육적 노력이 필요하다. 주류집단이 소수집단에게 일방적으로 강제하는 동화주의를 비판하고, 교육의 대상 또한 소수집단에게 한정해 왔던 인식에서 벗어나 인종, 민족, 성, 사회적 계층과 관계없이 모두를 위한 교육이 되도록 해야 한다. 다문화교육이 우리 모두를 위한 교육이라는 인식이 확산될 때 다양성의 공존과 더불어 사회통합을 함께 이루고자 하는 교육개혁의 밑거름이 될 수 있다.

다문화교육에 대한 목표는 학자들에 따라 다양한 견해를 제시하고 있으나 교육이 추구하는 지향점은 크게 다르지 않다.

다문화교육은 다양한 문화가 공존하는 공동체(다문화사회)의 구성원들과 상호작용, 교섭, 의사소통하는 데 필요한 능력(다문화적 역량)과 태도(타문화 이해와 존중)를 가진 다문화적 시민성 함양을 목표로 한다. Banks(2008)는 다문화적 시민성 함양을 인지적, 정의적, 행동적 측면으로 구분하여 다음과 같이 설명하였다.

❶ 인지적 측면: 타문화에 대한 의미, 가치, 특성의 이해

타문화를 역사적, 사회적 맥락과 연관시켜 이해하려는 노력으로 자문화와 타문화의 유사성과 다양성을 파악하여 문화를 폭넓게 아는 인지역량을 기른다.

활용자료 **각 나라의 인사법**

- 태국이나 티베트, 미얀마 인사법 등 다양한 나라의 인사법을 찾아 역사·사회적 맥락과 연관지어 설명해 봅시다.

❷ 정의적 측면: 타문화의 가치와 정체성을 수용하고 존중하는 태도

타문화에 대한 열린 마음을 통해 고유한 가치에 대해 차별하지 않고 존중하는 태도를 기른다.

활용자료 인종차별, 이젠 OUT!

이렇게 하면 안 돼요~	열린 마음을 가져봐요!
 그림 3-3 버거킹의 인종차별 광고 (출처: YTN PLUS)	

▪ 타문화에 대한 차별적인 태도의 예시를 더 찾아보고 해결방안도 제시해 봅시다.

❸ 행동적 측면: 타문화 존중의 인식을 행동으로 실천하는 역량

타문화와 소통할 수 있으며 문화 간 갈등 상황에 합리적으로 대처하고 실천할 수 있는 역량을 기른다.

활용자료 혐오와 차별에 반대하는 실천 행동

그림 3-4 아시아계를 향한 증오범죄에 목소리를 낸 방탄소년단(출처: 빅히트 뮤직)

백악관 간 BTS "아시아계 증오범죄 그만"…바이든 "생큐"

BTS와 바이든의 'K 하트' 아시아계를 향한 증오범죄 대응을 논의하기 위해 미국 백악관에 초청된 방탄소년단(BTS)이 31일(현지시간) 백악관 집무실에서 조 바이든 대통령과 함께 한국식 손하트를 날리며 기념사진을 찍고 있다.

▪ 코로나19로 증가한 아시아계를 향한 증오범죄 대응을 위해 백악관을 방문한 BTS의 실천적 행동에 관한 기사를 읽고 문화 간 갈등상황을 완화할 수 있는 각자의 역할에 대해 토의해 봅시다.
[기사 원문] 경향신문. 백악관 간 BTS "아시아계 증오범죄 그만"…바이든 "생큐". 2022.06.01.
https://m.khan.co.kr/world/world-general/article/202206012241015#c2b

02 다문화교육의 접근방법

다문화교육을 효과적으로 실행하고 모든 교육 대상자에게 동등하고 평등한 교육 기회를 제공하기 위하여 Banks는 다문화 교육과정 4단계 접근법을 제시하였다. 그는 단순한 문화적 체험이나 피상적인 이해 수준의 교육을 넘어 교육현장에서 실천 가능한 구체적인 다문화교육의 실천원리로서 다문화사회에서 요구되는 지식이나 기능, 태도의 학습과 습득을 강조하였다(강인애 외, 2012).

Banks(2008)의 4단계 다문화 교육과정 접근법은 기여적, 부가적, 변혁적, 사회 실천적 교육과정으로 다문화교육에 있어 상호 보완적이기도 하지만 상호 발전적 관계를 가지고 있는 내용의 통합 교육과정으로, 모든 교육 전문가들에게 학교교육과정에 다문화적 교육의 내용을 통합시킬 때 사용할 것을 요구하였다.

Banks는 기여적 접근에서 사회 실천적 접근으로 가면서 더욱 구체적이고 행동적 의지를 강조하는 내용을 다루고 있다. 특히 변혁적 접근과 사회 실천적 접근은 4단계 접근법 중 높은 수준의 접근법으로 학생들에게 올바른 정체성과 태도를 길러주고자 하였다.

1) 기여적 접근법(Contributive Approach) – 개별적 문화적 요소에 초점을 맞춘 접근

학교나 지역 교육청이 주로 초등학교의 주류 교육과정 속에 다문화적 내용을 통합하고자 할 때 사용하는 접근방법이다. 다른 나라의 문화를 소개하거나 다문화 축제나 단순한 체험을 경험하는 정도로 주류 교육과정에는 큰 변화를 주지 않고, 기본 교육과정의 목표나 구조를 유지하면서 교육하는 방법이다. 특정 문화의 행사 및 절기와 관련된 노래를 불러보는 활동을 하여 '영웅과 기념일(heroes-and-holidays)'이라고도 불린다.

한편 기여적 접근법은 민족 공동체가 지니는 문화적 의미에 대한 중요성보다는, 소수민족의 생활양식이나 소수민족 문화를 대표하는 문화적 요소를 이해하고 인지하는 기초적인 단계에 머물러 있는 경향이 있다. 소수민족의 문화가 교육과정에 선정되는 자체는 소수민족 당사자들에게 사회적 평등, 소속감, 권리감, 효능감 등을 촉진시키는 데 영향을 준다.

기여적 접근법에 의한 교육과정의 통합은 인종적 편견으로 인한 어려움을 극복하는 과정과 같은 인종주의, 빈곤, 억압 같은 현안은 피하고 민족적 영웅들의 성공 신화에만 초점을 맞추고 있다 보니, 학생들은 민족과 문화집단의 역할에 대하여 포괄적인 관점을 얻지 못하는 한계를 지니게 된다. 또한 민족문화를 사소한 것으로 간주하여 색다르고 이국적인 특징만을 학습하게 함으로써 오히려 고정관념과 왜곡을 강화시키기도 한다.

활용자료 **개별적 문화적 요소에 초점을 맞춘 접근**

이주민 전통음식 만들기 체험

그림 3-5 다문화 요리 체험
(출처: 부산시교육청)

다문화 축제, 맘프 2022

그림 3-6 문화다양성 퍼레이드
(출처: MAMF)

- 개별적 문화적 요소에 초점을 맞춘 기여적 접근법의 사례를 찾아서 토의해 봅시다.

2) 부가적 접근법(Additive Approach) – 민족적 개념, 주제, 내용, 시각 첨가

교육과정에 민족적인 내용을 통합시키는 방법으로 기본적 교육과정의 목적이나 구조, 교육적 특성은 그대로 유지하되 교육과정에 민족적인 개념, 주제, 내용, 시각 등을 부(첨)가하는 접근방법이다. 부가적 접근법의 중요한 특징은 교육과정의 구조나 내용에는 변화를 주지 않고, 기존의 교육과정에 민족이나 다문화 관련된 내용을 부가하여 다문화 수업을 진행하는 방식으로 이루어진다.

음악 수업에서 교과서에 제시된 일본의 전통 민요 <사쿠라>나 베트남 민요 <리디아 반 보>를 노래하며 그 나라의 전통악기나 풍습에 대해 알아보는 활동을 첨가할 수 있다.

즉 부가적 접근법은 기여적 접근방법에 부가적인 요소를 첨가하는 정도에 머물고 있는 수준이다 보니, 민족적 내용이나 다문화 관련 내용이 교육과정 속에 편파적이고 단편적인 방식으로 첨가되어 교육 방법에 문제를 야기하기도 하고, 교사들의 수업 자료준비의 어려움과 학생들에게 이해의 혼란을 줄 수도 있다(Bennett, 2011).

활용자료 민족적 개념, 주제, 내용, 시각이 첨가된 접근

그림 3-7 초등 5학년 표현활동 속 세계 여러 나라의 민속춤 무용

- 민족적 개념, 주제, 내용, 시각이 첨가된 부가적 접근법의 사례를 찾아서 토의해 봅시다.

3) 변혁적 접근법(Transformation Approach) – 교육과정 구조 변화

교육과정의 기본적인 목표나 구조, 관점을 변화시켜 기본적인 교육과정을 바꾸는 방법이다. 변혁적 접근법은 학생들에게 교육과정을 통해 소수집단의 관점과 가치관에서 다문화와 관련된 주제의 개념, 현안, 문제 등을 볼 수 있도록 한다. 이 단계에서는 학생들이 보다 균형적인 관점에서 주류문화와 소수문화를 바라볼 수 있게 하고, 소수집단 학생들도 자신의 문화, 신화, 관점을 학교교육과정에서 경험할 수 있도록 돕는다.

변혁적 접근법의 주요 목표는 다양한 민족과 문화의 관점에서 개념이나 사건, 인물에 대한 이해를 돕는 것으로 학생들에게 단편적 지식이 아닌 사회적 구성물로서의 문화를 이해하도록 돕는다.

교육과정의 재구성을 통해 하나의 주제 혹은 사건을 여러 문화적 관점에서 바라보게 된다. 예를 들어 동아시아사를 유럽인들의 관점, 일본인의 관점, 중국인의 관점, 한국인의 관점에서 생각해 보도록 하는 것이다. 이러한 과정 속에서 학생들은 한 주제에 대해 여러 가지 관점에서 살펴보고 여러 문화에 대한 시야를 확장할 수 있다.

변혁적 접근법을 통해 학생들은 사건과 상황에 대해 분석하고 비판적으로 사고하여 결론과 일반화를 도출하는 기능을 습득하도록 하고, 사건과 상황에 대한 자신만의 해석을 만들어 정당화하는 기능을 발달시킬 수 있다(Bennett, 2011).

활용자료 **교육과정의 목표나 구조, 관점을 변화시키는 접근**

그림 3-8 콜럼버스 데이에 반대하는 원주민(출처: 연합뉴스)

공휴일을 공휴일이라고 못하고…
계속되는 美 콜럼버스데이 논란
일부 지자체 '콜럼버스데이' → '원주민의 날'로
기념…이탈리아계 반발

- 콜럼버스 데이 관련 기사를 읽고, 기존 '콜럼버스 데이'를 '원주민의 날'로 명칭을 바꾸는 것에 대에 대해 찬반이 팽팽하다. 콜럼버스 데이 유지와 원주민의 날로의 변경에 대해 여러분의 생각을 어떠한지 근거를 들어 토론해 봅시다.
  - 콜럼버스 데이? 주민의 날?
  - 이유 :

  [기사 원문] sbsbiz. 공휴일을 공휴일이라고 못하고…계속되는 美 콜럼버스데이 논란. 2020.10.10. https://biz.sbs.co.kr/article/20000083785

4) 사회 실천적 접근법(Social Action Approach) – 불평등을 해결하기 위한 행동 실천

변혁적 접근법의 모든 요소를 포함하고 있으며, 여기에다 학생들이 학습단원의 개념, 현안 및 문제와 관련하여 결정을 하고 행동을 취할 것을 요구하는 요소들이 추가된 접근법이다. 사회 속에서 나타나는 다양한 문제들을 수용하는 것뿐만 아니라, 그 안에 숨겨져 있는 불평등을 파악하고 해결하기 위해 교사와 학생들이 적극적인 행동을 하는 것이 중요하다.

전통적인 학교교육의 목표는 학생들을 사회화시켜 자신의 현존하는 사회와 국가의 이념, 제도, 관습을 의심 없이 받아들이도록 하는 것이지만, 사회 실천적 접근법에 의한 교육과정의 변화는 전통적인 교육목표를 넘어 차별이나 편견 없이 사회적 비판적 사고 능력과 문제해결 능력을 길러 스스로 자신의 의사를 결정하고 실천적 행동으로 발전하도록 돕는다.

활용자료　불평등을 해결하기 위해 행동을 실천하는 접근

그림 3-9 BTS의 인종차별 관련 기사
(출처: MBC뉴스)

그림 3-10 투사가 된 미스유니버스들
(출처: 중앙일보)

- 불평등을 해결하기 위해 적극적인 행동을 실천하는 사회 실천적 접근법의 사례를 찾아서 토의해 봅시다.

Banks의 다문화교육과정 개혁을 위한 접근법을 표로 정리하면 다음과 같다.

표 3-1　Banks의 다문화교육과정 개혁을 위한 접근법

Banks의 다문화교육과정 개혁을 위한 접근법	내용	비고
기여적 접근법	영웅, 기념일 및 개별적, 문화적 요소에 초점을 맞추어 접근	• 주류문화의 규정과 가치 고수 • 타문화 소개
부가적 접근법	교육과정의 기본구조를 변화시키지 않고 내용, 주제, 시각, 개념이 교육과정에 첨가	
변혁적 접근법	다양한 인종 및 문화 집단으로부터 개념, 쟁점, 사건, 주제를 볼 수 있도록 교육과정 구조를 변화	• 각자의 문화존중 • 비판적 사고와 지식이 실행으로 이어짐
사회 실천적 접근법	사회적 현안에 대해 결정하고 그것을 해결하기 위한 행동	

활용자료 다문화감수성 신장을 위한 E3프로그램 구안 및 적용

그림 3-11 **삼일초 다문화교육주간**(출처: 영남신문)

삼일초등학교(교장 안진영)는 학생들의 다문화감수성을 신장시키기 위해 E3프로그램을 적용하여 17일(화)~20일(금)을 다문화 교육주간을 운영한다고 밝혔다.

올해 다문화교육정책학교로 지정된 삼일초등학교는 다문화 교육과정에서의 중요 목표인 존중(Esteem), 공감(Empathy), 평등(Equality)을 구현할 수 있도록 프로그램을 구안하고 학생들의 발달 특성에 맞는 교육과정을 제공한다.

출처: 영남신문. 삼일초, E3프로그램으로 다문화감수성을 키워요! 다문화 교육주간 운영. 2022.05.18.
http://www.ynamnews.co.kr/news/articleView.html?idxno=62031

- **'삼일초, E3프로그램으로 다문화감수성을 키워요! 다문화 교육주간 운영(22.5.18)' 기사를 찾아 교육 목적, 교육 대상, 교육 프로그램 내용 등에 대해 토의해 봅시다.**

Chapter 04

다문화교육 방법

들어가며

"비슷하게 되고자 하는 욕망을 표현하는 우리라는 감정은 타인을 더 깊이 들여다볼 필요를 회피하는 방법이다.
공동체의 일관된 이미지를 형성하는 과정에 선천적으로 존재하는 것은 실제 참여를 회피하고자 하는 욕망이다.
공동의 경험 없이 공동의 유대를 느끼는 것은 애초에 사람들이 참여, 참여의 위험과 도전, 참여의 고통을 두려워하기 때문이다."

- 리처드 세넷, 『도시의 삶과 개인의 정체성』-

01 다문화교육의 교수·학습방법

1) 다문화교육을 위한 교육환경

(1) 교육대상

다문화교육은 모두를 대상으로 한 교육이어야 한다. 이러한 다문화교육의 기본 방향이 널리 공유되고 있음에도 실제 교육현장에서는 여전히 다문화학생과 일반학생, 이주민과 정주민 그리고 특정 소수자 집단을 중심으로 한 분리 교육이 이루어지고 있다.

다문화교육은 이주민이 이주한 나라의 문화를 배우는 것뿐만 아니라, 선주민 또한 이주민의 문화를 배워야 하는 쌍방향 교육을 지향해야 한다. 그리고 이주민을 지역사회의 일원으로 인식하며 새로운 사회의 통합을 위해 선주민과 이주민 간의 대화, 상호이해, 상호 문화접촉을 통해 공동의 사회문화를 변형시키는 역동적이고 개방적인 과정으로 진행되어야 한다.

(2) 수평적 교육환경 조성

학교의 핵심 정체성은 배움이 중심이 되는 공동체이다. 학교는 기본적으로 가르치는 자와 가르침을 받는 자로 구분되어 있어 교사와 학생 간의 힘의 불균형 관계가 필연적으로 발생한다. 배움이 실현되는 교실 환경은 많은 경우에 가르치는 교사와 가르침을 받는 학생이 구분되어 있고, 교사에게 권한이 집중되어 학생은 수동적 집단으로 머물게 하는 힘의 불균형 관계가 발생하게 된다. 교사와 학생 간의 위계적인 관계가 존재하는 교실에서는 비민주적인 의사결정 구조가 교육 운영방식의 중심이 될 수 있다. 그러므로 수평적인 배움이 되도록 하기 위해서는 학생들의 말문을 막거나 행동을 억압하는 비평화적 요소들이 제거되어야 한다. 또한 다문화교육을 위한 교실에서 어떤 질문을 해도 괜찮다는 신뢰가 전제되어야 하고, 언제나 다른 의견과 가능성이 열려 있는 인식의 유연성을 기를 수 있는 환경이 되어야 한다.

그리고 교사와 학생 간의 관계만큼 중요한 것이 학생과 학생 간의 관계이다. 학교 교사는 교육의 매개자로서 학생들 상호 간에도 배움이 교류될 수 있는 배움의 기술을 경험하게 해야 한다. 학생들이 서로를 존중하고 협력적인 관계를 유지하면서 평화로운 학급 공동체를 만들어 갈 수 있도록 촉진하는 조력자의 역할을 해야 한다. 이 과정에서 학생들은 서로가 서로에게 배우는 수평적인 배움의 관계를 경험하게 되고 성찰과 행동의 실천으로 사회를 주체적으로 바꿀 수 있는 존재라는 믿음을 가지게 된다.

문아영 외(2018)는 기존의 주류 언어와 학습이 수직적이고 학생을 수동적인 객체로 머물게 한다는 점을 비판하며, 학생들이 주체적으로 자신의 삶에 기반하여 다른 사람들과의 상호작용과 대화를 통해 서로 배울 수 있는 교육환경이 중요하다는 것을 강조하고 있다. 평화교육 단체 '피스모모'는 다양한 의견이 개진되고 존중받는 토론 문화를 위해 '무리하게 합의나 결론을 추구하지 않기, 다양성을 건강하게 드러내고 소통하는 공동의 경험에 의미를 두기, 경청, 질문, 이해, 연결, 종합, 성찰의 대화를 추구하는 것'을 제안하였다. 이를 통해 토론에 참여하는 구성원들이 모두 동등한 관계에서 서로의 차이를 건강하게 드러내도록 기여할 수 있다.

이동성 외(2012)는 '자기표현력을 기르기 위한 안전한 공간 조성'의 핵심내용으로 '다양한 관점을 탐구할 수 있는 허용적이고 자유로운 학습 분위기 조성, 동등한 참여를 위한 공간 제공, 각자의 다름을 존중할 수 있는 대화의 규칙 확립하기, 학습 상황에서 학습을 조직할 수 있는 도움 주기' 등을 제안하였다.

또 학습 과정에서 학생이 경험하는 관계의 기술과 소통능력을 함양하기 위해 Freire(2000)가 강조한 '대화'를 수업 상황에 적용해 볼 수 있다. 교사가 주제와 관련된 사진, 그림, 이미지 카드, 포스터, 슬라이드, 영화 필름, 연극 등을 활용하여 학습자들이 그 속에 담긴 의미를 분석적·해체적으로 읽어내는 작업을 수행할 수 있도록 한다. 이러한 학습 과정은 교사와 학습자 간, 학습자와 학습자 간의 다양성과 평등성을 고려한 수평적인 대화를 통한 원활한 상호작용이 가능하도록 하여 학습의 결과에 이르게 할 수 있다. 이를 통해 교사는 학습자에게 삶의 주체로 인식할 수 있게 된다.

(3) 교수자 역량

교수자의 다문화교육 역량은 일반적인 교사의 역량인 지식, 기술, 태도에 다문화적 상황에서 효과적으로 상호작용할 수 있는 다문화역량을 포함한 개념이다. 교육의 질은 교사의 역량을 넘어설 수 없다는 말처럼 전문성에 기반한 다문화교육이 이루어지기 위해서는 다문화교육을 담당하는 교사의 지식, 기술, 태도뿐만 아니라 다양한 학습자를 편견 없이 대하고 소통하는 역량이 필요하다. 다문화교육은 교사의 신념이나 인식 및 태도가 수업에 상당 부분 영향을 줄 수 있고, 교사의 인식 및 태도가 학습자들의 다문화를 바라보는 관점에 영향을 줄 수 있기 때문이다. 따라서 교수자는 다문화교육을 성공적으로 수행하기 위하여 다문화교육을 실천하는 교수자로서 갖추어야 할 역량에 대한 이해가 필요하다.

Banks는 다문화교육을 실천하는 교수자가 갖추어야 할 역량을 다음과 같이 열두 가지로 제시하였다.

첫째, 교수자는 일정한 영향력을 가져야 하며 인종 문화를 해석할 수 있는 충분한 지식과 기능을 함양하고 있어야 한다.

둘째, 여러 민족의 역사 문화에 대한 지식을 내실화하는 능력을 갖추어야 한다.

셋째, 다양한 방식을 활용하여 다른 인종의 문화적 특징을 전달하는 능력이 있어야 한다.

넷째, 학습자들 사이에 존재하는 인종적 차이를 직시하고 학습자가 보이는 인종적 태도에 예민하게 응답할 수 있는 능력을 갖추어야 한다.

다섯째, 신중하게 교수 자료를 선택하는 능력, 인종차별, 편견 등의 내용이 있는 교재를 선별하여 걸러내는 능력을 함양하고 있어야 한다.

여섯째, 과외 서적이나 멀티미디어 자료를 활용하여 교재의 부족을 보충함으로써 다른 민족이나 인종에 대한 학생들의 인식을 제고시키는 능력이 있어야 한다.

일곱째, 자신의 문화를 이해하는 것으로 시작하여 나아가 다른 문화 배경을 가진 학생들과 문화의 다양성을 공유하는 능력을 갖추어야 한다.

여덟째, 편견이 개념, 내용, 그리고 교육 활동에서 스며들지 않도록 하는 능력이 있어야 한다.

아홉째, 소수집단의 학생들에게 높은 기대를 가지고 그들의 성취욕을 자극할 수 있는 능력을 가져야 한다.

열째, 소수집단 학부모의 협력과 지지를 얻을 수 있는 능력을 보유해야 한다.

열한 번째, 협력적인 학습을 제창하여 각각 집단 간의 통합을 촉진시키는 능력을 증진시켜야 한다.

열두 번째, 학교의 다양한 공식적 혹은 비공식적인 장소에서 평등한 분위기를 만들고 유지하는 능력을 갖추어야 한다.

활용자료 **유치원교사 "김치 도시락, 역겹고 불쾌"…한국 학부모에 항의**

r/AmItheAsshole · Posted by u/flowergardens0 8 days ago

23.0k

AITA for packing my kid an "inappropriate" lunch?

Not the A-hole

I (34F) have a (5M) son who attends preschool. A few hours after I picked him up from school today, I got a phone call from his teacher. She made absolutely no effort to sound kind when she, in an extremely rude and annoyed tone, told me to stop packing my son such "disgusting and inappropriate" lunches. I felt absolutely appalled when she said this, as me and the teacher have, up until now, always maintained a very friendly relationship. She added that the lunches I'm packing my son are "very distracting for the other students and have an unpleasant odor." I told her that I understand her concerns, as the lunches I pack are definitely not the healthiest, but the lunches are according to my son's preferences.

The usual lunch that I send him to school with is small celery sticks with blue cheese and goat cheese, kimchi and spam (we are Korean and he absolutely adores this dish), and spicy Doritos marinated in Sriracha (I know, I know, but he deserves a snack, and I don't put that many chips in the baggy.)

I ended the call by saying that I very much appreciated her worries, but that at the end of the day, I am not going to drastically change my sons' lunches all of a sudden, and that it's not my fault if other students are "distracted" by his meal. It is very important to me what my son enjoys, and I want him to like my lunches.

The teacher sent an Email to me an hour ago saying that my response was "unacceptable" and that his lunches are "just too inappropriate to be sent to school any longer." I haven't responded yet and don't want to. I want to maintain a healthy relationship with my son's teachers. I am confused as to what to do. AITA?

5.6k Comments · Share · Save · Hide · Report · 94% Upvoted

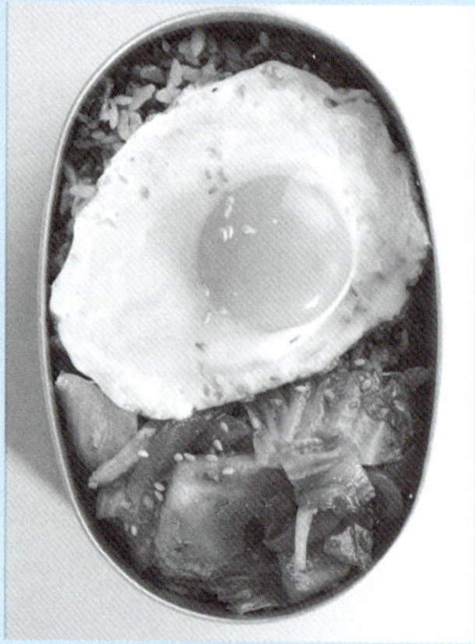

미국의 한 유치원 교사가 점심 도시락 반찬으로 김치를 싸준 학부모에게 항의 전화를 건 것으로 알려졌다. 현지 시각 21일 데일리메일 등 여러 외신에 따르면 최근 미국 온라인 커뮤니티 레딧에는 '내가 나쁜 건가요?'라는 제목의 글이 올라왔다.

출처: MBN 뉴스. 美 유치원교사 "김치 도시락, 역겹고 불쾌"…한국 학부모에 항의. 2023.03.22.
https://www.mbn.co.kr/news/world/4913956

- '유치원교사 "김치 도시락, 역겹고 불쾌"…한국 학부모에 항의' 이 글을 찾아보고, 학부모의 태도와 선생님의 생각에 대해 토의해 봅시다.

2) 다양한 다문화교육 교수·학습방법

(1) 학습자 중심 교수법

학습자 중심 교육은 시대를 불문하고 다수 교육자들의 관심의 대상이자 교육의 궁극적인 목표로 인식되었다. 고대 그리스의 철학자 소크라테스로부터 17세기의 영국의 철학자인 로크, 18세기 『에밀』의 저자 루소, 19세기의 페스탈로치와 프뢰벨, 교육학자 듀이, 1990년대 구성주의 이론에 이르기까지 오랜 역사를 가진 교육 방법이다.

학습자 중심 교육을 실현하기 위해서는 우선적으로 다문화교육의 목적인 공정성에 바탕을 둔 평등교육이 실현되어야 하는데, 이는 학습자의 다양성을 고려한 실질적인 평등교육을 의미하는 것이다. 따라서 학습자 중심 교육은 수업 설계단계에서부터 학습자의 다양성을 고려해야 하고 모든 학습자들에게 평등한 기회가 주어지도록 해야 한다. 여기에서 말하는 평등한 기회는 결과 평등을 의미하는 것이 아니라 문화나 학습 차이에 따른 결핍이 없도록 지원하여, 학습자의 잠재력을 발휘할 수 있도록 돕는 과정으로서의 평등을 의미한다. 따라서 학습자 중심 교육은 모든 학습자가 지닌 다양한 문화적 특성을 고려하여 교육기회의 평등과 함께 공정성에 바탕을 둔 실질적인 평등교육을 실천하는 것이다.

강인애·주현재(2009)는 지식의 개별적·사회적 구성을 강조한 구성주의 인식론의 토대 위에(지식론), 학습자가 학습의 주체자로서의 권한을 가지고(학습자론), 상황적이고 협력적 학습 환경에서의 체험적·성찰적 학습활동을 수행해 나가는 것이라(학습론) 정의하였다. 그리고 이때 교사는 학습자의 학습활동을 촉진하는 조력자로서의 역할을 수행한다고(교사론) 하였다.

지식론 측면에서 학습자는 경험적·참여적 학습을 통해 지식을 구성하며, 학습과정에서 선경험·선지식 등을 기반으로 하여 주도적으로 의미를 부여하고 해석하고 이해하게 된다. 학습 내용의 성격은 학습자의 실생활에 연관된 실제적 성격의 의미 있는 학습이다.

학습론 측면에서 학습자는 학습에 대한 성찰을 통해 새로운 시각과 깊이를 발견할 수 있는 사고활동을 하게 되고, 다른 학습자와의 상호 신뢰적 관계를 형성할 수 있도록 하는 학습을 한다.

학습자론 측면에서 학습자는 학습활동의 전 과정을 주도하는 학습의 주체자로서의 역할을 하고, 이는 교사로부터 권한을 부여받는다.

교사론 측면에서 교사는 학습의 촉진자로서의 역할을 하고, 학습자들에게 이양된 권위의 문제를 교사의 역할과 연결하여 교사의 탈중심화의 개념을 강조하며, 교사와 학습자는 상호 신뢰적 관계를 설정해야 한다.

(2) 비판적 사고 함양 교수법

다문화역량을 증진시킬 수 있는 교육이 되기 위해서는 무엇보다도 학생이 학습의 주체로서 능동적으로 참여하여 비판적으로 사고할 수 있는 환경 조성과 교육 방법이 기반이 되어야 한다. 비판적 사고는 주어진 전제나 편견을 단순히 수용하는 것이 아니라, 자신의 상황과 관련된 지식과 가치를 찾아내는 적극적이고 능동적인 태도이며 무엇을 믿고 무엇을 행할 것인지를 결정하는 데에 초점을 둔 합리적이고 반성적인 사고이다. 즉 비판적 사고는 학습자의 삶과 연계되는 것이고 학습자가 자신의 삶 속에서 실천적으로 연계하기 위한 맥락에서 이루어진다.

❶ 비판적 리터러시 교수법

다문화사회에 살고 있는 개인은 현실을 둘러싼 세계의 진정한 의미와 가치를 비판적으로 읽어 낼 수 있어야 한다(이병민, 2005). 그리고 인식 주체에 영향을 미치는 사회적·정치적 변인들의 불합리한 부분에 대해 분석하고 평가할 수 있는 종합적인 비판 능력을 가질 수 있게 하는 비판적 리터러시에 주목할 필요가 있다. 비판적 리터러시 교수법은 주체가 텍스트를 구성하는 사회적 맥락을 성찰하고 의문을 제기할 수 있는 능력에 중점을 두고, 주체에 영향을 미치는 사회·정치적 변인들을 비판적으로 볼 수 있는 능력 함양에 목적을 두고 있다.

리터러시(文識性, literacy)의 개념은 한 사회의 구성원으로 생활하기 위해 이해하고 의사소통할 수 있는 개인의 기본 능력에서, 사회·문화적 맥락 안에서 사회를 읽는 힘과 사회를 개선시키는 능력으로 그 의미가 확장되어 사용되고 있다(Banks, 2003).

Banks는 한 사회구성원들 사이에 다양한 시각과 가치가 존재하고 있음을 인식하고 다문화 리터러시 교수법(multicultural literacy education)을 통해 나와 타인의 시각의 차이를 인정하고 다양성을 수용하는 능력을 향상시킬 수 있다고 주장하였다. 그는 다문화 리터러시 교수법은 다문화수용성을 증진시킬 뿐만 아니라, 지식구성의 속성을 비판적으로 검토하는 능력과 함께 사회 개선을 위해 행동하는 능력까지 포함할 것을 제안하였다.

비판적 리터러시 교수법을 통해 학생들은 스스로 인지하지 못하는 사이에 내재되어 있는 지식의 속성을 검토하고, 사회 구조적인 시스템을 비판적으로 인식하고 해체하여 재구성할 수 있는 능력을 갖추도록 해야 한다. 따라서 비판적 리터러시 교수법은 다양한 이데올로기를 바탕으로 구성된 텍스트에 대한 진정한 지식 구성의 의미를 비판적으로 이해할 수 있는 비판적 사고 능력을 함양시키기 위해 좋은 교육 방법이 될 수 있다.

❷ 발문과 성찰

비판적 사고를 촉진하는 방법으로는 일반적으로 신문 기사나 각종 통계 자료, 영상, 그림책, 사진 등 다양한 자료를 사용하여 학생들이 가지고 있는 신념이나 경험과 관련지어 성찰해 보는 방법을 활용할 수 있다. 여기서 성찰은 다양한 관점과 입장에 대한 가치를 스스로 내면화하는 과정이다. 학습 과정 중에 지속적인 성찰의 과정에서 교육 매개자는 학생이 기존에 규정하고 판단했던 것들을 보류하고 편견을 찾아 해체, 재구성할 수 있도록 자극한다는 점에서 효과적인 전략이 될 수 있다.

성찰은 적절한 발문과 대화 과정이 중요하다. 발문은 학습의 목표와 연관되어 잘 조직되어야 하고 단순한 질문과 달리 학생으로 하여금 대화에 참여하도록 하고 비판적 사고를 촉진함으로써 기존의 인식을 확장시킬 수 있다. 학생들은 발문을 통해 주제를 인식하고 가치를 심화할 수 있는 성찰 과정을 경험할 수 있다.

활용자료 **민감하게 들여다보기**

윈스턴 씨는 영국사람
그에게는 알리오라는 친구가 있어
알리오는 아프리카 사람
윈스턴 씨는 의사이고
그의 친구 알리오는 농부라네
윈스턴 씨는 알리오가 아플 때마다
항상 치료해 주지

출처: 사회복지와 인권-경기복지재단. https://ggwf.gg.go.kr

- 위 시를 읽고 다음 질문에 답해 봅시다.
  - 윈스턴 씨와 알리오 씨를 그림으로 그려본다면 어떤 이미지가 떠오르나요?
  - 시를 읽고 불편하게 느껴지는 부분이 있다면 어떤 부분일까요?

❸ 문제제기식 교수법

Freire(2000)는 불평등한 사회구조에 순응하는 수동적인 존재를 양산하고 사회 불평등을 고착화시키는 역할을 수행하는 학교교육을 비판하고 이를 해결하고자 하였다. 그는 능동적인 인간을 양성하고 사회현상을 비판적으로 이해하고 개선시키기 위한 방안으로, 비판적 교육학을 통해 문제제기식 교수법을 주장하였다. 문제제기식 교수법은 비판의식을 가지고 사회의 구조적인 문제들을 탐구하고 사회를 변화시키기 위해 노력하는 것이다.

문제제기식 교수법은 현실을 드러내고자 하는 문제의식을 가지고 현실에 비판적으로 개입하도록 한다. 그리고 학습자에게 텍스트에 내재된 사회의 불평등과 이데올로기에 대하여 문제의식과 비판적인 사고를 유발함으로써 자신의 존재 방식을 비판적으로 인식하게 한다. 학습자는 세계 속에 존재하는 방식을 비판적으로 인식하게 되며 세계와 더불어 세계 속에서 살아가는 참모습을 발견하게 된다. 또한 이론과 성찰, 행동을 분리시키지 않고 자신과 세계를 동시에 성찰하며 참된 사고와 행동양식을 계발하게 된다(Freire, 2000).

문제제기식 교수법의 과정은 학습자들의 대화와 토론으로 이루어지는 의사소통적 상호주관성을 기반으로 한다(서윤경 · 고명희, 2013). 의사소통적 상호주관성을 기반으로 한다는 것은 의사소통의 기본적인 형태가 대화이며 대화는 토론의 형태를 띠고 있기 때문이다. 대화와 토론은 학습자들 간의 상호작용을 통해 이미 알고 있는 지식을 확인하고 정교화시킴으로써 자신의 생각을 효과적으로 표현할 수 있게 할 뿐만 아니라, 다른 사람의 생각을 비판적으로 수용할 수 있게 한다. 또한 학습자 상호 간의 생각을 연결하고 확장하게 하여 문제 해결의 과정에 효과적으로 도달하게 한다. 이 과정에서 학습자들은 서로 간의 상호주관적인 이해를 형성하고 협력의 중요성을 깨닫게 된다.

Freire가 강조하는 대화는 비판적인 사고를 이끌어 낼 수 있는 대화를 의미한다(심성보, 2002). 비판적인 사고를 기반으로 하는 대화는 지배적인 목소리를 제한하여 교수자와 학습자로 하여금 동등한 입장이 되게 함으로써 교사는 가르치면서 배울 수 있고, 학습자는 배우면서 가르칠 수 있는 상호의존적이며 상호주관적인 관계를 성립할 수 있게 한다. 그러므로 문제제기식 교수법은 대화를 기반으로 하는 의사소통적 상호주관성 교육을 필요로 하며, 문제제기식 교수법을 통해 지식을 습득한다는 것은 상호주관성 교육의 결과라고 볼 수 있다(Freire, 1970).

즉 문제제기식 교수법은 학생들에게 비판적이고 의식적인 성찰을 수행할 수 있도록 하며 비판적 성찰의 지속적인 과정에서 지식에 대한 사회적 의미 구성을 가능하게 한다는 것이다.

주요 발문 1

■ 활동 전
- 여러분이 '아프리카'에 대해 가지고 있는 이미지, 생각은 어떤 것인가요?

- 그 생각은 주로 어떤 것에 영향을 받았나요?

활용자료 토의 주제 1: 빈곤

영양실조에 걸린 아동

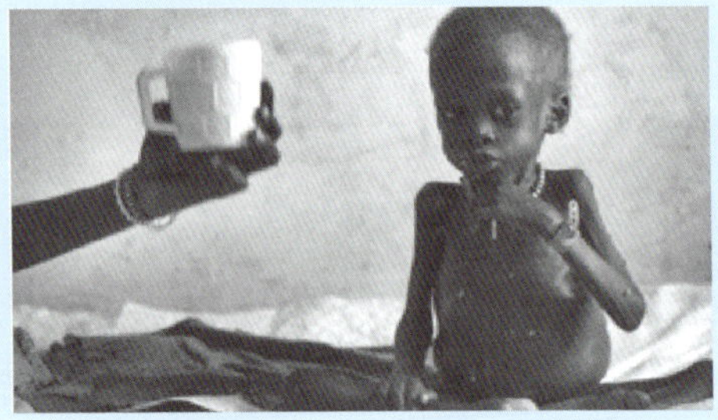

질병의 이미지화

후원금 모금 광고

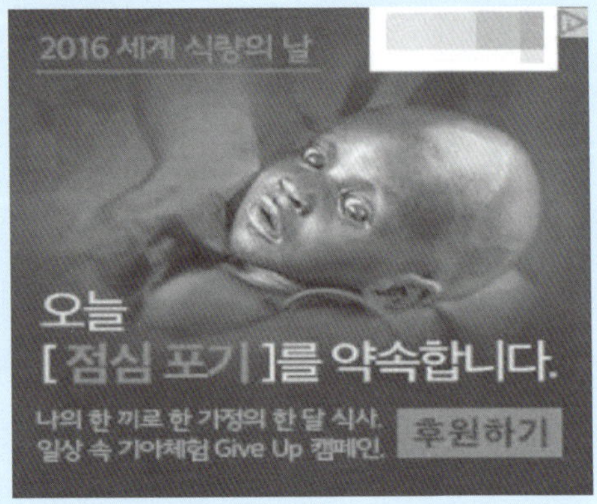

후원금 모금 광고

사진 출처: 아프리카인사이트. http://africainsight.org/advocacy/campaign/endpovertyporn/

현지의 빈곤과 비극을 부각하여 보여주는 모금 광고는 대상을 자극적으로 묘사하고 사람들의 동정심을 유발하여 후원금을 더 잘 받고자 하는 목적으로 만들어진다. 이는 '빈곤포르노' 또는 '빈곤극대화광고'라고도 하는데, 이런 이미지들은 '개발도상국에 대한 일방적이고 부정적인 편견을 형성하고 강화하며 그 구성원들이 가진 잠재력과 능력을 평가절하하게 한다.'는 의식 때문에 비판을 받고 있다.

인용 출처: 슬로우뉴스. 빈곤과 기아를 돕기 위한 모급 광고 방식, 이대로 괜찮을까요?. 2016.10.13. http://slownews.kr/58821

- 자발성과 공감에 기초한 후원과 참여 기회를 확대하기 위한 표현 방식에 대해 토의해 봅시다.

활용자료 토의 주제 2: 사실 과장, 왜곡

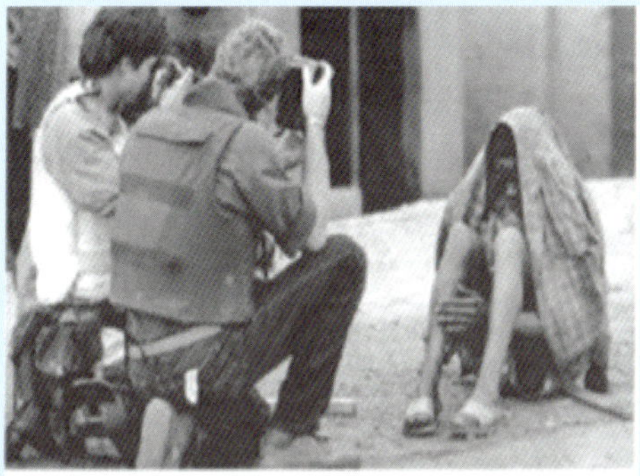

후원광고를 찍기 위한 장면 연출

출처: 아프리카인사이트. http://africainsight.org/advocacy/campaign/endpovertyporn/

한 국제NGO는 아동노동착취 촬영을 위해 일부러 아이를 깊은 강물에 수차례 빠뜨리기도 했고 한 방송사는 식수난 촬영을 위해 억지로 어린 소녀에게 썩은 물을 마시게 했다.

이와 관련해서 추가로 영상 한 편을 함께 시청해 보기를 제안한다.

[참고 영상] Let's save Africa! - Gone wrong
https://www.youtube.com/watch?v=xbqA6o8_WC0

- 영상을 보고 아프리카 지역에 대한 이미지, 그리고 인권에 대한 느낀 점을 이야기해 봅시다.

활용자료 토의 주제 3: 이분화된 이미지

https://blog.naver.com/heongks/50024516342

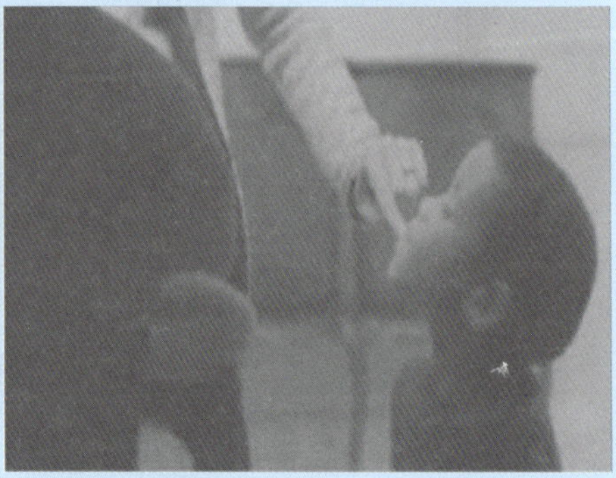

출처: 아프리카인사이트. http://africainsight.org/advocacy/campaign/endpovertyporn/

'빈곤 포르노' 과정에서 '백인 구원자 선민의식(백인 구원자 콤플렉스, White Savior Complex)'이 심하게 작동되는 점도 문제다. 이것은 불쌍한 사람과 선의를 베푸는 사람으로 서로를 이분화하는 '백인 구원자 콤플렉스'를 보여준다.

- 선진국의 자선단체들이 주축이 된 '빈곤 포르노'를 통해 수직관계를 연상하는 이미지는 인권의식에 어떤 문제를 야기하는지에 대해 이야기해 봅시다.

활용자료 **토의 주제 4: 광고, 잡지 매체에서 보이는 이미지**

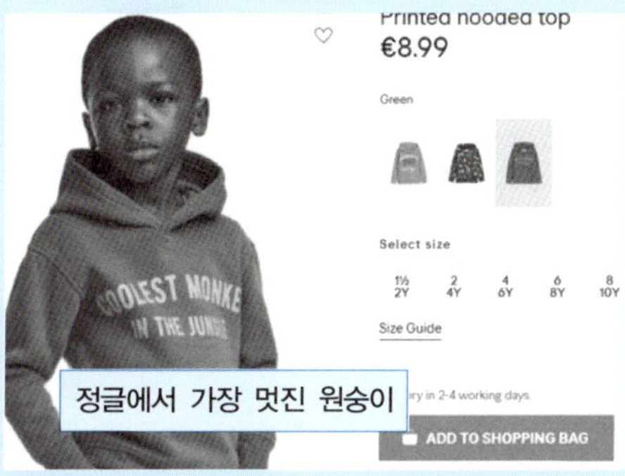

H&M 광고(출처: H&M 홈페이지)

1918년, 내셔널지오그래픽에 실린 사진

2018년 3월 내셔널지오그래픽은 "그동안 우리는 철저히 인종차별적이었다"고 고백하면서 100년 전 내셔널지오그래픽 잡지에 실린 사진과 기사들을 성찰하는 입장을 밝혔다.

'정글의 원숭이'라는 문구가 적힌 옷을 입은 아이와 같은 패션광고는 아프리카 문화에 대한 몰이해에서 오는 것이다.

▪ 아프리카에 대한 몰이해 혹은 아프리카 문화를 범주화하여 편견을 나타내는 광고나 기사들을 찾아서 문제 제기해 봅시다.

주요 발문 2

▪ 활동 후
- '아프리카'에 대해 나눈 이야기들은 어떤 것이었나요?
- 아프리카를 재현하는 이미지에 따라 우리의 인식도 달랐을 텐데요. 그런 이미지들이 의도하는 것은 무엇이었을까요?

(3) 문화반응(감응) 교수법(Cultural Responsive Teaching)

다문화교육은 본질적으로 모든 학생들이 그들의 민족적·인종적·문화적 특징에 구애받지 않고 학교에서 동등한 배움의 기회를 가져야 함을 내포한다. 그리고 이러한 평등 교수를 학교 수업 흐름에 따라 구체화한 방법적 원리가 '문화반응 교수법(CRT)'으로, 교실에서 문화적으로 다양한 배경을 가진 학생들에게 수업을 맞추려는 것으로 다문화교육의 평등교육 실천을 위한 구체적인 방안이다.

❶ 필요성

처음에 문화반응 교수법은 다양한 문화적 배경을 가진 학생들이 존재하는 교실 상황에서 소수집단 학생들의 학업성취도를 높이는 방법으로 제시된 것으로, 학생들이 새로운 지식과 경험을 이해할 때 이전의 경험과 신념을 활용한다는 것에 주목하였다. 그리고 인종적으로 다양한 학생들이 새로운 학습지식과 기술을 배우는 과정에서 학생들 자신의 문화와 경험, 사고방식과 연관될 때 배움의 욕구를 느끼며 보다 쉽고 깊게 배움으로써 학업성취도를 높일 수 있다고 보았다.

❷ 개념

문화반응(culturally responsive)은 '학생의 문화를 이해한', '학생의 문화를 존중한', '학생이 표현하는 언어와 행동을 학생의 상황에서 이해하는', '학생의 문화를 수업의 근거로 삼는', '학생의 문화를 수업에 활용하는', '학생의 문화에 섬세한', '학생의 문화에 민감한' 등의 의미를 내포하고 있다(장승심, 2013).

❸ 특징

교사는 소수집단의 학생들을 문화적으로 '결핍된 존재'로 보는 관점에서 벗어나, 다양한 문화적 특성을 존중하며 인종적·민족적·문화적으로 다양한 학생들의 장점을 발견하고 그 장점을 통해 가르치는 것이 중요하다. 교육과정은 학생들의 언어와 문화의 다양성을 고려하여 운영한다. 그리고 수업내용은 다양한 민족, 언어, 문화적 소재를 고려한다. 또한 학습방법은 다양한 학생들이 지닌 독특한 문화적 지식, 이전

경험, 준거체제 등을 적극 활용하여 인종과 민족에 대한 편견을 줄이고, 민주적 태도와 가치관을 형성할 수 있는 방법을 모색한다.

❹ 문화반응 교수법의 핵심요소

핵심요소	예
문화적 다양성에 대한 기반 지식 개발	• 다양한 민족의 문화적 특성, 기여 이해
민족적, 문화적 다양성에 대한 내용 교육과정에 포함	• 공식적 교육과정에 다문화적 내용 포함하기 • 대중미디어나 문화표현 등을 분석, 비판적 자료 활용하기
다문화학생들과의 의사소통	• 교사와 학생 간, 교사와 가정 간 다양한 방식의 의사소통
문화적 배려를 보이는 학습공동체 형성	• 학생들의 다양한 특성 수용과 인정하기 • 학생들의 부적응 행동을 인내하고 기다리고 배려하기
수업에서 문화적 다양성에 반응	• 배려–의사소통–교육과정의 유기적 작용이 이어지게 하기 • 다양한 수업 전략과 학습활동하기

❺ 문화반응 교수법의 실천사례

문화반응 교수법을 적용한 다문화 특별학급 교육과정은 표 4-1과 같다. 문화적응 부분은 몽골과 한국 문화에서 공통적으로 접근할 수 있는 의식주를 중심으로 활동 주제를 추출하였다. 교육과정은 학생의 문화적 배경과 특성을 고려하여 축소하거나 전개 순서를 바꾸었고, 한국의 사계절 변화와 함께 인지적, 사회적 시각이 나에서 이웃으로 확대되어 적응할 수 있도록 구성하였다.

표 4-1 문화반응 교수법을 적용한 다문화 특별학급 교육과정

시기	주제	활동주제		
		생활 적응	문화 적응	
			한국 문화	모국 문화
3, 4월	학교와 나	– 즐거운 학교 – 나의 꿈을 찾아라!	– 학교 적응하기	– 몽골의 학교생활
	봄	• 봄이 왔어요	사계절	다양한 기후

시기	주제	활동주제		
		생활 적응	문화 적응	
			한국 문화	모국 문화
5, 6월	가족	– 감사하는 마음	어버이날, 스승의 날 – 카네이션 만들기 – 감사 엽서 쓰기	가족 이야기
	우리나라	– 나라 사랑	– 태극기, 애국가, 무궁화 알기	몽골의 위인 여러 나라 국기
7, 8월	생활안전	– 안전한 생활 – 청결한 생활	– 교통규칙 알기 – 개인위생 지키기	몽골의 주생활과 교통수단
	여름	• 여름 나기	여름 음식	몽골의 음식
9, 10, 11월	여러 이웃	여러 나라 의식주	추석	몽골의 축제
	가을	• 알록달록 가을	단풍	몽골의 날씨
12, 1, 2월	인성	– 예절 생활 – 절약하는 생활	– 공수 인사법 배우기 – 학용품에 이름 쓰기	– 세계 여러 나라 인사말 알기 – 모국어 소개
	겨울	• 신나는 겨울	겨울철 놀이	몽골의 전통놀이

출처: 조운정(2018).

(4) 협동학습

접촉 가설에 의하면 적대적인 집단 구성원들 사이에서의 상호작용은 편견과 적대감을 줄여준다. 교실 상황에서 구성원들의 상호작용은 교사 한 명 대 학생 다수의 상황보다는 학생들로 구성된 소집단 활동에서 훨씬 활발하게 일어난다. 이러한 접촉 가설을 가장 잘 실현해 주는 교육 방법이 바로 협동학습이다.

그런데 접촉의 양이 증가하더라도 동등한 지위를 갖지 못하거나, 상대의 정체성에 대해 인정하지 못하거나, 상호의존적인 목표설정이 어렵거나, 그 목표가 공동의 유인가를 지니지 못할 때에는 다문화수용성의 향상을 기대하기 어렵다(안상수 외, 2012).

반면 협동학습 상황에서는 각각의 구성원들이 동등하게 과제를 부여받아 개별책무성이 부여되고, 대면적 상호작용을 통해 서로 밀접하게 교류하게 되며 구성원

사이의 긍정적 상호의존성이 부여된다. 이외에도 개인의 목표 달성이 집단의 공동 목표 달성과 밀접하게 연관되므로 집단목표를 추구하게 된다. 따라서 협동학습은 다문화수용성 함양을 위한 유의미한 방법이 될 수 있다(이주현, 2018).

협동학습의 유형은 형식적 협동학습, 비형식적 협동학습으로 구분할 수 있다.

첫째, 형식적 협동학습은 한 시간의 수업에서 몇 주간의 수업까지 함께 활동하고 공동목표를 성취할 뿐 아니라, 공동으로 특정한 과제 및 프로젝트를 수행하는 학습자들로 이루어진다. 예를 들어, 의사결정, 문제해결, 교육과정 단원학습, 보고서 작성, 설문조사 및 실험활동, 교과서 및 참고도서 읽기, 어휘 학습, 교과서 질문에 답하기 등과 같은 활동을 함께 할 학습자들로 구성된다.

둘째, 비형식적 협동학습은 일시적인 모둠으로 공동의 학습목표를 성취하기 위해 함께 활동하는 학습자들로 이루어진다. 교사들은 학습자들이 지적인 활동, 즉 자료들을 조직하고 설명하고 요약하고 통합함으로써 개념을 구조화시키는 지적인 활동을 하도록 수업 요건을 갖추어야 한다. 비형식 협동학습 모둠은 학습자가 수업의 도입과 정리 단계에서 3~5분 동안의 토의를 하거나 수업이 전개되는 중에도 2~3분 토의를 할 수 있도록 구성된다.

다문화교육을 실행하는 과정에 교사가 협동적인 상황을 구성하는 것은 학습자들이 공동의 목표를 성취하기 위하여 서로의 노력에 용기를 주고 지지하고 보조하고 도와줌으로써 다른 사람의 성공을 증진시킬 수 있는 개인적인 노력을 만들어 낼 수 있게 한다. 협동학습은 학생들이 공익을 추구하고 자기 자신보다는 다른 사람을 중심에 놓도록 권장하도록 동기를 유발하는 실천 운동이다. 협동학습은 공동 관심사에 대한 대화, 다양한 관점 갖기, 집단적인 판단과 행동과 같은 시민 의식과 역할의 발달을 장려한다. 협동학습은 학생들의 미래 생활과 미래 사회의 행복을 위한 가장 바람직한 가치를 증진시킬 수 있다.

협동학습은 다문화역량을 증진시키는 실천적 교수·학습 방법을 위한 하나의 도구가 될 수 있으며 다음과 같은 네 가지 기본 요소가 잘 조직되어야 한다(Johnson & Johnson, 2002).

첫째, 긍정적인 상호의존성이다. 교사는 학생들에게 명확한 과제와 모둠 달성 목표를 부여하여 학생들이 다른 학생들과 함께 목표를 해결해 나가게 될 것이라는 믿음을 갖게 해야 한다. 긍정적인 상호의존성은 모둠 구성원들이 모두가 성공하지 못하면 아무도 성공할 수 없다는 인식을 가질 때 존재한다. 모든 구성원들은 개개인의 노력이 자신의 이익뿐만 아니라 모둠 구성원들에게도 이익이 된다는 것을 인식할 때, 다른 사람의 성공을 자신의 것처럼 여기는 헌신을 만들어 낼 수 있다.

둘째, 개인 및 모둠의 책임이다. 모둠원들은 자신들이 도달할 목표에 대하여 설명할 수 있어야 하고, 각 구성원은 개인에게 주어진 일에 기여해야 할 책임을 인식하고 있어야 한다. 협동학습 모둠의 목적은 개인의 완전한 권리 안에서 각 구성원들을 더 강한 개인으로 만드는 것, 과제를 완성하는 데 있어서 누구에게 도움과 지지 그리고 격려가 필요한지를 알고 있을 때 개인적으로 더 높은 수행을 완수해 낼 수 있다.

셋째, 상호작용 증진이다. 협동학습은 다른 사람들의 성공을 도와주기 위해 함께 하는 것으로 인식할 때 얼굴과 얼굴을 맞대고 서로를 고무시킬 때 상호작용을 증진시킬 수 있다. 증진된 상호작용은 구성원들이 재능, 도움, 보조, 격려를 통해 다른 사람들의 노력을 칭찬할 때 발생하며, 이 과정에서 학생들은 서로의 학습을 고무시키면서 공동의 목적을 향해 서로에게 헌신하게 된다.

넷째, 사회적인 기술이다. 협동학습에는 대인관계 기술이 요구된다. 교사는 모둠원들에게 효과적인 리더십, 의견 정하기, 신뢰 쌓기, 대화, 충돌 조절, 그리고 사전에 제시된 기술들을 사용하는 것에 대하여 가르쳐야 한다. 그리고 협동과 갈등은 근본적으로 서로 연결되어 있기 때문에 교사는 갈등을 건설적으로 해결하기 위한 기술도 가르쳐야 한다.

다섯째, 모둠 과정이다. 모둠 과정은 학습 목적을 달성하기 위하여 효과적으로 주어진 일을 수행한 이후에 반성적으로 토론하는 과정에 존재한다. 교사는 모둠의 구성원들이 어떻게 함께 일하는지에 대해 살피고 피드백을 주어야 한다. 그리고 모둠 학습이 어떠한 과정에서 이루어지며 그 구성원들이 어떻게 함께 일해야 효율성이 증대되는지를 알 수 있도록 한다.

협동학습이 지속적으로 실행되기 위한 방안은 다음과 같다(Johnson & Johnson, 1989).

첫째, 협동학습은 모든 학습자에게 의미 있어야 한다. 역동적이고 적극적인 참여자로서의 학습자는 과제를 성실히 수행하고 협력하여 과제에 몰입할 수 있다.

둘째, 협동학습은 학습자가 자신의 잠재력을 성취하고 심리적인 성취감을 경험할 수 있게 해야 한다. 성취감을 경험한 학습자는 끊임없는 동기부여가 되어 학습에 노력과 열정을 다하게 된다.

셋째, 협동학습은 체계적으로 활용되어야 한다. 체계적인 협동학습은 학습자들에게 관심과 노력을 다할 수 있는 관계성을 발전시킬 수 있다.

넷째, 협동학습은 모둠활동의 기회를 부여해야 한다. 모둠에 참여한 학습자들은 다른 학습자들과 함께 효과적인 과제 수행에 필요한 상호작용 기술을 발전시킬 수 있다.

다섯째, 협동학습은 토론의 장이 되어야 한다. 협동학습은 토론의 장을 통해 학습자들에게 문제를 공유하고 갈등을 해결할 수 있는 실마리를 제공하여 그 문제를 함께 해결할 수 있게 한다.

여섯째, 협동학습은 협동적인 모둠에게 높은 자존감, 의미를 찾는 감각을 촉진시킬 수 있어야 한다. 협동학습을 통해 학습자들에게 상호 도움을 주고받거나 질적인 삶이 되도록 서로에게 기여할 수 있기 때문이다.

활용자료 우리는 마을에 산다

▪ **활동의 의미**
- 한국 사회 안의 다양한 구성원들과의 공존을 실천적으로 고민해 보는 활동이다.

▪ **활동 내용**
- 마을(공동체)의 다양한 구성원(국적, 지역, 직업, 결혼 여부, 성, 종교, 경제력, 신체적 조건, 성격, 외모, 취향, 꿈 등)이 마을의 주체가 되어 축제를 기획한다.

▪ **활동 방법**

1. 공간을 최대한 넓게 활용하기 위해 책상과 의자를 치우고 모둠별(7-8명)로 원을 만들어 앉은 후에 활동의 의미와 활동 방법을 설명한다.

2. 모둠별로 준비물을 미리 나눠준다(준비물: 공동체 구성원 리스트, 오너먼트(나무집), 색칠도구, A4 종이와 네임펜 1세트, 마스킹테이프, 5~8절지)

3. 몸풀기 활동으로 참여자가 대표하고 있는 우리 사회의 소수자를 등 뒤에 붙이고 다른 사회구성원의 말과 표정을 읽고 자신이 누구를 대표하는지 맞춰본다.

〈공동체 구성원 예시〉

제주도 예멘 난민	유기견 30마리와 함께 사는 아저씨
아이 낳아 기르는 19살 미혼여성	독립운동가 후손 중국동포
부모 따라 한국 온 고려인 4세	무슬림 식당 아저씨
60년 만에 귀국한 사할린 동포	한국 역사 배우는 일본 유학생
머리가 빡빡인 20대 여성	집에서 아기 키우는 남자
빨간구두 신은 70대 할머니	영화 보면서 우는 남자
인형 좋아하는 스무 살 청년	고등학교 중퇴한 18살 니트족

미등록체류 중인 이주노동자	영어학원 흑인 남성
북한에서 온 10대 청소년	40대 비혼여성
부모 찾아 한국 온 해외입양아	기후저항 활동하는 고교생
한국으로 귀화한 프로운동선수	한국말 못하는 결혼이주민
고공농성 중인 노동자	교사 지망생 1급 장애인
예의범절 가르치는 청학동 선생님	트랜스젠더
양심적 병역거부자	조폭 출신 요리사

4. 모둠별로 공동체 구성원이 누구인지 확인해 보고, 소수자에 대한 우리 사회의 시선이 어떠한지, 공동체의 모든 구성원이 마을에서 행복할 수 있는 마을은 무엇이 필요하며 어떤 모습일지 토의한다.

5. A4 종이에 마을 지도를 그리고 논의한 내용을 간략하게 쓴다. 이때 기록하는 사람 1명, 정리 활동으로 발표할 사람 1명을 정한다.

우리 마을의 이름, 마을구조, 마을 구성원의 역할, 필요한 공간이나 시설, 소통공간, 규칙 등등

6. 공존의 마을지도 그리기를 진행한다.

〈강당이나 체육관 활동〉
- 마스킹 테이프로 바닥에 마을 길, 그리고 이웃 마을과 이어지는 길, 숲을 만들고 지역축제가 열리는 장소로 이어지게 한다.
- 오너먼트(여러 모양의 나무)로 마을의 시설물을 만든다. 다양한 모양의 오너먼트에 색칠한다.
- 마스킹테이프로 마을의 도로와 길을 만든다.

7. 6번 활동이 끝나면 마스킹 테이프로 만든 공간에 오너먼트를 배치하고 도로, 표지판, 횡단보도, 숲, 공공장소 등을 그려 넣는다.

8. 각 모둠의 마을지도 그리기가 끝나면 정리 단계의 활동으로 전체가 큰 안을 중심으로 둘러 앉아 마을을 소개하는 발표의 시간을 갖는다.

- **주요 발문**
  - 여러분이 만든 공존의 마을과 비교하여 자신이 살고 있는 마을은 다양한 사회구성원이 함께 살기 위해 좋은 곳인가요? 이유는 무엇인가요? 부족하다면 그 이유도 말해 봅시다.
  - 오늘 우리가 만든 마을지도 활동을 통해 다양한 사회구성원들과 공존하기 위해 필요한 것(마음 자세, 시설, 제도, 규칙 등등)을 제안하고 그 이유도 함께 말해 봅시다.
  - 인위적으로 구성한 사회구성원들 중 자신의 처음 생각과 달리 활동을 통해 생각의 변화가 생긴 사회구성원이 있었다면 누구이며 그 이유는 무엇인가요?

02 활동 중심 다문화교육

1) 몸 활동 중심 교육

다문화교육은 다양한 문화에 대한 학생의 인지적 영역의 학습뿐만 아니라 실천적인 연계를 위하여 태도나 가치의 내면화를 지향하기 때문에 기존의 인지적인 교수·학습 방법과는 다른 접근이 필요하다. 특히 문화예술을 통해 다문화를 인지할 때는 문화예술이 가지고 있는 특징 때문에 몸 활동 중심의 교육이 중요하게 다루어져야 한다. 즉 몸 활동 중심의 문화예술 활동을 접목한 교육은 언어를 넘어 몸으로 깨닫고 타인의 감정과 처지에 공감하며 미처 인식하지 못했던 구조적이고 문화적인 폭력을 발견하도록 돕는다. 인간 몸의 오감을 통해 문화예술을 감상하고 표현하는 과정은 서로 다른 문화를 이해하고 공감하고 수용하는 과정과 같기 때문이다.

다양한 문화예술 체험을 통한 다문화교육 실행을 위해서는 몸 활동 중심 교육의 의미를 살펴볼 필요가 있다(전영은, 2015). 첫째, 몸 활동 중심 교육은 학습자들이 자발적으로 신체를 활발하게 사용하기 때문에 감각의 활성화를 촉진한다. 둘째, 몸 활동 중심 교육은 신체의 기능발달과 함께 다양한 표현력을 경험하게 하고 다양한 문화적 배경을 지닌 학습자들과 소통기회를 가지면서 효과적으로 다문화를 인지한다. 셋째, 몸으로 표현하면서 인지하는 활동이므로 두뇌와 신체의 상호작용이 두뇌 발달과 신체 발달에 시너지 효과를 준다. 넷째, 몸 활동을 통해 흥미 있고 생동감 넘치는 경험을 제공하게 되므로 수업 분위기를 즐겁게 만들고 학습동기를 유지하는 데 도움이 된다. 다섯째, 몸 활동 중심의 교육은 언어중심의 인지적 학습을 넘어 학습자의 창의적 활동을 통해 다문화감수성과 문화적 다양성의 폭을 넓힐 수 있다.

활용자료 태풍이 몰아치는 섬

■ **활동의 의미**

- 서로 다른 개인과 집단이 공존하는 사회에서 각기 다른 문화적 정체성으로 인해 겪는 소외, 배제, 차별을 경험해 본다.

■ **활동 내용**

- 서로 다른 정체성을 가진 5-6개 섬마을이 비자발적/자발적으로 다른 섬마을과 섞이면서 겪는 소외, 차별을 경험한다.

〈마을 예시〉

마을1	우리 마을은 깊은 산속에 있으며, 벌과 약초 그리고 감자를 키웁니다. 이웃마을과는 산을 경계로 구분되어 있고 왕래가 적습니다. 이 마을 사람들은 대부분 성씨가 양씨와 김씨입니다. 마을 사람들은 대부분 친척입니다. 그래서 외부인들이 마을에 들어오는 것을 좋아하지 않습니다. 마을 사람들만의 독특한 사투리를 사용하고, 빨간색을 좋아해서 옷이나 장신구 등에 꼭 빨간색을 사용합니다. 그리고 마을의 남자 어른들을 중심으로 마을이 운영되며 예절을 중요시해서 아침과 저녁에 집안 큰 어른에게 절을 해야 합니다. 낯선 사람과는 마주보면 안 되는 풍습이 있습니다.

마을2	우리 마을은 강이 흐르고 그 옆으로 넓은 들이 있어 농사를 지으며 삽니다. 우리 마을은 배추농사를 많이 지어 대도시로 내다 파는 사람들이 많습니다. 그래서 씨를 뿌리고 잡초를 뽑고 수확을 하는 일들은 마을 전체 사람들이 협동해서 합니다. 마을 사람들은 노래를 좋아해서 일을 할 때 단체로 노래를 부릅니다. 일손이 부족해서 다른 마을 사람들을 데려오기도 합니다. 마을의 일들은 마을의 남녀 어른들이 모여서 결정하며 봄과 겨울에 풍년을 기원하는 대동제를 엽니다.
마을3	우리 마을은 기차역 인근에 있습니다. 기차역은 대도시로 이어져 있습니다. 마을 사람들은 이 기차를 통해 이웃마을로, 도시로 일하러 가고 물건을 내다 팝니다. 기차역 주변으로 5일마다 장이 서고 장날이면 이웃마을 사람들은 물론 도시에서 상인들이 몰립니다. 마을은 토박이로 농사를 짓는 사람도 있으며 기차역 주변에 가게를 여는 사람 그리고 도시에서 온 카페주인 등 다양한 사람들이 함께 삽니다. 마을의 일들은 아이부터 어르신까지 모두의 의견을 모아 결정합니다. 5월과 11월에 마을 축제가 열립니다.

1. 학습자들은 5-6명 정도씩 모여 섬마을을 만들어 각각 작은 원을 만든다.
2. 각 섬마을은 마을의 고유한 정체성을 표현하기 위한 언어(노래/한두 음절 소리)로 독특한 방식의 춤을 정한다. 이때 진행자가 임의적으로 각 섬마을에 강함, 부드러움, 조용함과 같은 특성을 부여할 수 있으나 자율적으로 해도 좋다.
3. 각 섬마을은 마을의 고유한 정체성을 언어와 몸으로 1분 동안 계속 표현한다. 어느 날 갑자기 큰 태풍이 불어와 각 섬의 주민 1명이 다른 섬으로 이주를 하게 된다는 설정을 하고, 진행자가 각 섬의 누군가를 다른 섬으로 데려간다. 다른 섬에 이동을 한 후에도 자기 섬의 정체성을 나타내는 몸짓을 계속 표현해야 한다.
4. 진행자는 같은 방법으로 2회 정도 더 진행하고 이후에는 각 섬의 누군가의 어깨를 툭 치면 자발적으로 본인의 의사에 따라 다른 섬을 선택해서 가거나 이동하지 않아도 된다. 이런 현상은 계속 2명, 3명, 5명으로 증가하고 어느 섬은 원래의 주민보다 다른 섬에서 온 주민들이 더 많아지기도 한다. 점점 노래와 춤 동작이 강해진다.
5. 모두 그 상태로 제 자리에 앉고 진행자는 몇 가지 발문을 던져 학습자들이 느낀 점들을 공유하는 시간을 갖는다.

▪ 주요 발문

1) (각자의 섬에서의 활동이 끝난 후) 각자의 섬에서 같은 노래와 춤을 추었을 때 기분이 어땠나요? 어떤 생각이 들었나요?

2) (첫 번째 다른 섬으로 이동하는 활동이 끝난 후) 내가 원하지 않았지만 다른 섬으로 가게 됐을 때 어떤 기분이었나요? 그리고 다른 섬의 사람들과 섞였을 때 어떤 일이 생겼고 그때 나의 몸의 반응은 어땠나요?

2-1) 새로 가게 된 다른 섬의 사람들이 나를 어떻게 대해 주면 좋을까요?

3) (다른 섬으로 이동하지 않은 사람들) 우리 섬으로 다른 섬의 사람이 왔을 때 나는 어떤 반응을 보였나요?

4) 실제 생활을 하면서 나의 생각이나 기대, 생활습관 등 문화가 다른 누군가를 만났을 때 혹시 오늘과 같은 감정이나 몸의 반응을 경험한 적이 있나요?

5) 이주민의 마음을 헤아려 그들을 대하는 우리의 자세는 어떠해야 할까요? 활동을 되돌아보며 자신의 생각을 정리해 봅시다. (이주민의 마음을 헤아린 정주민의 자세와 실천 중심으로)

* 이 활동은 피스모모에서 발간한 『평화교육, 새롭게 만나기-진행자를 위한 핸드북』에 실린 '태풍이 몰아치는 섬' 활동을 응용한 것이다.

2) 문화예술교육

다문화역량을 증진시키기 위하여 기존의 인지적 교육 방법을 넘어 학생들이 학습의 능동적인 주체가 되고 인식과 태도의 변화를 촉진할 수 있는 실천적 교육 방법이 필요하다. 다문화역량을 증진시킬 수 있는 교육이 학생들의 인지적 영역뿐만 아니라 태도나 가치의 내면화를 지향하기 때문이다. 따라서 기존의 교수·학습 방법과는 다른 새로운 접근으로 문화예술 요소를 교육에 접목하는 방법을 고려해 볼 수 있다.

문화예술이 다문화교육에 중요한 주제가 되는 이유는 보편성과 특수성(다양성)을 동시에 갖고 있기 때문에 문화적 공감을 얻기가 쉽고 다양한 문화에 대한 개방적 태도를 갖도록 하기 때문이다. 어느 나라나 문화예술이 있고 그 사회의 특성을 반영한다. 동시에 인류가 보편적으로 이해하고 공감할 수 있는 요소를 포함하고 있다. 그러므로 다문화교육에서 문화예술은 중요한 역할을 수행할 수 있다. 같은 인간으로서 공감을 기초로 다양성을 확인하고 이해하고 관용하고 수용할 수 있기 때문이다(전영은, 2015).

즉 문화예술교육은 기능적인 예술 측면을 강조하는 것이 아니라 예술 활동과 문화 활동을 상호 유기적으로 연계하는 교육이다. 그러므로 다문화예술교육은 미적 경험, 예술적 표현 및 감상, 창의적 역량, 감수성의 함양을 통해 자신에 대한 성찰적 활동을 하는 예술 활동과 사회적 맥락 속에서 문화적 가치와 정체성을 인식하고, 이를 바탕으로 사회적 의사소통 및 성찰을 하는 문화 활동을 실천적으로 연계하는 것이다.

이대훈(2016)은 문화예술을 통한 접근은 언어를 넘어 몸으로 깨닫고 타인의 감정과 처지에 공감하며 미처 인식하지 못했던 구조적이고 문화적인 폭력을 발견하도록 돕는다고 했다. 평화교육에 문화예술 활동을 접목한 고은초(2018)와 설연경(2016)의 현장 사례 연구에서도 "연극이나 놀이 등의 몸 활동은 몸의 해방, 즐거움, 몰입을 경험하게 하고 다양한 시각적 표현활동과 음악은 경직된 질서와 통제에서 벗어나 새로운 관계를 상상할 수 있도록 도움을 준다"고 하였다. 이렇게 몸의 감각을 깨우는 일은 기존의 고정관념이나 익숙함에서 벗어나 전혀 새로운 깨달음을 가능하게 한다.

임철일 외(2012)의 다문화교육 커리큘럼 매뉴얼 개발연구에서도 문화예술을 접목한 표현과 체험을 통한 수업이 학생들에게 학습 동기를 유발하고 능동적인 참여를 이끌어 냈다고 하였다. 특히 애니메이션 동영상, 스토리 구성 및 퍼포먼스, 어린이 권리에 대한 포스터 그리기 등 협동학습, 역할극, 조사학습 등 직접 체험하고 참여하는 활동의 효과성이 높은 것으로 나타났다. 그러므로 문화예술 활동은 서로의 문화를 이해하고 소통하며 소외와 갈등을 해결하는 데 기여할 수 있기 때문에 다문화사회에서의 필수적인 교육 방법이 될 수 있다.

실천적 역량을 증진시킬 수 있는 바람직한 문화예술교육이 되기 위해서는 예술작품과 학생의 삶을 연결할 수 있도록 모든 사회구성원이 처한 다문화적 상황을 연계하여 학생들의 삶과 연결될 수 있도록 해야 한다(고홍규, 2015). 여기서 '다문화적 상황'을 어떻게 보고 예술교육의 목표를 무엇에 둘 것인가를 명확히 할 필요가 있다. 예술교육이 타문화권의 축제나 의상, 미술작품 등에 대한 이해로만 축소될 경우 학생들은 국내의 다문화적 상황을 학생 자신의 삶과 분리된 것으로 인식하게 되기 때문이다.

즉 기존의 다문화교육에서 다루는 예술 이해 및 체험 교육이 하나의 교육적 성과는 될 수 있지만 인권과 사회적 정의의 실현이라는 궁극적인 목표라고 볼 수는 없기 때문이다. 이에 고홍규(2015)와 손지현(2010)은 예술작품과 학생의 삶을 연결할 수 있도록 모든 사회구성원이 처한 다문화적 상황을 연계하여 학생들의 삶과 연결될 수 있도록 해야 한다고 강조하였다. 또한 예술교육을 통해 차별과 불평등의 문제, 집단 간 힘의 역학적 문제를 드러내고 다양한 해석과 표현을 이끌어 내어 편견을 해체하여 지식을 재구성할 것을 촉구하고 있다. 이를 위해 학생 자신과 학생이 속한 공동체, 그리고 세계를 바꾸는 담화로서 기능을 할 수 있는 다양한 소재가 발굴되어야 하고, 더불어 학생 모두가 참여할 수 있는 다양한 몸 활동 및 문화예술교육 프로그램의 개발과 연구가 필요하다.

활용자료 패러디 작품 만들기

▪ 활동의 의미

- 패러디 방식으로 반편견, 반차별 작품을 만들면서 주제의식을 내면화한다.

▪ 활동 내용

- 모둠별로 주어진 이미지(명화, 광고, 영화 포스터 등)를 활용하여 다문화, 다문화가족, 이주배경청소년 등과 관련된 패러디 작품을 만든다.

▪ 활동 방법

1. 예시 작품을 통해 패러디 방식으로 편견과 차별의 요소를 해체하고(이미지가 편견, 차별과 관련 없는 것일 경우 생략), 반편견, 반차별 주제를 표현할 수 있는 방안을 찾는다.
2. 모둠별로 각각 다른 패러디할 이미지(8절지 크기)를 나눠준다. 패러디할 이미지는 주제와 크게 관련되지 않아도 상관없다.
3. 모둠 안에서 패러디할 명화, 혹은 광고 이미지를 분석하여 무엇을 어떻게 변형할 것인지 논의한다.
4. 어떤 주제로 어떻게 패러디 작품을 만들 것인지 논의한다.
5. 잡지에서 필요한 이미지, 문구를 선택해서 기존 이미지를 변형하거나 혹은 대체, 수정하여 패러디 작품을 만든다.

▪ 주요 발문

1. 반편견, 반차별을 주제로 패러디 작품을 만드는 효과가 무엇일까요?
2. 패러디는 비꼼, 풍자, 익살 등의 이미지인데 여러분이 표현하고 싶은 내용과 방식은 어떤 것인가요?
3. 각 모둠에서 만든 작품이 보는 사람들에게 어떤 영향을 줄 수 있을까요?

패러디(parody)의 사전적 의미는 '전통적인 사상이나 관념, 특정 작가의 문체를 모방하여 익살스럽게 변형하거나 개작하는 수법, 또는 그렇게 쓴 작품으로 당대 가치관의 허위를 풍자하고 폭로

하는 방법으로 쓰인다'고 되어 있다(daum 사전). 하지만 여기에서는 영화 포스터, 광고 이미지의 특정 부분을 살리고 변형해서 주제의식을 표현하는 활동으로 정의한다. 자료는 진행자가 더 찾아 보완하는 것으로 한다. 패러디 작품을 만들면서 참여자들은 다문화 이미지가 재현되는 방식과 그 내용에 대해 좀 더 심화된 고민을 할 수 있고 참여자 스스로 한 장의 이미지로 주제의식을 압축적으로 표현하면서 능동적인 실천의 주체가 되는 경험을 할 수 있다.

〈패러디할 예시 이미지〉

다문화수용성에 미치는 영향 보고서에 따르면, 일상 속 이주민 목격과 대중매체의 이주민 재현에 대하여 대중매체에서 선량한 이미지의 이주민을 자주 접할 경우 다문화수용성이 높았지만 불법체류자나 범죄자와 같이 불안정하고 위협적인 이주민을 자주 접했을 때 수용성은 감소하는 것으로 나타났다.

출처: 신동훈·양경은(2020).

3) 액션러닝

일상생활에서 다른 문화, 다른 사람들을 이해하고 함께 살아가는 사회구성원으로 받아들이는 다문화감수성은 어떻게 높일 수 있을까?에 대한 고민을 해결하기 위해 일상의 문제 상황을 통한 경험과 문제해결을 위한 학습이 이뤄지는 다양한 학습

방법이 제시되고 있다. 즉 일상에서 마주하는 다양한 문화적 배경을 가진 사람들에 대한 자신의 반응과 인식에 대한 성찰과 편견과 고정관념의 근본 원인의 탐색과 해결을 위한 근본적이고 즉시적인 실천역량을 기를 필요가 있다. 이러한 맥락에서 학습자들이 실제 경험을 통해 학습하는 것을 강조하는 액션러닝이 문화적 역량을 향상시키기 위한 교수·학습방법으로 적절하다고 여겨진다.

유선영(2018)은 예비 다문화실천가인 학생들의 문화적 역량을 향상시키기 위해 액션러닝 수업을 설계하여 적용한 연구에서 문화적 역량의 정서적, 인지적, 행동적, 의지적 차원에서 학습자들이 자신의 문화적 역량과 관련하여 변화가 있었다고 하였다. 그리고 문화적 역량 개발을 위한 효과적인 교수·학습방법으로 액션러닝이 사용될 수 있다고 하였다.

(1) 액션러닝의 개념

액션러닝은 생활 주변에서 발생하는 실제적인 문제나 과제를 창의적으로 해결해 가는 문제해결형 수업 가운데 하나이다. 학습자들은 4~6명이 팀을 구성하고 학습자들이 직면한 문제를 해결하기 위해 협력적 소통과 학습 그리고 성찰의 경험을 하게 되며 교수자는 퍼실리테이터의 역할을 하는 학습자 중심의 교육이다.

즉 과제나 문제를 해결하기 위해 구성된 학습 팀은 문제해결 과정에서 자연스럽게 문제, 혹은 해결책에 대해 질문을 던지고 피드백을 주고받으며 성찰하는 활동 등을 통해 관련 지식을 습득하게 된다. 즉 액션러닝은 문제해결의 과정과 그 과정 안에서 지식을 동시에 익히게 되는 방법(장경원, 2013)이라 할 수 있다.

(2) 다문화적 역량 향상을 위한 문제상황 혹은 실제적 문제의 조건

액션러닝은 과제의 수행과정에서 학습이 이루어지도록 하는 것이므로 학습을 위한 의미 있는 기회를 제공하는 것이라야 한다. 과제는 적절히 어렵고 도전적일수록 학습자의 학습량과 질도 높으며 성취감도 높다. 액션러닝에서는 팀원들이 관심을 가지는 문제 중에서 팀 문제로 적합한지를 다섯 가지 실제적 문제의 조건으로 따져본다. 그러므로 한국 다문화사회에서 발생하고 있는 이주민과 다문화가정에 대한 편견, 차별 등의 문제 또한 액션러닝의 실제적 문제 조건으로 따져볼 필요가 있다.

❶ 학습 기회를 제공하는가?

성취하고자 하는 지역사회의 문제 해결이라는 학습목표에 부합하는 내용을 습득할 수 있는 학습 기회를 제공해 주는 것이어야 한다.

과제수행의 과정에서 과제해결 역량과 대인관계 역량 등 다양한 역량을 개발할 기회를 준다.

❷ 이 문제는 중요한가?

그 과제와 관련된 개인이나 조직에 중요한 것이어야 한다. 과제가 중요할수록 학습자들은 더 많은 열정과 관심을 가지고 몰입하게 된다.

❸ 이 문제는 복잡한 비구조성을 띠는가?

구조화된 과제는 제한된 특정상황에서 제한된 수의 개념, 원칙 및 원리의 적용을 요구한다. 그러므로 과제해결을 위한 단일한 해결안과 해결경로를 가지고 있다.

비구조화된 과제는 문제와 관련된 상황이나 요소가 명확히 정의되어 있지 않고 과제해결을 위한 정보가 충분히 포함되어 있지 않다. 따라서 다양한 해결경로와 해결안을 가지고 있다.

❹ 실제 존재하는 문제인가?

실제상황에서 실존하는 과제를 해결하고 이 과정에서 학습이 이루어진다. 그래서 지식을 이해하는 것을 넘어 지식을 활용하는 것을 요구한다.

❺ 구체적인 결과물을 낼 수 있는가?

구체적인 결과물은 반드시 형태를 가진 유형의 것만이 아니라 '행동의 변화'나 '관계의 변화' 등 변화된 상태나 결과 등 무형의 결과물도 포함하는 개념이다.

과제의 결과는 눈에 보이는 것이 바람직하다.

(3) 액션러닝 프로세서

박수홍, 안영식, 정주영(2005)은 액션러닝을 보다 널리 적용하고자 일반인이나 수업에서 활용하고자 하는 교수자들을 위해 선행연구들을 정리하여 체계적 액션러닝 절차와 절차별 세부 활동 내용을 소개하였다. 액션러닝의 절차와 세부 활동은 아래 표 4-2와 같다.

표 4-2 액션러닝의 절차와 세부 활동

액션러닝 프로세서	→ 문제탐색	→ 문제명료화	→ 해결책 찾기
학습자 활동	• 팀 빌딩 • 일상생활과 관련된 실제적이고 맥락적 문제와 마주	• 문제 상황의 핵심 원인 찾기 • 브레인스토밍, 마인드맵, 어골도, 스토리보딩	• 도출된 문제의 핵심 원인을 해결할 수 있는 다양한 방법 탐색
교수자 활동	• 다양한 성향의 학습팀 • 학습자들에게 문제 제시	• 학습자들의 문제의 핵심 원인을 찾도록 돕기	• 문제해결을 위해 할 수 있는, 해야만 하는 해결 방안을 찾을 수 있게 돕기
액션러닝 프로세서	→ 우선순위 결정하기	→ 액션플랜 및 실행	→ 성찰하기
학습자 활동	• 해결방안 실제 적용을 위해 어떤 순서로 해야 할지 결정	• 문제해결책을 현장에 실행하기 위한 계획서 • 문제해결 활동 실천	• 전체 과정 성찰을 통한 수정, 보완, 유지 등을 점검
교수자 활동	• 우선순위 결정 도구를 제안하여 의사결정 돕기	• 액션플랜 작성법 • 현장 적용에 필요한 도구, 정보, 자료 제공	• 성찰 활동의 안내와 학생들이 목적에 맞게 성찰하도록 돕기

(4) 액션러닝의 특징

첫째, 액션러닝은 어떠한 과제나 문제를 해결하려고 하는 실제적 실행이 학습보다 앞선다. 액션러닝은 단순히 학습을 하는 데 목적이 있는 것이 아니라 문제가 있는 현장에서 실제 그 문제가 해결되는 것에 목적이 있다. 따라서 액션러닝은 학습보다 실행이 앞선다. 하지만 그렇다고 하여 학습을 실행보다 등한시하는 것은 아니다. 왜냐하면 어떠한 행위를 하기 위해서는 그 실천 행동과 관련한 사전 지식이 갖춰져야 하기 때문이다.

둘째, 학생들이 액션러닝을 잘 이해하고 적용해 보기 위해서는 적절한 학습 과제나 문제, 학생들이 팀활동을 할 수 있는 모둠, 학생들의 학습을 조력하고 촉진할 수 있는 교수자(facilitator) 등이 외부적으로 필요하다. 또한 학습자들이 구성한 팀은 스스로 지식을 습득해야 하는데 이를 위해서 학습자가 자기 자신에게, 그리고 학습자 상호 간에 지속적인 질문과 성찰, 피드백이 이루어져야 하는 내적인 조건도 필요하다. 학습의 원활한 진행을 위해 구성하는 팀은 대체로 4~8명으로 구성하는 것이 일반적이다. 그런데 여기서 학습 팀의 구성원들을 이질적인 성격을 가진 사람들로 구성하는 것이 바람직하다는 것이 액션러닝을 연구하고 실천해 본 사람들의 공통된 의견이다.

셋째, 액션러닝에서 교수자는 학습자들이 학습을 효과적, 효율적, 매력적, 주도적으로 설계 및 실행해 갈 수 있도록 이들을 돕는 역할을 한다. 전통적인 관점에서 교수자는 학습의 주도권을 본인이 쥐고 학습자들을 이끌어 가는 역할이 중심이었다면 액션러닝에서는 절대적으로 학습자의 학습을 돕는 입장에 서야 한다.

이를 위해 교수자가 가장 강력하게 할 수 있는 방법은 바로 '질문(questioning)'이다. 교수자는 바로 이 질문을 통해 학습자들이 학습을 올바르게 할 수 있도록 스스로 깨닫게 하거나 해결책을 찾을 수 있도록 조력한다. 그리고 전체적인 과정에 대한 방법, 의사결정 방법 등을 동시에 제공하여 학습 팀이 스스로 학습의 과정을 개선해 갈 수 있도록 지원한다. 만약 액션러닝의 과정에서 교수자가 학습자들의 의사결정에 어떠한 영향을 미치는 행동을 하게 되면 학생들은 보다 창의적이고 실제적인 해결책을 도출하기 어려워진다(박수홍, 안영식, 정주영, 2005). 따라서 교수자는 학습자들이 스스로 결정할 수 있도록 참고 기다려 주는 자세를 가져야 한다.

넷째, 액션러닝은 학습자들의 자기 주도적 활동으로 전개된다. 이때 민주적 의사결정 과정이 필요하다. 서로의 의사를 존중하며 모두가 참여하는 학습을 진행하기 위해서는 교수자가 했던 방법대로 학습자들 간에서 서로 활발한 질문을 주고받는 것이 바람직하다. 질문은 대답을 생각하게 한다. 생각을 한다는 것은 질문과 관련한 성찰을 유도한다. 그리고 그 질문에 응답하기 위한 실행 의지를 가지게 된다. 질문, 성찰, 실행의지 등은 새로운 학습을 유발하고 결국 액션러닝을 움직이는 힘이 된다.

다섯째, 액션러닝은 절대적이고 강력한 임파워링(empowering)이 전제되어야 한다. 강의실 상황에서 교수자가 일방적으로 설명하고 그에 따르도록 한다면 학생들은 자유롭고 창의적인 생각을 하기 어렵다. 따라서 교수자는 학생들이 의사결정을 할 수 있도록 교수자의 결정 권한을 학생들에게 맡겨야 한다. 필요하다면 '권한 이임서' 같은 양식을 작성하여 교수자와 학생 상호 간에 모의 계약을 할 수도 있다. 임파워링의 내용은 일반적으로 교수자가 할 수 있는, 또는 해야 하는 모든 권리까지를 포함할 수 있다. 예를 들어, 학습목표의 설정, 학습전략의 구성, 수업 방법, 학습매체와 환경, 평가 방법, 학습부여 방법 등 전 영역을 학습자들이 결정할 수 있도록 하는 것이 바람직하다. 또한 학습자들이 생성한 어떠한 지식에 대해서도 쉽게 판단하거나 결정하지 말고 모두 수용하도록 하는 것이 필요하다.

활용자료 다문화적 상황

1) W시 다문화가족지원센터의 실무자인 여러분은 2015년 9월 30일에서 10월 2일에 열리는 K대학 축제기간에 국내에 거주하는 이주민들의 국가와 그들의 문화를 소개하는 부스를 운영하려고 합니다. 부스 운영의 목적은 다양한 전공의 학생들에게 우리 사회가 여러 인종과 민족, 문화가 어우러지는 다문화사회라는 것을 인식하도록 하는 것입니다.
어떻게 부스를 운영하고 활동할 것인지에 관한 축제 계획서와 부스에 전시할 수 있는 소개자료를 만들어 주십시오.
그리고 학생들이 다양한 문화를 느끼고 함께 체험하며 즐길 수 있는 활동을 포함하여 주십시오. 이를 위해 한국에 거주하는 다양한 국가 출신 이주민들로부터 도움을 받거나 함께 할 수 있습니다. 준비된 자료를 갖고 축제 기간에 실제로 학생들에게 국내 거주 이주민들의 국가와 문화를 소개하고 다양한 문화체험의 기회를 제공할 것입니다(유선영, 2018).

문제탐색	→	문제명료화	→	해결책 찾기
우선순위 결정하기	→	액션플랜 및 실행	→	성찰하기

2) 결혼이민자들의 의사소통

결혼이민자 A씨 : 우리 애는 내가 한국말을 잘 못하니까, 일부러 어린이집에 일찍 보냈어요. 가면 아무래도 선생님에게 한국말을 배우니까. 그래서 지금은 저보다 한국말을 더 잘해요. 처음에는 그게 좋았는데, 가끔씩 엄마랑 대화하면 답답해해요. 그럴 때 속상해요. 내 마음을 똑바로 얘기해 주고 싶은데, 그게 잘 안 되니까 힘들어요.

문제탐색	→	문제명료화	→	해결책 찾기
우선순위 결정하기	→	액션플랜 및 실행	→	성찰하기

결혼이민자 B씨 : 우리 애들은 이제 1학년과 6살인데, 아직까지는 공부를 안 하려고 해요. 그래서 조금 걱정이 되고요. 가끔씩 삼촌이 놀러 오면 같이 잘 놀아줘요. 애들도 좋아하고요. 근데 엄마랑은 안 놀려고 해요. 재미없다고요. 애기 때는 엄마 옆에 꼭 붙어서 안 떨어지려고 했는데, 갈수록 애들하고 멀어지는 거 같기도 해요.
요즘에는 아이들과 놀이하는 수업도 많은데 그런 것을 자주 해주면 좋겠어요.

문제탐색	→	문제명료화	→	해결책 찾기
우선순위 결정하기	→	액션플랜 및 실행	→	성찰하기

결혼이민자 C씨 : 제 주변에도 그렇지만 다문화가정 아이들은 학교에서도 조금 소외를 받는 경우가 많아요. 따돌림을 당하는 거죠. 사실 친구들끼리 잘 지낼 때도 있고 싸울 때도 있는데 그럴 때마다 아이가 받는 상처가 한국 아이들보다 큰 것 같아요. 싸우더라도 "너네 엄마 외국인이잖아~~"라는 말을 꼭 들으니까 엄마를 미워하게도 되는 것 같고...... 이럴 때 어떻게 설명을 해줘야 할지 모르겠어요.

문제탐색	→	문제명료화	→	해결책 찾기
우선순위 결정하기	→	액션플랜 및 실행	→	성찰하기

Chapter 05

한국 다문화교육 유형

들어가며

"교사는 교육활동을 함께 하는 학생들의 세계에 자신을 개방해야 한다.
교사는 학생들이 이 세상에 존재하는 방식에 정통해야 하며, 설사 아주 깊이 정통하지는 않다고 하더라도, 최소한 그들의 존재방식에 이방인이 되어서는 안 된다. 학생들이 살아가고 있는 불리한 현실과 그에 대한 교사의 낯섦, 이 둘 간의 거리를 좁히는 것은 단순히 지리적인 문제가 아니다.
학생들이 삶을 부정할 수밖에 없는 그런 세계에 교사가 자신을 개방하는 일은
교사가 학생의 입장에서 그들의 권리를 지지하는 하나의 도전인 셈이다(프레이리, 1998)."

01 한국 다문화교육 현황

1) 다문화교육정책

(1) 다문화교육정책의 흐름

한국 다문화교육은 중앙부처와 기관별 실행주체에 따라 용어의 함의가 중첩되거나 다르기도 하고 교육대상과 교육유형에 따라 교육의 목표와 세부적인 내용에도 차이가 있다. 또한 하나의 실행 기관(단체)이 여러 유형의 다문화교육을 실시하고 있는 경우가 많은데 같은 교육유형이어도 실행 기관(단체)의 설립목적과 방향성에 따라 용어를 달리 사용하거나 반대로 다른 교육유형이더라도 주제와 내용이 중복되거나 유사한 경우도 많다.

이에 추진기관별, 실행주체별로 교육유형을 통일되게 구분해 보는 것은 쉽지 않으며, 그림 5-1처럼 실제 현장의 다문화교육은 각각의 교육유형이 상호 연관되어 있기도 하고 다루는 주제 영역이 복합적으로 연결되어 있다.

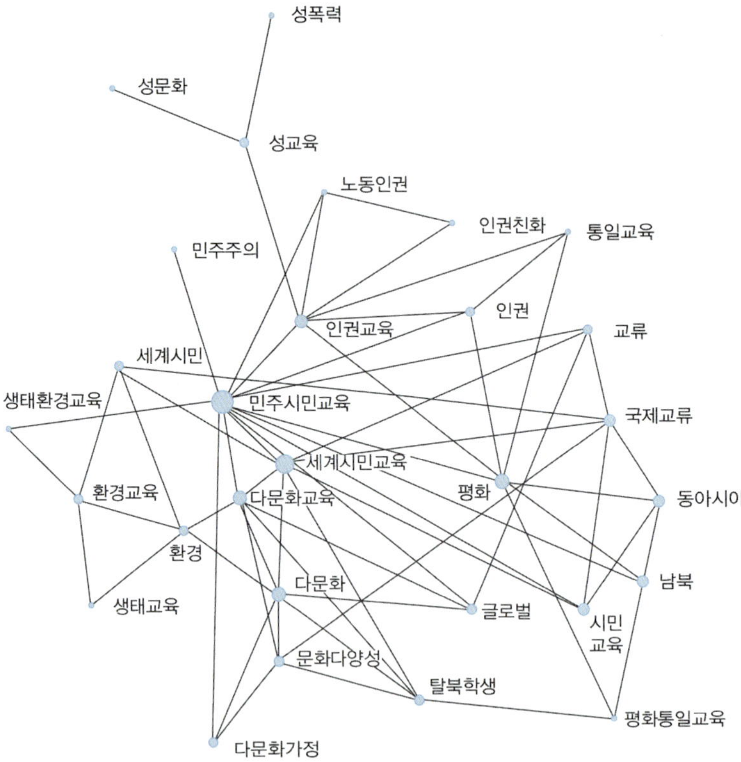

그림 5-1 유형별 다문화교육의 연관성
출처: 박환보(2020).

중앙부처별로 추진되는 다문화교육정책의 방향과 목표는 크게 이주민의 한국 사회적응을 목표로 하는 것과 교육을 통해 사회의 모든 구성원 간의 상호이해를 증진하여 사회통합을 촉진하고자 하는 교육정책으로 구분해 볼 수 있다.

그리고 현장의 교육은 이주민과 정주민으로 분리해서 추진되는 경우와 통합하여 진행되는 경우가 다르고 교육의 목표와 내용도 추진 및 실행 기관, 교수자, 교육대상에 따라 복잡하고 다양하게 전개된다. 또한 교육유형도 근거 법령에 따라 추진부처와 실행 기관이 다르고 현장에서 실제 진행되는 다문화교육 관련 프로그램은 전개 과정과 세부적인 내용이 중첩되거나 매우 복잡하고 다양하다.

한국처럼 중앙집권적인 교육 시스템으로 다문화교육이 운영되고 있는 경우 중앙정부의 다문화교육정책 방향은 학교 현장의 다문화교육의 목표와 내용에 큰 영향을 준다. 교육부가 매년 발표하고 있는 '다문화교육 지원계획'의 흐름을 보면 아래 표 5-1과 같다.

표 5-1 교육부의 다문화교육정책의 흐름

구분	2006-2007	2008-2012	2013-2016	2017-2020
교육 목표	• (이주배경학생) 한국 사회 구성원으로의 적응 • (기존한국학생) 다문화 감수성 증대	• (이주배경학생) 한국 사회 조기적응, 한국인으로서의 정체성 확립, 인재양성 • (기존한국학생) 다문화 이해와 인식개선	• 맞춤형 다문화교육을 통한 교육기회 평등 실현 및 다문화 인재 양성	• (이주배경학생) 교육기회 보장, 교육격차 해소 • (모든 학생) 다양한 문화가 공존하는 성숙한 교육환경 구축
교육 내용	• (이주배경학생) 한국어와 문화체험교육 • (기존한국학생) 다양성 인식, 타문화 이해 존중 등	• (이주배경학생) 한국에 대한 이해, 이중언어 및 출신국 문화 이해 • (기존한국학생) 다양한 문화에 대한 이해 및 태도 함양	• (이주배경학생) 학습 부진 해소, 소질 적성개발, 진로탐색 • (기존한국학생) 다양한 문화 및 언어에 대한 인정, 문화적 편견 극복	• (이주배경학생) 공교육 진입을 위한 제도개선, 이중언어, 대학생 멘토링, 징검다리과정 • (전체 학생) 다양한 문화 및 언어에 대한 인정, 문화적 편견 극복

노무현 참여정부(2003~2008년)의 다문화교육 지원계획에서 주목할 것은 이주배경학생들에게는 한국 사회구성원으로서의 적응과 관련된 지원계획이 구체화되었다. 그리고 기존 한국학생들을 대상으로 문화다양성에 대한 인식과 타문화 존중과 관련된 다문화감수성 교육이 실시되었다.

다문화가정 학생이 20인 이상인 학교에서는 다문화가정 학부모가 출신국의 문화·풍습을 소개하는 '다문화 이해교실'을 운영하여(교육부, 2008), 결혼이민자 입장에서 모국의 문화를 소개하고 편견과 차별을 줄이고자 하였다.

이명박 정부(2008~2013년)는 '선진화를 통한 세계일류국가'를 국가 비전으로 삼았으며 인재대국이 5대 국정지표 중 하나로 설정되었다. 다문화교육 지원정책에서도 이주배경학생들에게는 맞춤형 다문화교육을 통한 교육기회 평등 실현 및 다문화 인재 양성을 위해 '함께 어울려 꿈과 끼를 키우는 다문화 친화적 학교 조성'을 목표로 하였다. '다문화학생의 "꿈과 끼"를 키우고 자립을 지원할 수 있도록 학교급별 단계에 맞는 지원 경로를 마련하여 진로·진학지도를 추진'하고 '리더십, 언어, 예체능 교육에 특성화된 대학을 지정하여 초·중·고 단계에서 그 분야에 잠재능력을 가진 다문화학생들을 선발·교육'하였다(교육부, 2014).

특히 다문화학생과 일반학생이 다름을 존중하고 어울려 살 수 있도록 학교교육과정 등을 통해 반편견 교육 실시와 '일반·다문화학생 통합학급을 편성하여 창의체험활동 등을 활용한 이중 언어교육 실시'를 제시하였다.

문재인 정부(2017~2022년)는 이주배경학생들의 유형을 고려하여 교육기회 보장, 교육격차 해소를 위해 입학·편입학 예정 다문화학생(주로 초등)을 대상으로 학교생활 조기적응 지원을 위한 준비교육, 중도입국·외국인학생 대상(주로 중등) 또래문화 기반 의사소통 영역과 체험·활동 기반 학교생활 영역으로 프로그램을 개발하였다.

모든 학생들을 대상으로 다양한 문화가 공존하는 교육환경을 구축하고자 2015 개정 교육과정 총론에서 범교과 학습주제로 '다문화교육'을 제시하였다. 범교과 학습주제는 교과와 창의적 체험활동 등 교육활동 전반에 걸쳐 통합적으로 다루도록 하였다. 그리고 지역사회 및 가정과 연계하여 지도하는 것으로 제시되었고 학교 구성원의 다문화감수성 제고를 위하여 연간 2시간 이상 다문화교육 관련 교과·비교과활동 실시를 권고하였다(교육부, 2020).

(2) 다문화교육정책에 대한 논의

공교육에서의 다문화교육은 그동안 크게 이주배경을 가진 학생을 대상으로 하는 교육과 기존 한국 학생을 대상으로 하는 교육으로 구분하여 추진되었다. 이주배경 학생들에게는 한국 사회 이해를 통한 적응과 한국인으로서의 정체성 확립, 학습부진 해소를 내용으로 하는 다문화교육이 실시되었고 기존 한국 학생들에게는 타문화 이해에 초점이 맞추어진 교육이 실시되었다.

이주배경학생에게 평등한 교육기회를 보장하고 교육격차를 해소하기 위한 전문적인 지원체계는 중요하다. 다만 이러한 분리 교육은 '다문화'라는 용어가 이주배경을 가진 사람들로 한정되는 오해를 불러일으키고 다문화교육이 이주배경을 가진 학생들을 지원하는 교육으로 인식되는 문제가 있다. 특히 다문화교육 주요 추진

기관인 교육부, 여성가족부, 교육청, 다문화교육지원센터 등에서 발표하는 대부분의 문서에서는 '다문화학생'과 '일반학생'으로 구분하여 지칭하는 경우가 많다. 이것은 정책대상을 명료화하는 데에는 필요할 수 있으나 모든 학생들의 상호이해를 도모하고자 하는 다문화교육정책과는 배치되는 것이다.

또한 다른 나라의 생활풍습이나 전통문화를 맥락적인 이해 없이 단순 체험하는 것은 문화의 변동·변용·생성에 따른 다양성을 간과하게 하는 문제가 있고, 문화적 배경의 차이로 인해 발생하는 불평등이나 인권 문제를 희석시키는 문제로 이어진다. 다문화교육은 이주배경학생의 교육기회의 평등만이 아니라 모든 학생의 다문화역량을 강화하는 내용으로 변화될 필요가 있다.

2) 부처별 다문화교육

한국의 다문화교육은 교육부, 문화체육관광부, 여성가족부 등 3개 중앙부처를 중심으로 정책이 추진되고 있다. 각 중앙부처는 근거 법령에 따라 다문화교육정책을 수립하고 이를 추진하기 위해 부처 간에 정책 연계 및 협업을 하거나 연구 및 지원 조직체계를 구축하고, 지자체와 교육청 등 관련기관은 중앙정부가 수립한 교육정책을 토대로 구체적인 실행계획을 수립하여 현장의 교육으로 연결한다. 현장의 교육은 관이 직접 주도하는 경우도 있고 민-관이 협력하여 진행하거나 관련 기관 및 시민단체가 위탁사업 혹은 공모 과정을 통해 진행되는 등 다양하다.

본 장에서는 다문화교육의 추진체계를 다음의 다섯 가지로 구분하여 살펴보고자 한다.

① 여성가족부 - 지역가족센터 - 학교로 연계되는 교육

② 여성가족부 - 한국건강가정진흥원과 이주배경청소년지원재단 - 학교로 연계되는 교육

③ 교육부 - 중앙다문화교육센터 - 시도교육청 - 학교로 연계되는 교육

④ 문화체육관광부 - 한국문화예술진흥원 - 지역문화예술교육지원센터(광역 - 기초) - 지역문화재단 - 지역교육청·시민단체 - 학교로 연계되는 교육

⑤ 유네스코 한국위원회 - 유네스코 아시아태평양 국제이해교육원(APCEIU, 이하

아태교육원) - 시민단체 - 학교로 연계되는 교육

본 장에서 주요하게 살펴보고자 하는 다문화교육유형 및 유형별 주요 추진체계를 표로 정리하면 다음과 같다.

표 5-2 교육유형별 주요 추진 기관(단체)

교육 유형	다문화이해교육	상호문화교육	다문화감수성교육	문화다양성교육	국제이해교육 세계시민교육
관련 부처	여성가족부 교육부	여성가족부 교육부	여성가족부 교육부	문화체육관광부 교육부	교육부
주요 기관	한국건강가정 진흥원 시도교육청	지역다문화 관련기관 가족센터	이주배경청소년 지원재단 시도교육청	한국문화예술 교육진흥원 지역문화예술 교육지원센터	아태교육원 시도교육청 시민단체

위의 추진체계는 지역별, 교육유형별, 대상별로 조금씩의 차이가 있다. 같은 교육 유형이라 하더라도 기관과 단체의 목적성에 따라 사용되는 용어가 다르고 교육의 목표와 내용에도 차이가 있다. 또한 위의 추진체계 외에도 현장에서는 다양한 방식의 다문화교육이 추진되고 있다.

(1) 교육부를 중심으로 추진되는 학교 다문화교육

2004년에 정부 차원에서 이주 노동자, 결혼이민자들을 한국인으로 포섭하기 위해 우리 사회를 '다문화사회'로 규정하고 이들이 겪는 편견, 차별, 교육 문제에 주목하기 시작했다.

교육부에서 2006년 「다문화가정 자녀 교육지원 대책」을 마련하고 2007 개정 교육과정에서 범교과 주제의 하나로 '다문화교육'을 도입하면서 다문화교육이 본격화되었다. 교육부 중심의 다문화교육 추진체계를 정리하면 그림 5-2와 같다.

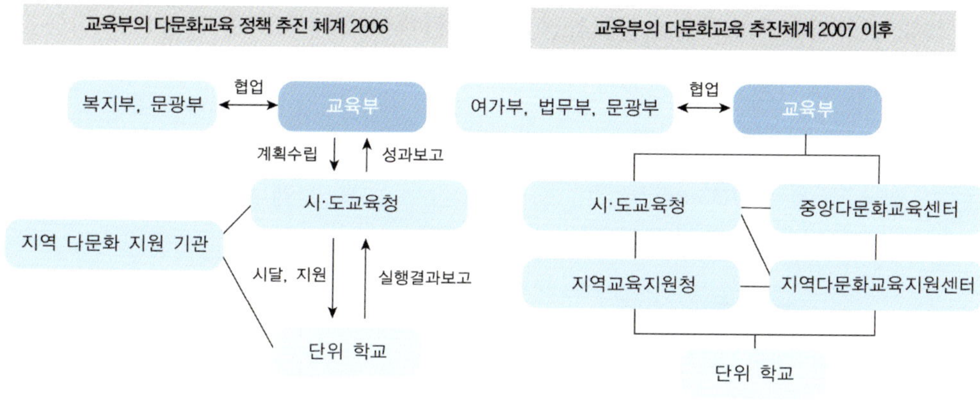

그림 5-2 **교육부 중심의 다문화교육 추진체계**

교육부는 2007년부터 다문화교육 관련 전문 연구기관으로 '중앙다문화교육센터'를 지정하여 다문화교육정책을 수립하기 위한 기초 인식조사를 실시하고 시·도별 특성에 따른 관련 교재와 프로그램을 개발하여 운영하고 있으며, 매년 '다문화교육 지원계획'을 발표하고 있다. 2022년 교육부가 발표한 다문화교육 기본계획에서는 이런 점들이 보다 강조되었고 전체 학생을 대상으로 하는 차별·편견 방지 및 상호문화교육 등이 확대되었다.

중앙다문화교육센터는 중앙 단위의 교육 자료를 개발하고 보급하는 중심 기관 역할을 수행하고 정책 효과성 등에 대한 연구 분석, 정책학교 운영지원 등 시도교육청과 학교 현장의 다문화교육을 지원하고 있다.

시도교육청 산하 지역다문화교육지원센터는 도내 다문화교육 기본계획을 수립하고 학교 현장으로 교육을 연결하는 총괄업무를 담당하고 있다. 지역은 지역별 여건에 맞는 다문화교육 지원모델을 개발하고 지역 다문화교육정책을 추진하기 위해 시도교육청에 별도의 지역별 다문화교육지원센터를 운영하고 있다(21년 12월 현재 17개 시도교육청 운영).

3개 시도교육청에서 실시하는 다문화교육 기본계획을 보면 최근에는 타문화이해 및 체험 중심에서 벗어나 모든 학생을 대상으로 다문화이해교육, 다문화감수성교육, 정체성교육, 문화다양성교육, 세계시민교육, 국제이해교육, 상호문화교육 등으로 확장되고 있음을 볼 수 있다.

2022년을 기준으로 3개 시도교육청 기본계획에서 전체 학생을 대상으로 하는 다문화교육을 정리해 보면 다음과 같다.

표 5-3 지역교육청 다문화교육기본계획의 주요 추진과제 중 모든 학생을 대상으로 하는 다문화교육

구분	서울시교육청	경기도교육청	충남도교육청
목표	• 다문화 학생의 교육기회 보장 및 교육격차 해소 • 다양한 문화가 공존하는 상호 존중의 교육환경 조성	• 다문화가정 학생과 일반 학생 간의 편견 없는 학교생활 적응력 제고 • 다문화가정 학생과 일반 학생과의 상호 평화로운 관계 형성 능력 신장	• 누구나 양질의 교육을 받을 수 있도록 균등한 교육기회 보장 • 타문화 이해 및 수용으로 개방성과 통합성을 높일 수 있는 기반 마련
내용	• 학교 교육과정과 연계한 다문화이해교육 실시, 모든 학생을 위한 이중언어교육 및 다문화이해교육 실시 • 전체 유아 대상 다문화교육 실시 및 초·중·고 교과수업에 다문화이해교육 및 세계시민교육 요소를 반영하여 프로젝트 수업 형태로 지속성 있게 교육 실시 • 단 단순 문화체험 지양, 다문화학생과 비(非)다문화 학생이 함께 활동하며 상호작용할 수 있는 프로그램 운영 • (학교 간) 문화다양성 교과교육연구회 운영 • 교사 연수를 통한 다문화역량 강화	• (초등) 일상생활 속의 고정관념, 편견, 차별의 메커니즘을 인지하고, 소수자에 대한 편견과 차별을 해소할 수 있는 다문화감수성교육 실시 • (초등 – 중학생) 다양한 정체성을 인정하고 이를 바탕으로 자신의 정체성을 확립하며 자문화와 세계문화의 조화로운 발전 인식할 수 있는 정체성교육 실시 • (중등) 인종적, 문화적, 언어적, 종교적 소수집단의 인정과 수용을 바탕으로 국내, 국제 사회에서 다문화시민, 세계시민에게 필요한 개방적, 관용적 태도 및 이에 필요한 기능 및 지식 함양	• 이주배경과 문화적 다양성을 살린 강점 개발 지원 • 차별과 편견, 갈등을 해소하는 다문화수용성 교육을 통해 지역사회의 통합적인 다문화수용성 향상 • 다문화 친화적인 교육환경 조성을 위한 국제이해교육 및 세계시민교육 확대 • 도내 모든 학교를 대상으로 하는 타문화 이해 및 문화다양성 교육을 통한 다문화감수성 증진 • 독서활동 기반 다문화 이해교육 운영 • 분리 없이 모든 학생이 참여하는 꿈길 성장 캠프 운영

시도교육청 지역다문화교육지원센터에서 개발·운영하고 있는 다문화교육 프로그램은 지역 여건에 따라 특화된 교육으로 운영되고 시군단위 교육지원청의 경우 지역 내 가족센터(구 다문화가족지원센터), 문화재단, 시민단체 등과 협력하여 특화된 프로그램을 진행하기도 한다.

표 5-4 시도교육청 특화 프로그램 사례

부산시다문화교육센터'상호문화교육프로그램'

프로그램명	내용	대상
토요세계 언어교실	• (러시아어반) 기초·심화 러시아어 배우기	희망 학생 및 학부모 (초·중)
	• (베트남어반) 기초·심화 베트남어 배우기	
	• (일본어반) 기초·심화 일본어 배우기	
	• (중국어반) 기초·심화 중국어 배우기	
토요가족 상호문화 아카데미	• 인형아 놀자 – 손인형 만들기	유·초등 희망 가족
	• 필름앤펀 – 가족영화 놀이체험	
	• 중국 놀이 공예체험	
	• 인도네시아 놀이 공예체험	
	• 몽골 놀이 공예체험	
	• 베트남 놀이 공예체험	
	• 일본 놀이 공예체험	
	• 러시아 놀이 공예체험	

서울시다문화교육센터'다문화체험·세계시민교실'

구분	운영기간	체험국가	프로그램 내용
다문화 체험	3.23.~5.1. (6주)	러시아	①전통놀이체험, 악기체험 ②공예문화체험(마트료시카)
	5.4.~6.12. (6주)	필리핀	①의상체험, 악기체험 ②전통놀이체험, 만들기체험
	6.15.~7.10. (4주)	인도네시아	①의상체험, 악기체험 ②만들기체험

구분	운영기간	프로그램 내용
세계 시민 교실	3.23.~7.10. (16주)	①세계시민되기 – SDGs란?
		②(환경)Bye Bye 플라스틱
		③(인권)우리에게 인권이 있어요

표 5-4에 제시된 두 사례는 각각 상호문화교육 프로그램, 다문화체험 및 세계시민교실 프로그램으로 프로그램 목표는 각각 체험 중심의 다문화 이해교육을 통해 학생들의 다문화감수성을 함양시키고 상호문화이해 증진, 차이와 다양성을 존중하고 공존과 상생을 지향하는 글로벌 시민 역량 개발이라고 되어 있다.

모든 학생을 대상으로 하고 있고 강의식 교육이 아니라는 점, 이주민 강사가 출신국 언어와 문화를 활용하여 직접 가르친다는 점, 타문화 체험을 통해 다양한 문화에 대한 수용성을 높인다는 점에서 의의가 있다. 다만 두 사례는 여전히 타문화를 소개하고 체험하는 수준을 벗어나지 못하며, 문화의 다양성, 관계성, 보편성을 인식하고 일상에서 실천으로 연결할 수 있는 행동 목표를 제시하지는 못하고 있다.

(2) 여성가족부를 중심으로 추진되는 다문화이해교육, 상호문화교육, 다문화감수성교육

여성가족부의 다문화교육은 한국건강가정진흥원(이하 한가원)의 다누리 배움터를 통한 전 국민 대상의 다문화이해교육과 이주배경청소년지원재단을 통한 청소년 대상의 다문화감수성 프로그램(이하 다가감 프로그램), 지역가족센터(구 지역별 다문화가족지원센터)를 통해 다문화이해교육, 문화다양성교육, 다문화감수성교육, 도서관 활동 등 다이음 사업을 운영하고 있다. 여성가족부를 중심으로 실시되고 있는 다문화교육 추진체계는 다음과 같다.

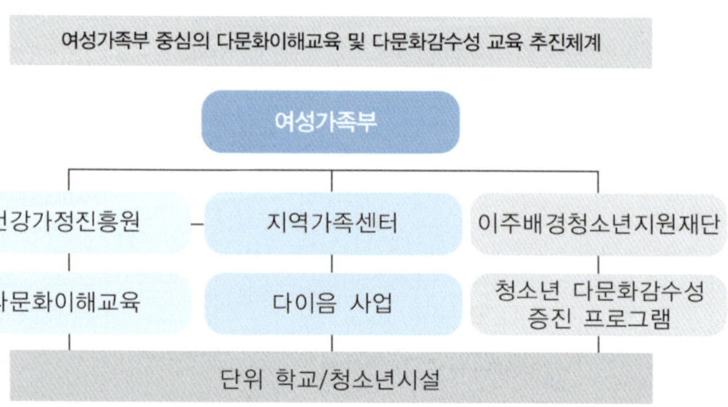

그림 5-3 **여성가족부 중심의 교육 추진체계**

❶ 한국건강가정진흥원

한국건강가정진흥원(이하 한가원)은 2012년부터 선주민 및 결혼이민자를 대상으로 한국의 다문화사회를 안정적으로 정착시키고 국민의 다문화감수성 향상을 위해 다문화이해교육 전문 강사를 양성하여 찾아가는 다문화이해교육을 실시하고 있다. 한가원에서 기관 및 단체의 신청을 받아 전문 강사를 연계하는 방식으로 운영되는데, 2022년부터 사업명이 '찾아가는 가족다양성 이해교육'으로 변경되면서 다문화와 다양한 가족에 대한 이해·인식 전환·편견 해소를 위한 대상별 맞춤형 교육으로 확대되었다. 그런데 한가원은 의뢰 기관에 전문 강사를 연계하여 진행하는 방식이기 때문에 교육을 담당하는 전문 강사의 목표 의식과 재량에 따라 교육내용과 교육방법이 다르며 이는 교육의 질에도 차이가 날 수밖에 없다.

한가원은 온라인 다문화이해교육 웹사이트 '다누리배움터(danurischool)'를 통해 대상별 교육콘텐츠를 제공하고 있다. 그중 청소년을 대상으로 하는 콘텐츠는 총 4차시로 지구촌의 모든 개인은 서로 다른 정체성을 가질 수 있다는 것으로 시작해서 서로 다른 집단의 문화를 포용하는 것으로 확장되고 반편견, 반차별, 세계시민성까지 다루고 있다. 온라인 콘텐츠라는 특성 때문에 강의식으로 진행되는 아쉬움이 있지만 단순히 타문화를 이해하는 것을 넘어 내용면에서 다양성, 관계성, 보편성을 두루 담은 다문화감수성 교육을 지향하고 있음을 알 수 있다.

그림 5-4 **다누리배움터 온라인 교육콘텐츠 사례_청소년 대상**

출처: 온라인다문화이해교육 다누리배움터(www.danurischool.kr) 청소년용 온라인 콘텐츠 캡처.

② 지역별 가족센터(다문화가족지원센터)

한가원과 별도로 지역별 가족센터에서는 이주민 강사를 양성하여 교육부 및 지자체와 연계해 유치원 및 학교로 찾아가는 다문화교실과 다이음 사업을 운영하고 있다.

한가원 산하의 가족센터 중 지정된 센터에서 일정 자격을 갖춘 이주민(주로 결혼이주여성)을 모집하고, 양성과정을 거쳐 다문화사회 전문 강사, 다문화강사, 다문화이해강사, 다문화감수성 강사(이하 다문화강사) 등의 이름으로 학교로 파견하여 전체 학생을 대상으로 다문화교육을 실행하고 있다. 강사 자격요건은 수도권과 지역별 차이는 있지만 대체로 고졸 이상의 학력과 TOPIK 4급 수준 이상이어야 한다. 대부분의 경우 이주민강사가 출신국의 문화를 소개하거나 체험하는 교육을 실시하고 있다.

다(多)이음 사업은 2020년부터 여성가족부에서 결혼이주여성이 다문화 친화활동에 직접 참여하여 자립 역량을 키울 수 있는 기회를 갖고, 지역공동체는 상호문화에 대한 이해를 증진시킬 수 있으므로 지역사회의 안정적인 사회통합에 기여할 것을 목적으로 기존의 찾아가는 다문화교실과 별개로 운영하고 있다. 전국 지역가족센터(현 228개소)에서 1~2명 정도 지역사회 다문화활동가로 선발된 다(多)이음 강사들이 지역사회 유치원, 어린이집, 아동복지센터, 학교 등 교육 기관 및 시설을 찾아가 다문화 인식개선 프로그램을 제공한다. 보통은 가족센터에 소속된 다문화강사 중 지원자에 한 해 1~2명을 선발해서 운영하고 있고, 별도로 강사 역량강화 교육을 실시하지 않아 실상은 기존의 찾아가는 다문화교실과 차별성이 없는 경우가 많다.

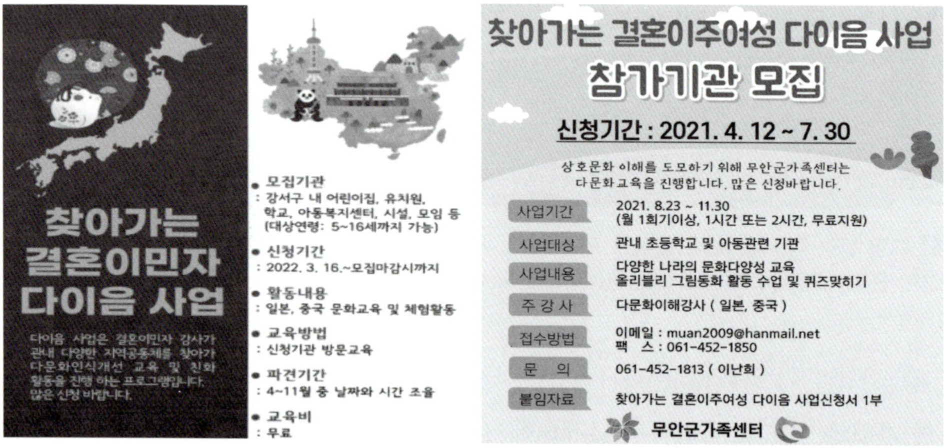

그림 5-5 결혼이민자 다이음 사업 사례

③ 이주배경청소년지원재단

이주배경청소년지원재단은 청소년복지지원법 제18조에 근거하여 이주배경청소년(다문화가족청소년, 탈북청소년, 중도입국청소년 등)의 안정적인 한국 사회 정착을 위한 통합지원, 청소년 다문화역량 강화, 다문화사회를 선도하는 청소년 정책 개발을 목적으로 설립되었다. 그리고 중도입국청소년의 심리정서 지원 및 진로교육 프로그램과 레인보우스쿨의 위탁운영을 하고 있다. 다문화교육과 관련하여 2014년 청소년 다문화감수성 증진 프로그램(다가감)을 개발하였으며 전국의 초등학교·중학교 및 청소년 기관의 신청을 받아 전문 강사를 파견하는 찾아가는 교육 형태로 운영되고 있다.

이주배경청소년지원재단의 다문화감수성 교육은 다문화수용성(multicultural acceptability)과 문화 간 감수성(intercultural sensitivity)을 포괄하는 개념으로 '다양한 문화적 환경에서 타인과 조화롭게 관계 맺고 소통할 수 있는 태도, 가치, 행동역량'을 의미한다.

다양성, 관계성, 보편성 3개 영역을 다양성 인식, 관용, 수용, 공감, 소통, 협력, 반차별, 반편견, 세계시민성 9개 하위 주제로 구분하여 초등과 중등 각 총 12차시로 연결되는 프로그램이다. 일방적인 강의식 교육을 지양하고 대부분이 학생들의 눈높이에 맞춘 동영상, 게임과 놀이, 몸활동, 역할극, 창의활동 등을 통해 주제의식이 내면화되는 과정을 중시하고 있다. 다문화, 평화, 인권, 성평등, 문화다양성 관련 교육 활동가와 청소년 상담 활동가들이 강사 양성과정을 거쳐 강사로 활동 중이다.

(3) 문화체육관광부를 중심으로 추진되는 문화다양성교육

국내에서 문화다양성교육이 본격적으로 추진된 것은 2010년 7월 유네스코의 '문화적 표현의 다양성 보호와 증진협약'을 채택하고 기초연구 및 콘텐츠가 개발되기 시작한 2012년부터다. 한국은 2010년에 '문화다양성 협약'의 비준국이 되었고 2014년 「문화다양성의 보호와 증진에 관한 법률」을 제정하였다.

국내 문화다양성 정책 방향은 소득 계층 간, 세대 간, 지역 간의 문화 차이, 노인·장애인·청소년·여성 등 사회의 다양한 소수자 문화와 주류문화, 농어촌과 도시 문화 등 우리 사회에 내포해 있는 다양한 문화 갈등을 해소해 사회통합을 추구한다는 것이고, 다름과 차이를 '차별'이 아니라 다양한 삶의 방식으로 인정할 수 있는 사회적인 분위기를 형성하는 것이다(문화체육관광부, 2014).

이는 이주민의 정착과 적응에 초점을 두었던 다문화정책이 '공존'으로 전환되면서 시작된 것으로 문화다양성 정책이 이주민에 한정된 소극적 개념이 아니라 문화의 내적 다양성과 차이가 발생하는 다양한 영역으로 주제가 확장되었다는 의미임을 알 수 있다.

즉 한국의 문화다양성 정책은 문화의 내적 다양성을 포함한 모든 사회구성원 간의 사회통합을 목표로 하고 있다는 것을 알 수 있다.

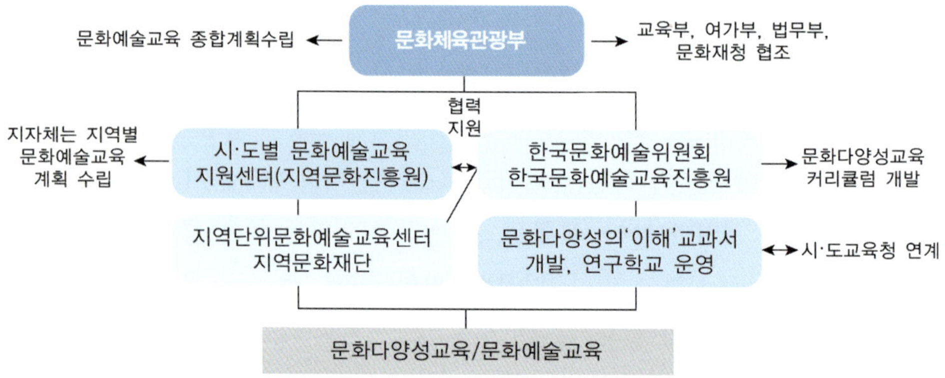

그림 5-6 문화체육관광부 중심의 문화다양성교육 추진체계

문화체육관광부(이하 문광부)는 2010년 이후 한국문화예술교육진흥원을 중심으로 문화다양성교육 기초조사를 진행하고 문화다양성교육이 나아가야 할 방향과 목표, 그리고 다루어야 할 핵심가치와 내용에 관한 연구들을 진행했다. 초기에는 대부분의 연구가 문헌 연구로서 문화다양성교육의 중요성 및 방향을 정립하는 정도였고 정부의 문화다양성 정책과 연관되거나 정부 및 각 지역문화재단을 중심으로 진행되고 있는 문화예술교육을 기반으로 하는 프로그램 관련 연구들이 주를 이루었다.

그러다가 2012년 한국문화예술교육진흥원 중심으로 두 차례의 문화다양성교육 심포지엄이 개최되고 문화다양성교육 커리큘럼이 개발되면서 문화다양성교육의 방향과 가치 실현에 관심이 집중되었다. 그동안의 문화다양성교육과 관련된 연구에서는 한국 사회에서 문화적 차이를 만들어 내는 주요 요인으로 세대, 지역, 젠더, 계층, 소수자를 제시하였고 문화적 차이가 두드러지게 발생하는 영역으로는 언어, 예술, 미디어와 문화 콘텐츠, 취향과 라이프스타일, 교육, 종교 6개 영역을 문화다양성교육 주제로 제시하고 있다.

이는 기존 다문화교육이 문화의 내적 다양성에 주목하지 못한 한계를 보완한 것이라고 할 수 있다. 강인애(2012)는 "한국문화예술교육진흥원의 다문화교육이 문화다양성 기반 다문화교육으로 전환되면서 다양한 인종과 민족의 차원을 넘어선 문화다양성의 개념이 덧붙여지고 이에 기초한 문화감수성, 차별과 편견감소 지향 등 좀 더 변혁적인 방향으로 변화하고 있음을 짐작하게 한다"고 하였다.

이렇게 다양한 영역의 주제로 확장하는 것은 차이가 발생하는 각 영역에서 평등, 사회정의, 인권 등의 가치를 경험할 수 있는 맥락을 제공할 수 있으며 다문화교육이 본질적으로 추구하는 세계시민으로서 또는 다문화사회의 구성원으로서 반드시 지켜야 할 문화적 역량을 갖출 수 있도록 하는 것이다.

문화다양성 연구학교는 2016년부터 문광부와 한국문화예술위원회가 교육부와 협업하여 학교 내 문화다양성교육과 교육자료 개발을 지원하는 것이다.

문광부의 주요 문화다양성교육 사업

- 문화다양성 연구학교 및 교과교육연구회 운영 지원(4개교)
- 유·초등 교원 대상 온라인 직무연수 프로그램 운영
- 문화다양성 온라인 연수 프로그램 운영
- 문화다양성 전문 인력 양성 온라인 교육과정 개발 및 시범운영
- 문화다양성아카이브(cda.or.kr) 내 온라인 교육시스템 구축·운영
- 문화콘텐츠 제작자 대상 문화다양성교육과정 개발 및 시범운영

이외에 학교 문화예술교육으로 자유학년제 혹은 문화예술동아리 활동, 방과후 문화예술교육 프로그램을 운영하고 있고 지역 문화예술교육센터나 지역 문화재단, 지역 문화예술단체를 통해 프로그램과 강사를 지원하고 있다.

문광부는 시도교육청을 통한 학교의 문화다양성교육과는 별도로 한국문화예술교육진흥원 협력, 시도 문화예술교육지원센터(광역)를 통해 꿈다락 토요문화학교, 지역특성화문화예술지원 사업, 유아 문화예술교육지원사업 등 예술을 기반으로 한 학교 밖 문화다양성교육 프로그램을 진행하고 있다. 대부분의 프로그램은 지자체와 지역 문화예술교육지원센터의 공모 방식을 통해 지자체와 광역 - 기초단위 지역 문화예술기관, 지역 문화예술교육 관련 단체가 협업하여 지역의 인적자원과 문화자원을 활용한 프로그램으로 운영되고 있다.

프로그램 세부내용 및 일정

◇청소년

예정일시	주제
8/12 (수) 16:00-18:00	❶ 내 안의 성평등 센서를 켜다
8/14 (금) 16:00-18:00	❷ 미디어로 보는 다양한 몸
8/19 (수) 16:00-18:00	❸ 굿미디어를 활용한 건강한 몸문화 만들기
8/21 (금) 16:00-18:00	❹ 여성주의 자기방어훈련 1 내 안의 힘 발견하기
8/26 (수) 16:00-18:00	❺ 여성주의 자기방어훈련 2 나와 우리의 일상을 바꾸는 액션

◇양육자

예정일시	주제
8/12 (수) 13:00-15:00	❶ 내 안의 성평등 센서를 켜다
8/14 (금) 13:00-15:00	❷ 미디어로 보는 다양한 몸
8/19 (수) 13:00-15:00	❸ 굿미디어를 활용한 건강한 몸문화 만들기
8/21 (금) 13:00-15:00	❹ 여성주의 자기방어훈련 1 내 안의 힘 발견하기
8/26 (수) 13:00-15:00	❺ 여성주의 자기방어훈련 2 나와 우리의 일상을 바꾸는 액션

그림 5-7 지역문화예술교육 프로그램 사례 – 은평문화재단 ‘다다’(다름과 다양성)

그림 5-8 **문화예술교육 사례 – 꿈다락 토요문화학교**

2000년 중반 이후 다문화교육에 미술, 음악, 연극, 놀이, 전통예술, 문학, 미디어, 탐험, 독서활동 등 다양한 분야의 문화예술 활동을 접목시키려는 연구가 본격적으로 시도되어 왔다. 모든 문화가 보편성, 특수성과 다양성을 가지고 있으며 문화예술이 상호 간의 공감과 소통을 이어가기가 쉽고 개방적인 태도를 갖도록 하기 때문이다(정옥희, 2017).

(4) 유네스코 중심으로 추진되는 국제이해교육과 세계시민교육

한국의 국제이해교육은 유네스코 한국위원회를 중심으로 유네스코지속가능발전위원회, 유네스코아시아태평양 국제이해교육원(이하 아태교육원)이 중심축이 되어 교육현장과 시민사회, 학회 등 전문가 집단과 협력하여 학교 안과 밖에서 실시되고 있다. 시민단체는 지속가능발전교육과 환경 단체, 개발교육 단체, 평화교육 단체, 그리고 평생교육 기관 등이 참여하고 있다.

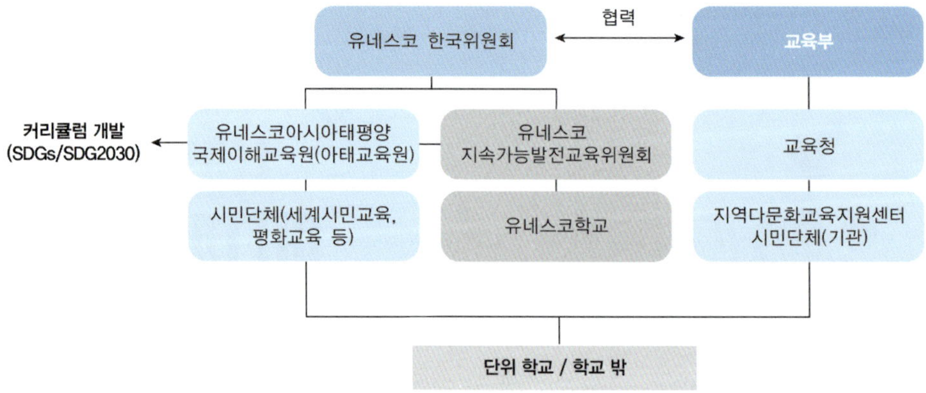

그림 5-9 국제이해교육과 세계시민교육 추진체계

유네스코는 1974년 학교교육을 통해 세계의 상호협력 정신을 고취시키기 위해 채택한 '국제이해교육 권고'에서 국제이해교육을 "국가 간 우호주의와 인권 및 기본적 자유에 기초해 국제이해와 협력을 위해 이루어지는 모든 평화교육"이라고 정의하고 있다.

유네스코 협력학교의 경우 유네스코 전문교사가 국제이해교육을 실시하는 한편 대부분의 학교에서는 타교과 교사나 세계시민교육, 다문화교육 담당교사가 실시하고 있다. 이런 현상은 국제이해교육의 목표와 문화다양성이나 다문화교육, 세계시민교육, 평화와 인권교육의 목표와 맥락을 같이 하고 있기 때문이다.

그리고 2015 개정교과 학습주제에서는 국제이해교육이라는 용어가 제외되고 다문화교육, 지속가능발전교육, 세계시민교육 등의 용어로 대체되었다. 국제이해교육은 학교교육에서 고유 과목이나 이름을 사용하여 실시되지 않고 주로 관련 수업에 의지를 가진 교사 및 관리자에 의하여 관련 교과수업과 동아리 활동을 중심으로 실시하고 있다. 이는 국제이해교육의 정체성을 다문화와 세계시민교육에 두고 있기 때문이다(김다원, 이경한, 2017).

이런 배경에서 아태교육원은 『2015 개정 교육과정 맞춤 교수학습 가이드: 새로운 교육과정에 담은 세계시민교육』을 초등학교~고등학교 교사용을 출간하였다. 그리고 교육인적자원부는 2015년 개정교육 과정을 기반으로 세계시민교육 교수학습 지침서 및 교육자료 개발과 함께 교원연수를 진행하고 있으며 다문화감수성 제고를 위한 세계시민교육과 연계한 수업모델 개발 연구(2019~2020년)를 위해 총 8개교의 다문화교육 연구학교를 지정·운영하였다.

국제이해교육에서 세계시민교육으로의 변화는 단지 용어 사용의 문제라기보다는 글로벌 교육으로서의 교육패러다임의 변화라는 점에서 이해할 필요가 있다. 한경구(2017)는 "세계시민교육은 세계시민으로서의 비판적 사고와 책임 의식과 행동을 통해 지속가능발전목표를 달성하는 교육적 수단이며, 국제이해교육의 추진 과정에서 미흡했던 부분들을 적극적으로 보완한 버전이라 볼 수 있다"고 하였다.

표 5-5 세계시민교육의 사용 용어 관련 교육과정

학교급	사용 용어	관련 교육과정
누리과정	다문화교육(문화 간 이해교육 포함), 지속가능발전교육(녹색 성장교육 포함), 평화교육, 세계친구	• 누리과정 생활주제 • 특별활동과정 • 평화교육과 문화 간 이해교육 • 인성교육
초등학교	지속가능발전교육, 다문화교육, 세계시민교육	• 사회, 과학, 국어, 실과 그리고 융합교과 수업시간 • 저학년: 통합교과, 고학년: 도덕과 사회과목 • 창체시간 활용 • 계기교육 자원
중학교	다문화교육, 세계시민교육, 지속가능발전교육	• 동아리 시간 이용(창의적 체험활동) 및 자율 동아리 시간 • 사회, 역사 교과과정 중에 수업시간
고등학교	다문화교육, 세계시민교육	• 다문화 교수학습 자료 개발 • 영어과 수업 • 동아리(유네스코) 활동

출처: 김다원·이경한(2017).

02 유형별 다문화교육의 실천

1) 상호문화교육

(1) 개념

❶ 다문화교육과 상호문화교육

다문화사회의 안정적인 사회통합을 모색하기 위한 교육정책으로 다문화교육(multicultural education)과 상호문화교육(intercultural education)이 있다. 다문화교육은 1960년대 미국에서 비롯된 시민운동의 형태로 문화적 편견을 해소하면서 사회적 평등을 추구하고자 하는 다문화주의(multiculturalism)를 기반으로 한 교육이다. 한 사회 내 다양한 문화적 차이의 인정을 목표로 집단의 다양한 문화를 인정하는 부분에서는 성공하였으나, 개인과 집단의 관계에서 집단에 우선권을 부여하는 특성 때문에 개인의 정체성이 무시되는 문제점을 드러냈다. 또한 다문화교육은 다양성과 차이를 강조함으로써 문화 간의 소통과 관계에 대해서는 상대적으로 소홀했다.

반면 상호문화교육은 1970년대 초반 독일, 프랑스 등 유럽에서 이민 배경 학생의 출신 언어와 문화를 존중해 주는 차원에서 출발하여 1970년대 후반에 모든 학생에게 문화다양성을 가르치는 일반교육으로 변화해 나갔다(장한업, 2016). 상호문화교육은 이주민 집단의 문화를 존중하면서도 이러한 문화를 통한 개인 간의 상호작용을 강조한다.

UNESCO(2006)에서도 비슷한 맥락에서 이 두 교육에 대한 차이를 다음과 같이 명시하고 있다.

> "다문화교육은 타문화를 수용(acceptance) 혹은 최소한 관용(tolerance)하기 위해 그 문화를 배운다. 반면 상호문화교육은 소극적인 공존(passive coexistence)을 넘어 다양한 문화 집단들 간의 이해, 존중, 대화를 통해서 다문화사회에서 함께 살아가는 발전적이고 지속적인 방법을 찾아가는 것을 목적으로 한다."

즉 다문화교육은 소수문화와의 차이와 경계를 강조하면서 타문화를 존중하지만, 상호문화교육은 다른 개인 문화 간의 관계와 상호작용이라는 문화 간의 연관성을 중요하게 여기며, 타문화와의 다름을 인정하는 차원에서 한 걸음 더 나아가 발전적인 방향으로 변화를 추구하는 실천적인 면을 드러내고 있음을 알 수 있다.

표 5-6 다문화교육과 상호문화교육의 비교

구분	다문화교육	상호문화교육
출연배경	• 1960년 미국의 민권운동, 70년대 여권운동과 관련해 출현	• 1970년대 유럽 이민가정 자녀의 언어 교육문제에 관련해 출현
다문화사회 갈등해소방안	• 다양한 문화의 인정과 참여를 통한 주류사회로의 진입	• 언어와 문화가 다른 사람들 간의 상호작용과 소통, 관계
이주민에 대한 관점	• 사회구성원	• 지역사회 일원
강조점	• 집단의 차이 • 다양한 문화집단의 공존	• 개인의 차이 • 개인 간의 상호작용
문화에 대한 관점	• 정태적	• 역동적
교육목표	• 다양한 문화를 인정하고 이해할 수 있는 기회를 제공	• 다양한 민족집단의 교류와 협력을 통한 새로운 문화 창조

❷ 상호문화교육의 개념

상호문화교육은 상호문화주의 철학을 기반으로 한다. 다문화주의가 다양성의 공존과 차이에 대한 관용에 초점을 두었다면 상호문화주의는 상호 문화 간 소통과 관계에 초점을 둔 이론이다. 다문화주의가 소속 집단 내의 개인을 동일한 가치와 행동 양식을 가지는 존재로 간주하여 내적 다양성을 무시했다면, 상호문화주의는 개인의 자율성과 문화의 역동성을 보장하며 동등하고 평등한 사회구성원 간의 개방적이고 원만한 소통을 위해 개인 간, 집단 간, 문화 간 상호작용에 중점을 두었다. 그리고 다문화주의가 집단의 문화는 하나의 이미지로 고정된 것으로 간주하였다면, 상호문화주의는 다양한 문화적 배경을 가진 개인들 간의 교류와 상호작용을 통해 끊임없이 변화하는 집단의 사회적 유동성과 문화의 혼종성을 강조한다.

그러므로 상호문화주의를 기반으로 한 상호문화교육은 타문화에 대한 접촉과 상호작용을 돕고 문화 간 차이를 이해하고 존중하며 소통과 원만한 관계를 형성할 수 있는 능력을 길러 주어야 한다. 무엇보다 상호문화교육에서의 문화는 고정되어 있고 동질적이고 폐쇄적인 것이 아니며, 타문화와의 유사성과 보편성을 지니며 하나의 문화에 다양한 타문화가 혼종되어 있으며 역동적으로 변화하고 있음을 이해해야 한다.

즉 상호문화주의는 소통과 관계에 초점을 두고 공존을 위한 사회통합을 주장한 다문화 이론이고 상호문화교육은 동등하고 평등한 사회구성원들 간의 교류와 이해를 돕는 상호작용을 통해 소통하고 원만한 관계를 형성할 수 있는 상호문화 역량을 함양하는 교육이라 할 수 있다.

❸ 상호문화교육의 주요 개념

■ inter-

상호문화교육(intercultural education)에 대한 이해는 'inter-'에 대한 이해로부터 출발할 필요가 있다. 'inter-'는 '관계적이고 상호적인' 속성을 내포하고 있는데 우리말로 '간, 사이'로 해석되는데 다양한 사회구성원 간, 다양한 문화 사이의 관계와 상호작용을 강조한 개념이라고 볼 수 있다. 이는 상호문화교육에서의 집단 간, 문화 간 뿐만 아니라 개인 간에 존재하는 경계를 넘어 대화적인 소통을 통해 관계를 증진하고자 하는 적극성을 강조한 것이다.

■ 상호문화성

문화는 고정되어 있고 동질적이고 폐쇄적인 것이 아니라 타문화와의 유사성과 보편성을 지니고 하나의 문화에 다양한 타문화가 혼종되어 있으며 역동적으로 변화하고 있다. 그러므로 모든 문화는 필연적으로 타문화와의 겹침의 영역이 존재하며 '겹침'을 통해 문화 간 소통이 가능해지고 상호작용을 통한 소통은 겹침의 영역을 확장하게 된다. 그래서 상호문화성은 이러한 '겹침'의 영역을 확장하는 과정으로 볼 수 있다(주광순, 2015 재인용). 즉 상호문화성은 각기 개별적인 문화들 간의 '겹침'의 영역에서 상호작용과 소통을 통해 공동의 보편적 문화를 형성해 가는 것을 말한다.

■ **상호문화 역량**

상호문화 역량 함양을 통한 타인과 원만한 관계를 맺기 위해서는 자기중심주의의 사고에서 벗어나 타인을 인정하는 것에서 출발해야 한다. 그런데 자기중심주의, 자문화중심주의, 자민족중심주의 등의 자기중심적인 태도에서 상대방을 인정하고 함께 행동하는 일은 저절로 일어나지 않는다.

그러므로 교육을 통해 자기중심적 사고에서 벗어나 자신을 객관화하고 상대성을 인정하며 다른 관점이 존재함을 배워나가야 할 것이다. 나아가 다문화사회라는 현상에 대한 인식 차원을 넘어 이웃한 사람들과의 상호교류와 관계 맺음의 실제적이고 실천적인 행동으로 이어질 수 있도록 해야 한다(장한업, 2016). 학자들이 제시한 상호문화역량의 세부역량을 정리하면 표 5-7과 같다.

표 5-7 연구자별 상호문화역량의 세부역량

연구자	내용
Schinschke (1995)	• 고유문화에 대한 생각을 상대화하는 역량 • 고유문화와 낯선 문화 사이를 중재하는 역량 • 다양한 행동방식을 접하고 의사소통할 수 있는 역량 • 관점들을 수용하고 감정이입할 수 있는 역량
Thornbury (2006)	• 자문화와 타문화를 서로 연관시킬 수 있는 역량 • 문화적 민감성, 식별할 수 있는 역량 • 타문화와의 대면에서 다양한 전략을 사용하는 역량 • 자문화와 타문화 사이의 문화 중개자의 역량을 수행할 수 있는 역량 • 타문화 간의 오해와 갈등상황에서 효과적으로 대처할 수 있는 역량 • 진부한 관계를 극복할 수 있는 역량
손다정 (2009)	• 서로 다른 문화를 이해할 수 있는 역량 • 타문화와 자문화를 서로 연관시킬 수 있는 역량 • 타문화와 자문화와의 대면에서 다양한 전략을 사용하는 역량 • 타문화와 자문화 사이의 문화 중개자 역할을 수행할 수 있는 역량 • 타문화와 자문화 사이에서 발생하는 오해와 갈등상황에 효과적으로 대처할 수 있는 역량
김겸빈 (2020)	• 자기 문화를 상대화하는 역량 • 타인 문화를 이해하는 역량 • 자기 문화와 타인 문화를 연관시키는 역량 • 문화 간 문화 중개자 역할을 수행하는 역량 • 문화를 식별하는 역량

출처: 김겸빈(2020).

(2) 특징

첫째, 상호문화교육은 개인을 문화 주체로 여긴다.

즉 개인은 집단에 부속된 존재로서가 아니라 문화의 주체자이자 생산자이면서 행위자로서의 의미를 갖는다. 이러한 개인이 단편적인 부분만으로는 이해할 수 없으므로(Verbunt, 2001, 장한업 역, 2012) 소통을 통해서 이해의 가능성이 열리게 된다.

둘째, 상호문화교육에서는 상호작용을 통한 소통에 주목한다.

문화와의 만남에서 주체가 되는 개인으로 하여금 소통을 통해 타인을 이해하거나 알게 하려는 것이 아니라 소통을 통해 자신을 성찰하고 그 과정에서 자신의 새로운 정체성을 형성해 나가도록 하려는 것이다. 타인의 특성은 매우 다양하고 복잡할 뿐 아니라 지속적으로 변화하기 때문에 이 모든 것을 교육을 통해 이해시키는 것은 불가능하다. 그러므로 소통하는 방식의 교육을 통해서 스스로 자신의 지식을 확장하고 어떻게 의미 지평을 확장·형성해 나가는지에 대한 방법을 배워 나가는 데 상호문화교육의 의미가 있다.

셋째, 상호문화교육에서 문화는 지속적으로 변화하는 것으로 간주한다.

다문화교육에서 문화 간 차이는 변화할 수 없는 것으로 간주했던 것과는 달리 상호문화교육에서의 문화는 소통을 통해 지속적으로 변화하는 과정으로 여긴다. 이러한 관점은 소통을 가로막는 문화중심주의, 자문화중심주의를 배격하고 다양한 개개인의 문화에 대한 인정과 존중으로 이어지게 된다.

(3) 교육 목표 및 내용

유네스코(2006)에서는 상호문화교육의 원칙(목표)을 학습자의 문화적 정체성을 존중하여 가장 적절한 양질의 교육을 제공하고 학습자가 사회생활에 적극적이고 온전히 참여하는 데 필요한 문화적 지식·태도·능력을 신장시키며 모든 학습자에게 개인·민족집단·사회집단·문화집단·종교집단·국민들 간의 존중·이해·연대에 필요한 문화적 지식·태도·능력을 제공한다고 제시하였다.

장한업(2014)은 상호문화교육의 목표는 자신과 타인에 대한 지식, 개인적, 사회적 상호작용에 대한 지식을 갖추고 자신의 상대화하고 타인에게 가치를 부여하는 태도를 길러 자기와 타인을 발견하고 해석하고 관련지으며 상호작용하는 기술을 신장시키는 데 있다고 하였다.

그러므로 상호문화교육은 타인의 문화를 배우는 것이 아니라 타인과의 만남을 배우는 것으로 서로 다른 문화의 주체 간의 원만하고 효과적인 소통이 중요하며 이는 자신에 대한 성찰을 통해 타인을 이해하고 긍정적인 관계를 이끄는 상호문화 역량을 함양하는 데 목표를 두어야 한다.

즉 상호문화교육의 목표는 상호문화역량을 함양시키는 것이라 할 수 있다.

이를 실현하기 위한 상호문화교육 내용에 대하여 유럽평의회 '상호문화 교육용 지침서'(1995)에서는 문화, 정체성, 고정관념, 편견, 인종주의, 차별, 민족중심주의로 7가지를 제시하였다. 장한업(2014)은 문화, 편견, 인종주의, 차별, 문화적 불평등, 비판적 시각, 민족중심주의, 교류 등을 교육내용으로 제시하였다.

(4) 교수·학습방법

상호문화교육에서 문화는 고정적인 것이 아니라 지속적인 변화의 과정으로 보았는데 이는 학습자가 이질적인 문화의 접촉을 통해 자문화와 공통점과 차이점을 인식하게 되고 인식을 위한 소통의 과정에서 타문화에 대한 이해는 물론 새로운 해석과 판단의 과정을 거쳐 새로운 문화적 정체성을 변화시켜 나가게 된다. 이를 위해 상호문화적 접근 수업 설계가 필요하다.

먼저, 상호문화교육은 학습자 중심 교육으로 진행되어야 한다.

둘째, 교육의 소재는 실생활과의 연계가 되어야 한다.

셋째, 수업진행 과정에서 학습자 간 상호소통이 강조되어야 한다.

넷째, 실천적 역량 함양을 지향해야 한다.

상호문화교육이 이질성과 다양성을 지닌 문화 간의 만남에서 더불어 잘 살기 위한 조화로운 관계를 형성하는 학습경험을 제공하기 위해 상호문화적 접근방식이 필요하다. 상호문화적 접근방식은 상호문화교육 수업에서 학습자가 경험하는 문화 간 소통의 과정을 단계적으로 제시한 것이라 할 수 있다. 즉 상호문화교육이 문화 간의 만남에서 상호작용을 통한 원만한 관계를 형성하는 것이 교육목표라면 상호문화적 접근방식은 상호문화역량을 발휘하는 단계적인 과정이라 할 수 있다(김겸빈, 2020).

장한업(2020)은 상호문화교육 교수학습 모형을 6단계로 제시하였고, 장한업(2014)은 상호문화교육의 방법을 '자문화 인식', '타문화 발견', '양쪽 문화 비교', '타문화 관용'으로 제시하였다. 박현선(2022)은 상호문화적 접근방식을 적용한 '인식확장 모형'을 제시하였다. 모두 5단계로 '자문화 인식 단계 - 타문화 수용 단계 - 양문화 비교 단계 - 확장문화 형성 단계 - 확장된 인식의 활용 및 실천 단계'이다. 용어의 차이는 있으나 그 교수방법은 큰 차이가 없다.

연구자들이 제시한 상호문화교육 교수·학습방법을 현장의 교수자들이 활용할 수 있도록 정리하면 다음과 같다.

❶ 자문화 인식 단계

1단계는 자문화 인식 단계이다. 모든 학생들은 자신이 태어나고 자라온 배경에 따라 각기 다른 문화적 틀을 가지고 있다. 이러한 문화적 틀의 형성에는 비단 국가나 민족과 같은 배경만이 영향을 미치는 것이 아니라 성별, 신앙, 교육, 인간관계, 생활양식 등 다양한 요소가 반영된다. 또한 이것은 학생의 삶과 사고방식에 아주 밀접하게 밀착되어 있기 때문에 의식적인 과정 없이는 자신이 갖고 있는 문화적 틀을 인식하거나 객관적으로 바라보기 어렵다. 하지만 문화다양성이 증대된 사회에서 그러한 문화적 차이들을 인식하고 올바로 이해하며 존중하는 태도를 갖기 위해서는 먼저 자신이 가지고 있는 문화적 틀과 그 안에 담긴 선입견이나 고정관념 등을 먼저 알아야 한다.

또한 이 과정을 통해 학습자들은 문화적 차이에 민족적 차이뿐만 아니라 개별적 차이들이 무수히 존재하며 우리 주변에 존재하는 다양성을 인식할 수 있게 된다. 따라서 스스로 가지고 있는 문화적 틀을 돌이켜 살펴보고 그것을 객관적인 제3의 눈으로 바라보며 성찰하는 것은 다문화교육을 위한 첫 단계라고 할 수 있다. 이 단계에서 교사는 문학작품이나 영화, TV와 인터넷 등의 대중매체 콘텐츠, 교과서 등을 활용하여 학생들에게 익숙하거나 당연하던 것들을 '낯설게 보는' 방법과 관점을 지도함으로써 학생들이 자신이 갖고 있는 문화적 틀을 인식할 수 있도록 도울 수 있다. 이때 반성적 사고를 통해 자신의 문화적 틀을 들여다보되 그것이 다른 것과의 성급한 비교로 흐르지 않도록 유의해야 한다.

❷ 타문화 인식 단계

2단계는 타문화 인식의 단계로 자신과 다른 문화를 바라보는 데에 있어 우열을 가르거나 한 가지 잣대로 평가하는 것이 아니라 상대주의적 입장에서 차이를 있는 그대로 이해하고 각각이 가지고 있는 가치를 존중할 수 있는 태도를 갖추도록 한다. 1단계의 자문화 인식을 통해 각각의 개인들이 가진 문화 틀을 들여다보고 그 다양성을 깨달았다면 2단계에서는 나와 다른 문화를 바라볼 때에 갖추어야 할 자세를 익히며 새로운 문화를 자신의 것으로 받아들일 수 있는 바탕을 마련한다. 이때 타문화는 단지 피상적인 형태의 문화적 현상이나 생산물을 말하는 것이 아니라 그 안에 내재된 세계관과 가치, 관점 등을 포괄한다. 따라서 이 단계에서는 자신과 다른 문화를 객관적인 입장에서 살펴봄과 동시에 타자의 관점을 차용해 봄으로써 새로운 눈으로 세계를 바라보는 경험을 쌓는다. 이때 교사는 학습자의 특성과 수업 상황 등의 조건을 고려하여 학습자들이 만나볼 타문화를 선택, 제시해야 한다. 이러한 선택 및 제시 과정에서 교사 자신의 문화적 선입견이나 고정관념 등이 지나친 영향을 미치지 않도록 유의해야 한다.

❸ 양문화 비교 단계

3단계는 양문화 비교의 단계로 앞서 인식한 자신의 문화와 타자의 문화 사이의 유사점과 차이점을 비교해 보고 그러한 유사점과 차이점의 이유를 각 문화적 배경으로부터 찾는 과정을 통해 서로 다른 문화의 차이를 보다 깊이 있게 이해한다. 그리고 차이에서 수반되는 갈등을 해결하는 과정을 통해 협력과 소통의 역량을 기를 수 있다. 이러한 과정에서 학습자는 자신의 문화와 타문화 사이에서 유연성 있게 사고하고 자신이 가진 문화를 새로운 문화와 융합하여 확장시켜 나갈 수 있음을 깨달을 수 있다. 이때 교사는 양문화 간의 비교가 피상적인 수준에 그치지 않고 학습자가 두 문화를 내면적으로 깊이 있게 상호 교류하는 과정을 거칠 수 있도록 유의해야 하며 학습자 중심으로 학습활동을 설계할 필요가 있다.

❹ 확장문화 형성 단계

마지막 4단계는 앞선 단계를 통해 학습자가 기존 자신의 문화 틀을 성장시키고 확장하여 이를 자신의 것으로 내면화하는 단계이다. 이는 학습자에게 새로운 자문화로 자리 잡게 되며 이 역시 고정되는 것이 아니라 또다시 성장하고 확장해 나갈 가능성을 가진다. 또한 학습자 모두는 각기 다른 문화와 해석의 틀을 가지며 이는 한 가지로 통일되거나 동화되어야 하는 게 아니라 그 다양성 자체가 정상성을 지닌 상태이다. 이때 수업의 초점은 학습자가 어떤 확장문화를 갖게 하느냐 하는 내용이 아니라 그러한 확장문화를 형성해 나가는 과정에 있음을 유의해야 한다.

❺ 확장된 인식의 활용 및 실천 단계

교사와 함께 자기문화의 확장 과정을 거쳐 온 학습자들은 이제 스스로의 협력적이고 실천적인 활동을 통해 그러한 확장문화를 직접 활용하고 실천하는 단계를 거치게 된다.

이를 정리하면 표 5-8과 같다.

표 5-8 상호문화교육 인식확장 수업 모형

단계	내용
1. 자문화 인식 단계	자신이 가진 기존의 문화적 틀을 스스로 인식하고 이를 객관적인 관점으로 성찰
⬇	
2. 타문화 인식 단계	자신과 다른 문화를 상대주의적 입장에서 바라보고 그 자체의 가치를 인식하며 수용
⬇	
3. 양문화 비교 단계	자문화와 타문화 사이의 유사점과 차이점을 파악하고 차이에서 오는 갈등을 해결하는 과정을 경험
⬇	
4. 확장문화 형성 단계	자신이 가진 기존 문화의 틀을 확장하여 새로운 문화의 틀로 내면화
⬇	
5. 확장된 인식의 활용 및 실천 단계	실천적인 활동을 통해 그러한 확장문화를 직접 활용하고 실천하는 단계

활용자료 상호문화교육안(초등학교 고학년 이상)

'금기 식품'에 대한 교수 학습 과정안

<table>
<tr><td>활동 주제</td><td colspan="2">금기 식품 이해를 통해 문화 상대적 태도 기르기</td><td>차시</td><td>5-6</td></tr>
<tr><td rowspan="2">활동 목표</td><td colspan="2">ㅇ같은 음식이라도 문화에 따라 다르게 인식할 수 있음을 이해한다.
ㅇ금기 식품은 모든 사회의 보편적인 현상임을 상대적 관점에서 이해할 수 있다.</td><td>상호문화 교육 내용</td><td>문화, 편견, 인종주의, 차별, 민족중심주의</td></tr>
<tr><td colspan="4">※ 참고자료: 민족문화대백과사전, 매일종교신문(2019.7.3.)</td></tr>
<tr><td rowspan="8">활동 단계</td><td colspan="4">교수·학습 활동</td></tr>
<tr><td>문화 개념 이해</td><td colspan="3">▶금기 식품이 무엇인지 생각해 보기
– 음식의 해로움을 방지하기 위하여 피하는 식품으로 나라별로 다르다.</td></tr>
<tr><td>자문화 인식</td><td colspan="3">▶우리나라의 금기 식품 조사하기
ㅇ우리나라의 금기 식품을 조사하고 그 이유를 알아본다. 일상식에서 피하여야 될 식품, 약 먹을 때, 임신 중 금기 식품 등이 있다.</td></tr>
<tr><td>타문화 발견</td><td colspan="3">▶다른 나라의 금기 식품 조사하기
ㅇ종교에 따른 금기 식품: 힌두교(소고기), 이슬람교(돼지고기), 북유럽(말고기, 문어, 오징어), 유럽과 북미(개와 고양이 고기)
ㅇ개인의 신념, 연령, 건강상태, 체질 등에 따른 금기 식품 조사하기</td></tr>
<tr><td>양문화 비교</td><td colspan="3">▶우리나라와 다른 나라 금기 식품의 공통점과 차이점 찾기
ㅇ이슬람교는 돼지고기를 안 먹으나, 중국에서는 돼지고기를 즐겨먹을 뿐 아니라 복을 상징한다. 개고기는 동아시아에서는 예로부터 식량에 속했지만 서구에서는 거부한다. 동남아와 중국에서는 곤충, 뱀을 비롯한 파충류로 먹는데, 서구에서는 야만적으로 생각한다.</td></tr>
<tr><td>문화 상대화</td><td colspan="3">▶왜 이러한 금기 식품이 생기게 되었는지 그 이유 생각해 보기
ㅇ종교, 풍습, 규범, 의례, 체질, 경험 등은 금기 음식에 영향을 준다.
▶포브스(forbes)에서 선정한 세계 10대 혐오 음식 중 1위가 몽골의 마유주이었는데, 이를 문화상대주의적 관점에서 비판해 보기
ㅇ다른 사회의 문화에 대한 편견이나 고정관념 없이 문화를 객관적으로 이해할 수 있도록 한다.</td></tr>
<tr><td>타문화 수용</td><td colspan="3">▶금기 식품에 대한 관련 기사 읽고 느낀 점 이야기하기
ㅇ'돼지·술 금기 이슬람국가에 한국 관련 식품 수출 급증' 기사를 읽고 이야기하기
: 이슬람권인 인도네시아에서는 우리나라 소주가 인기를 끌고 있고, 아랍에미리트(UAE) 두바이에는 우리나라 돼지고기 수출이 증가세이다.</td></tr>
</table>

		▶금기 식품에 대한 생각의 변화 발표하기 ㅇ일본을 비롯해 아시아에서 즐겨먹는 생선회의 경우 서구인의 거부가 사라지고 애호적인 태도로 변화되고 있다.

출처: 이성숙(2019) '금기 식품'에 대한 교수 학습 과정안 재구성.

2) 다문화감수성교육

(1) 개념

우리 사회에 다문화학생이 빠르게 증가하고 있음에도 불구하고 이주민과 다문화학생을 바라보는 우리의 시선에는 아직도 차별적 인식이 내재하고 있다. 그런데 이러한 차별적 시선을 완화하거나 또는 시정하기 위한 다문화교육은 매우 초보적인 수준에 머물러 있다. 현재 학교에서 실시되는 다문화교육은 외국의 음식을 만들어서 먹거나 간단한 인사말 정도를 배우는 수준의 체험학습과 다문화 교재를 통한 교육으로 진행되는 경우가 많다.

그러나 이러한 교육 방법으로는 더 이상 다문화수용성을 높이기 어렵다. 현재 실시되고 있는 다문화감수성교육 프로그램의 적절성에 관한 어떠한 평가도 없이 관성적으로 진행되고 있다는 것을 의미하고 있다. 한국 사회가 바람직한 다문화사회로 변모해 가고 있는 상황에서 다수자와 소수자 집단을 분리하는 것은 공존을 지향하는 다문화사회의 가치에 반하는 교육이 될 수 있다.

다문화감수성은 자신의 문화지식을 후천적으로 습득하는 것만으로는 획득될 수 없는 능력으로 타문화 및 그 문화권 사람들에 대한 개방적인 태도를 의미한다. 즉 한 문화권에 대한 이러한 개방적인 태도는 독서를 하고 책을 암기하여 생기는 지식이 아니라 직접 체험하고 스스로 사고하여 자신이 갖고 있는 고정관념을 반성함으로써 생기는 성찰의 과정을 통해 습득되는 것이다. 따라서 다문화감수성은 다문화 상황에서 직간접적으로 노출되는 경험과 이와 관련된 체험활동 등의 교육과 훈련을 통해 습득될 수 있는 개념이라 할 수 있다(한국다문화교육연구학회, 2014).

따라서 다문화감수성은 다른 문화와의 문화적 차이를 인식하고 인정하려는 능력으로 일상적인 생활 속에서 '다양성'과 '다름'을 인정하고 '존중'하는 태도를 경험하고 습득하는 것이다. 그리고 이를 발전시키는 것은 다문화역량을 함양하는 것이고 다문화역량을 함양하는 것은 다문화적 시민의 자질을 키우는 과정이라 할 수 있다(정지현, 김영순, 2012).

(2) 교육 목표 및 내용 – 인지적 역량, 정의적 역량, 실천적 역량

다문화감수성은 교육과 훈련을 통해 습득되는 개념으로 다수자와 소수자 모두에게 필요한 역량이므로 다수자와 소수자 모두를 교육의 대상으로 삼아야 한다.

다문화감수성교육은 여성가족부가 개발한 다문화수용성 척도(KMCI)의 3개 영역인 다양성, 관계성, 보편성 영역에 각각 3개씩의 핵심역량을 증진하는 것을 목표로 삼고 있다. KMCI에 의한 다문화감수성교육의 다양성 영역에서는 인정, 관용, 수용을, 관계성 영역에서는 공감, 소통, 협력을, 보편성 영역에서는 반차별, 반편견, 세계시민성을 핵심역량으로 선정하고, 이들 핵심역량을 강화하기 위하여 다음과 같은 내용을 구성하고 있다.

표 5-9 다문화감수성의 차원과 구성요소

핵심역량	구성요소	내용
다양성	① 인정	모든 사람들의 개성, 취향, 문화적 배경, 가치, 판단 기준 등이 다를 수 있음을 이해하는 능력
	② 관용	나와 타인의 다름에 대한 인식을 기반으로 타인의 개성과 가치를 받아들이는 능력
	③ 수용	타인이 지니고 있는 그대로를 인정하고 존중해 주는 적극적이고 긍정적 태도를 기반으로 타문화에 대해 관심을 갖고 배우려고 노력하는 능력
관계성	④ 공감	타인의 감정을 타인의 입장에서 이해하고 합리적으로 느끼는 감정
	⑤ 소통	문화적 배경이 서로 다른 구성원들이 자신과 타인 간의 문화적 차이로 인해 발생하는 편견이나 오해, 고정관념의 근본을 이해하고 오해가 없이 상호 간에 수평적 관계를 유지하고자 노력
	⑥ 협력	공감과 소통능력의 기반 위에 다수자와 소수자가 모두 상호 노력을 통해 협동하려는 능력

핵심역량	구성요소	내용
보편성	⑦ 반차별	소수자 집단에 소속되어 있다는 이유로 개인을 부당하게 대우하거나 차별적인 행위를 하지 않아야 하며 모든 차별적 상황에 민감한 태도를 기르는 능력
	⑧ 반편견	자신도 모르게 구성된 고정관념이나 편견이라는 사실을 깨닫고, 타인에 대해 공정한 관점을 취하려고 노력하는 능력
	⑨ 세계시민성	자신이 살고 있는 지역에서 벗어나 전 세계인들이 서로 의존하며 살고 있음을 이해하고, 지구촌 사람들과 한 가족이라는 차원에서 세계를 조망할 수 있으며 그들과 함께 행복과 평화를 누리기 위해 존중하며 공감을 바탕으로 협력할 수 있는 능력

출처: 여성가족부(2019) 재구성.

(3) 교수 · 학습방법

다문화감수성교육은 다양성, 관계성, 보편성 영역에서 학습자의 수준에 적절한 단계별 수업이 이루어지도록 한다. 즉 다문화적 상황 속에서 문화적 다양성에 대한 인식을 강화한 이후에 문화적 차이와 다름에 대한 관용과 수용의 태도를 가르치는 단계적 발달을 고려하여 목표를 달성할 수 있도록 수업을 구상한다.

다양성 영역에서는 다양함을 먼저 인식시킨 이후에 다양한 관점과 가치, 있는 그대로의 문화적 차이와 배경을 존중하고 수용하도록 한다. 관계성 영역에서는 공감능력을 우선적으로 함양시킨 이후에 타인과 의사소통하고 협력할 수 있는 능력을 키우도록 한다. 보편성 영역에서는 반차별과 반편견 프로그램을 통해 타집단 구성원을 이해하는 것이 우선되어야 한다. 타집단에 대한 차별적 언어와 행동에 대한 민감성을 발전시킨 후 자신과 타인에 대한 차별적 행위를 개선할 수 있고, 사회적 차별에 대한 반대와 정의 실현을 위한 실천적 시민성을 갖도록 한다.

다문화감수성을 증진시키기 위하여 문화적 배경이 다른 사람들과 적절하게 상호작용하는 과정을 연습해 봄으로써 다문화 환경에 대한 실질적인 행동 역량을 기르도록 하는 것이 좋다. 다문화감수성교육 실천 방안은 교수자 중심의 일방적 강의수업을 탈피하고 학습자 중심의 일상생활에 대한 스토리텔링 방법, 협동학습 방법, 역할극 활동, 토의·토론 활동 등을 통해 갈등이나 딜레마 상황을 재구성하여, 현실적 문제에 대한 성찰과 깨달음을 경험할 수 있도록 하여 학습자의 체험과정이 교육적 변화와 연결될 수 있게 한다.

첫 번째, 스토리텔링 방법으로는 드라마, 영화, 문학 분야에서 다문화교육과 관련된 주제를 이야기함으로써 타인의 관점을 이해하는 차원을 넘어 다문화적 가치와 태도 변화를 이끌어 낼 수 있다.

두 번째, 협동학습 방법으로 학습자들이 공동 학습목표를 이루기 위해 소집단 구성을 통해 협력적으로 활동하는 과정에 합리적 문제해결 능력, 비판적 사고 능력 등 교육 효과를 증진시킬 수 있다.

세 번째, 역할극 활동으로는 현실적인 상황 속에서 개인의 관점과 역할을 채택하여 행동함으로써 구체화된 갈등 상황의 원인과 결과에 대한 이해와 자신과 타인에 대한 이해를 통해 합리적 의사 결정 능력을 기를 수 있다.

네 번째, 토의·토론 활동으로는 학습자 상호 간, 교사와 학습자 간의 대화와 토론을 통해 함께 문제를 해결해 나가는 과정에 학습자의 적극적인 참여로 교육적 의미를 스스로 정리할 수 있다.

활용자료 다문화감수성 교안(중학생 이상) - 소통과 공감

1) 수업의 목표

- 타인의 생각과 행동을 타인의 입장에서 이해할 수 있다.
- 서로 간의 다름으로 인해 발생한 갈등과 불편함을 해소하기 위한 공감, 소통의 방식을 찾을 수 있다.

2) 수업의 전개(90분)

	도입(15분)	전개 1(30분)	전개 2(20분)	정리(25분)
교수-학습 활동	나만 나도	전지적 공감 시점 - 워밍업(멈춤동작) - 상황 카드 분석	전지적 공감 시점 - 타블로 활동 '네 마음을 알아!'	카드뉴스 만들기
수업방법	놀이 중심활동, 역할극, 모둠 토의, 창의 활동			

<table>
<tr><th>단계</th><th>교수·학습 내용</th><th>자료</th></tr>
<tr><td>도입
(15분)</td><td>◎ [도입활동] : 나만 나도
■ 활동의 의미
– 본 활동은 프로그램 첫 시간의 라포 형성을 위한 활동이며, 같은 공간에 함께 하고 있는 구성원들 간에 소소한 다양성을 게임방식으로 친근하게 느껴본다.

■ 활동 방법
1. 하나의 큰 원으로 의자를 배치하여 학습자 모두가 둘러앉는다.
2. 진행자는 먼저 다음의 활동방법을 안내한다.
– 원모둠별로 처음 시작할 사람을 정하고(진행자부터 시작할 수 있음) 한 명씩 돌아가면서 게임을 진행한다(앉은 사람을 기준으로 시계방향(반시계방향)에 앉은 사람 순으로 진행하거나 다양한 규칙을 적용하여 게임을 진행할 수 있음). 자기 순서가 됐을 때 일어나서 10초 안에 제시어와 관련한 자기 이야기 또는 자신의 생각을 말한다.
– 발언자를 제외한 사람들은 그 이야기를 듣고 공감이 되거나 자기에게도 해당되는 것이라고 생각하면 "나도!"를 외치며 자리에서 일어난다. 만약 아무도 일어나지 않았을 경우 말한 사람은 "나만!"이라고 외치며 자리에 앉는다.
– 자기 순서가 됐을 때 특별히 할 말이 없으면 '패스'를 외치면 되고 바로 그 다음 사람으로 순서가 넘어간다. 본 게임은 한 사람당 3~4차례 발언의 기회가 돌아가도록 진행한다.
3. 게임이 끝난 후 서로가 가진 유사한 경험이나 생각, 다른 점 등을 공유할 수 있도록 한다.</td><td></td></tr>
<tr><td>전개 1
(30분)</td><td>◎ [전개 1] 전지적 공감 시점(1), "네 마음을 알아"
■ 활동의 의미
– 내가 아닌 타자가 처한 상황을 맥락적으로 이해하고, 공감이 정서적 유대를 넘어 문제 해결의 시작이 될 수 있다는 것을 인식한다.

■ 활동 내용
– 청소년들이 겪을 수 있는 다양한 갈등 상황에서 당사자가 느낄 수 있는 감정에 공감하며 갈등이 전개되는 상황과 주변 사람들과의 관계를 타블로(멈춤 동작) 세 장면으로 구성한다.

■ 활동 방법
1. 어색함을 풀기 위한 웜밍업으로 잠시 멈춤 동작 활동을 진행한다.
(예시) 모두 자리에서 일어서서 진행자의 말에 몸을 움직인다. "여러분은 모두 다 다른 별에서 왔어요. 어떤 별인지 몸으로 표현해 보세요." 이어서 "별이 운동을 해요", "별이 외로워요.", "별이 사랑에 빠졌어요." 등 지시문을 하나씩 제시하면 참여자들이 몸으로 정지된 1개 장면을 만들도록 한다. 지시문은 진행자가 자유롭게 정한다.
2. 모둠별(5–6명)로 상황카드 1개씩을 선택한다. 상황카드 내용은 진행자의 경험 혹</td><td>상황
카드</td></tr>
</table>

은 관련 자료를 참고하여 새롭게 구성할 수 있다.
3. 상황카드 내용을 분석한다(갈등의 원인, 당사자 감정, 주변 사람들과의 관계 등).
4. 상황카드에서 중요한 장면 세 곳을 찾아 멈춤 동작 세 장면으로 구성한다.

■ 주요 발문
– 여러분이 받은 상황카드에는 누가 어떤 어려움, 혹은 갈등을 겪고 있었나요?
– 그때 당사자의 감정은 어땠을까요?

■ 활동 자료 **상황카드**

세주 16세, 여 방글라데시	저는 무슬림 국가인 방글라데시에서 태어났지만 저희 가족은 방글라데시 소수민족인 차크마 사람이고, 방글라데시와는 언어, 음식, 종교 등 문화가 완전히 달라요. 소수민족이라는 이유로 차별받는 것을 피해 저희 가족은 난민으로 한국에 오게 됐고, 가족 모두 한국인으로 귀화했어요. 하지만 부모님은 항상 저한테 차크마 사람인 것을 잊으면 안 된다고 말해요. 저는 한국인으로 사는 지금의 제 인생이 더 중요하기 때문에 부모님과 갈등을 느낄 때가 많아요.
지민 15세, 여 한국	저는 태어날 때 장애가 있어서 지금까지 휠체어를 타고 지내고, 엄마의 도움으로 등하교를 해요. 저는 목소리 흉내내기를 잘하고, 노래도 잘하는 편이라서 학교 친구들한테 나름 인기도 있어요. 그런데 학교 밖으로 나가면 사람들은 휠체어를 탄 저를 힐끗거리며 쳐다봐요. 사람들이 많은 곳을 지나갈 때는 잘못한 게 없는데 엄마는 자꾸만 사람들한테 "죄송합니다"라고 말해요.
막심 17세, 남 러시아 3개월 전 중도입국	저는 한국에 온 지 얼마 안 돼서 한국말을 잘 모르고, 아직 친구를 사귈 기회도 없었어요. 한번은 학교 선배 형들이 저한테 뭐라고 말했는데 제가 무슨 말인지 몰라서 대답도 안 하고 그냥 지나갔어요. 그때 이후로 그 형들이 학교에서 나를 보면 자기네 말을 무시했다면서 가끔 시비를 걸어요. 저는 키가 크고 덩치도 크지만 싸우는 게 싫어요. 그런데 이유 없이 괴롭힐 때는 자꾸 나쁜 마음이 생겨요.
우미 16세, 남 한국 출생 엄마: 일본 아빠: 한국	저는 한국에서 태어났고 한국인이에요. 엄마가 일본 사람이라 일본 사람이기도 해요. 집에서는 한국어, 일본어 둘 다 사용하고, 저는 두 나라를 모두 사랑해요. 그런데 가끔 학교에서 역사를 배울 때나 한·일전 축구를 할 때 곤란할 때가 있어요. 친구들이 저한테 "넌 한국 사람이냐, 일본 사람이냐?"라고 물어올 때는 나의 존재가 부정당하는 것 같아요.

<table>
<tr>
<td></td>
<td>
<table>
<tr>
<td>브라이언
14세, 남
캐나다
10개월 전에
중도입국</td>
<td>저는 캐나다 사람이지만 부모님의 직업 때문에 다른 나라에서 몇 년씩 살다가 작년 겨울에 부모님과 한국에 왔어요. 올해 중학교 1학년으로 학교에 갔는데 한국어를 못하기 때문에 학교 친구들과 영어와 한국어를 섞어 간신히 소통하며 지냈어요. 우리 반에서 조별 과제를 하는데 친구들은 저한테 "너는 한국말을 잘 못 하니까 우리가 할게!"라며 저한테 아무것도 안 해도 된다고 했어요. 그 말이 저를 위한 배려인지 차별인지 잘 모르겠어요.</td>
</tr>
</table>
</td>
<td></td>
</tr>
<tr>
<td>전개 2
(20분)</td>
<td>◎ [전개 2] 전지적 공감 시점(2)–타블로 활동

■ 활동 내용
– 3장면의 정지극 활동을 하면서 타자의 처지와 감정에 공감해 본다.

■ 활동 방법
1. 구성한 3장면 만들기 연습을 한다. 이때 모둠 안에서 배제되는 사람 없이 모두 역할을 맡도록 한다.
2. 모둠 발표를 한다. 이때 진행자는 멈춤 상태에서 모둠원 1–2명과 간단하게 인터뷰를 진행한다. 또는 이 부분을 핫시트(Hot seat) 활동으로 진행해도 좋다. 1–2명을 의자에 앉게 하여 "지금 이 상황에서 어떤 기분인가?", "이 상황에서 무엇이 어떻게 바뀌었으면 좋겠나?" 등의 질문을 던진다. 질문을 받은 모둠원은 자기가 맡은 역할의 당사자가 되어 대답한다.

*타블로 활동은 대사 없이 멈춤 동작으로 하는 역할극으로 개인 또는 모둠에게 어떤 주제를 제시하고 그 주제에 맞게 하나 또는 두세 개의 정지 장면을 신체로 표현하게 하는 것이다. 본 차시의 상황카드를 활용한 정지극의 경우는 참여자들이 사람들 간의 감정의 흐름을 체험하고 역할체험을 통해 당사자의 감정에 공감해 보는 데 의의가 있다. 멈춤 동작에서 진행자가 1–2명의 학습자 어깨를 건드렸을 때 자신이 처한 상황에 맞는 대사를 할 수 있고, 감정 상태, 원하는 것, 변화에 대한 기대 등에 대해 인터뷰를 진행할 수도 있다.

■ 주요 발문
– (모둠 발표를 마친 후) 갈등을 알아차리는 것은 왜 필요할까요?
– 다른 사람의 입장에 서 보면서 생각의 변화가 일어났다면 그 변화는 어떤 것인가요?
– 누군가의 감정에 공감하기 위해 당사자의 자리에 서 보는 것이 왜 중요할까요?</td>
<td></td>
</tr>
<tr>
<td>정리
(25분)</td>
<td>◎ [정리활동] 카드 뉴스 만들기 '공감 이렇게 해요'
■ 활동의 의미
– 주제 관련한 카드 뉴스를 만들어 수업의 내용을 확인한다.

■ 활동 내용
– 휴대폰에 '카드뉴스 만들기' 앱을 설치하여 모둠으로 하나의 스토리를 만들고 역할을 나눠서 하나의 완성된 카드뉴스를 제작한다.</td>
<td></td>
</tr>
</table>

■ 활동 방법

1. 프로그램 시작 전에 학습자 모두는 휴대폰에 'Q카드뉴스' 앱을 설치한다.
2. 모둠(5-6명) 안에서 '소통과 공감을 위한 실천'을 주제로 카드뉴스 만들기를 논의한다. 카드뉴스 5-6컷이 하나의 카드뉴스가 되도록 먼저 모둠 안에서 전체 스크립트를 구성한다.
3. 전체 스크립트를 5-6개로 나누고 1명이 1컷의 카드를 만들도록 역할을 나눈다.

카드뉴스 만들기

1. 주제: 소통과 공감을 위한 실천
2. 인터넷에서 주제를 나타내는 이미지 찾아 저장
3. 카드뉴스 앱 실행
4. 저장된 이미지를 불러와서 바꾸기
5. 제목 쓰기/본문 내용 쓰기
6. 저장 혹은 캡처해서 카톡 오픈채팅방 올리기

4. 각자 앱을 활용하여 1컷의 이미지와 문구를 만들고 이어서 모둠별로 카드뉴스를 완성한다. 모둠원이 5명이라면 5컷의 카드뉴스를 만들도록 한다. 시간 여유가 있다면 컷을 더 늘린다.
5. 각자 완성된 카드뉴스를 모둠 안에서 모아서 공유하고 수정할 부분이 없는지 확인한 후에 5-6컷을 이어서 짧은 카드뉴스로 만든다. 제일 쉬운 방법은 5-6컷을 PPT에 올려서 슬라이드쇼로 저장한다.
6. 모든 모둠의 카드뉴스를 카카오톡 오픈채팅방에서 공유한다.

3) 문화다양성교육

(1) 개념

문화다양성은 문화적 다름에 대한 인정으로 언어나 의식주, 전통 사회를 이루는 방법, 도덕 및 종교에 대한 관념, 주변 환경과의 상호작용 등 타자 및 타문화에 대한 문화적 차이를 의미한다. 유네스코가 문화다양성의 보호와 증진을 위한 구속력 있는 최초의 국제협약으로 2005년 문화다양성 협약을 채택하면서 그 중요성이 인식되었다. 문화다양성 선언 서문에서는 문화를 사회와 사회구성원의 특유한 정신적·물질적·지적·감성적 특성의 총체로 간주해야 하며 예술 및 문학에 국한되지 않고 생활양식, 가치 체계, 전통과 신념을 포함하는 개념으로 제시하고 있다.

문화다양성교육에서 다양성이란 언어, 종교적 신념, 정치적 입장, 인종, 나이, 계층과 성적 성향 등의 차이를 의미한다(Crozier, 2001). 적극적 다문화주의로서의 문화다양성교육의 목적은 정치적·국민적·사회적 통합 등과 같은 사회갈등 해소를 목적으로 기회와 결과의 평등을 통해 소수집단의 고립과 소외를 방지하는 데 있다. 즉 문화다양성교육은 집단 혹은 공동체 사이에서의 원만한 관계와 기회균등 그리고 차이에 따른 차별이 없고 공감하고 소통할 수 있는 것으로 인종, 민족, 계급, 성역할, 언어, 종교, 장애 등에 토대를 두고 있는 구조적 차별과 사회경제적 구분 짓기를 축소하거나 제거하려는 접근방식으로 볼 수 있다(Nieto, 2006).

동화주의에 기반한 다문화교육은 소극적 다문화주의로 소수자의 국내 적응과 자립도 강화, 소수자의 교육기회 확대와 사회참여 및 기회균등, 소수자 간의 갈등과 마찰방지에 목적을 두고 있다. 하지만 문화다양성교육은 다수자들의 소수자들에 대한 다문화감수성, 구조적인 사회적 불평등의 차별 해소와 사회적 통합 추진을 추구하는 적극적 다문화주의와 맥락이 닿아 있다. 소극적 다문화주의에 기반한 다문화교육이 사회문화적, 언어적 다수자 혹은 주류집단이 소수자들을 원조하고 배려하는 수직적 권력관계에 기초하고 있다면 문화다양성교육은 정치, 경제, 사회, 문화, 언어, 역사, 종교 등의 맥락에 따른 유동적이고 혼성적인 자아정체성에 기반을 두고 다수자와 소수자 사이의 수평적 인간관계와 권력관계를 강조한다.

또한 문화다양성교육은 사회적 다수자 혹은 주류자 중심의 동일성과 단일성에 기초한 동화주의를 거부하고 문화적 다양성에 기초한 사회통합을 통해 포용적인 사회 속에서 개인들이 살아 숨 쉬는 역동적 공동체를 형성해 가기를 추구한다. 따라서 교육 대상 역시 사회 소수자나 이주민 혹은 그들의 자녀에 국한되어서는 안 되며 다수자와 소수자 모두를 위한 교육을 지향해야 한다.

UNESCO(2010)에서 정의하는 문화다양성교육은 문화 간 대화의 성공적 수행을 위해서 경청, 인지적 유연성, 공감, 겸손, 수용력에 대한 기초적 능력을 신장시키는 것이다. 요컨대 문화다양성교육은 한 사회 안에 공존하는 다양한 문화적 특성을 맥락적으로 사고하도록 하고 그 과정에서 인식과 태도의 변화를 통해 갈등 상황을 좀 더 평화롭게 전환할 수 있는 능력을 강화한다. 기본적으로는 사회구성원 간의 평화로운 공존을 방해하는 요인들을 인식하고 그것을 변화시키려는 실천 의지로 나타난다. 이를 위해서는 나와 다른 사회구성원 간의 소통능력이 중요하며 당사자의 관점에서 차별, 불평등, 폭력이 발생하고 증폭되는 현상을 민감하게 바라보는 관점이 전제되어야 한다.

(2) 교수 목표 및 내용

문화다양성교육에 관한 연구들은 공통적으로 문화적 다양성에 대한 인식뿐만 아니라 그것에 대한 존중, 수용, 상호보완, 융합, 공존, 소통 등의 구체적인 태도와 행동까지 확장하는 것을 목표로 한다. 즉 문화에 대한 이해를 바탕으로 다양한 문화적 차이를 발생시키는 여러 요소들과 그에 따른 현상들을 파악하여 자신이 속한 집단의 문화는 물론 타 집단의 문화를 인정하고 존중하며 서로 공존할 수 있도록 하는 인지, 정의, 행동적 차원의 교육을 지향하며, 문화의 경계를 넘어 대화할 수 있는 능력인 '문화 간 대화 능력'을 신장하는 것으로 본다.

이를 실현하기 위해 임철일 외(2012)는 다문화 교육의 목표 영역 및 내용을 인지적·정의적·행동적 목표 영역으로 재범주화하여 문화다양성 관련 역량으로 구분하였다. 즉 문화다양성의 의미와 현상을 파악하는 인지적 차원과 문화다양성을 수용하고 존중하는 정의적 차원, 문화다양성의 보호와 공존을 위하여 실천하는 행동적 차원으로 구성하고, 문화다양성교육의 목표를 '문화에 대한 이해를 바탕으로 문화다양성이 증가하는 원인과 양상을 파악하고 다양한 문화에 대한 감수성과 존중하는 태도를 길러 문화적 공존을 위해 실천하는 것'으로 설정하고 있다.

표 5-10 목표 영역별 문화다양성 관련 역량

영역	문화다양성 관련 역량
인지적 영역	문화 개념 이해, 다문화 현상 이해, 문화변동 이해 등
정의적 영역	반편견, 정체성 형성, 다양성 인정, 상호존중, 민주적 의식, 공동체 의식, 인권 의식, 평등, 정의 등
행동적 영역	대화, 협력, 의사소통, 대인관계 형성, 갈등 해결, 조사, 분석 등

문화다양성교육과 관련한 선행연구들을 분석해 보면 4가지 영역, 12가지 핵심가치와 교육목표를 도출할 수 있다. 4가지 영역은 문화의 의미와 특징 영역, 다양한 문화를 양산하게 만드는 다양한 원인과 양상에 관한 문화다양성의 요소 영역, 내외부적 변화에 따라 다양성이 확산되는 것에 관한 문화다양성의 확산 영역, 그리고 다양한 문화가 공존할 수 있도록 조화를 모색하는 문화다양성 인정과 존중 영역이다. 각 영역의 핵심가치와 교육목표는 아래 표 5-11과 같다.

표 5-11 문화다양성교육 영역별 목표 및 내용

영역	핵심가치	교육목표
1영역: 문화의 의미, 특징	차이	문화의 의미를 이해, 문화의 보편성과 다양성 파악
	존중	문화의 다양성을 인정하고 존중하는 태도 함양
2영역: 문화다양성 요소	문화적 민감성	문화다양성의 요소에 따른 생활양식의 차이 이해
	존중	문화다양성의 요소에 따라 달라지는 생활양식의 양상과 특징을 존중하는 태도 함양
3영역: 문화다양성 확산	연대, 상호의존성	국내외적 환경의 변화가 문화다양성 확산에 끼친 영향 분석
	문화적 민감성	문화다양성 확산으로 인해 나타나는 양상과 변화의 모습을 파악
4영역: 문화다양성 인정과 존중	인권, 정의	문화적 차이에 대한 차별, 불평등 분석하고 해소방안 모색
	대화, 관용	타문화에 대해 개방적·포용적 자세 함양
	존중, 공존	타문화 존중 및 문화적 공존을 위한 실천
	시민성	문화다양성의 실천을 위해 합리적이고 능동적인 자세로 노력하는 시민적 자질 함양

출처: 임철일 외(2012) 재구성.

이를 토대로 문화다양성교육의 목표를 정리하면 ① 개인과 집단의 문화적 정체성의 차이를 존중하는 것, ② 소통 전략으로서의 실천적 역량을 기르도록 하는 것, ③ 차별과 불평등을 정당화시키는 구조적이고 문화적인 폭력을 비판적으로 바라보고 변화시키려는 노력, ④ 사회정의, 인권, 평등 그리고 모든 생명의 지속가능하고 유기적인 공존의 관계를 만들어 가는 것, ⑤ 학습자가 삶 속에서 사회를 변화시켜 나갈 수 있는 주체로서 문화역량을 강화하는 것이다.

이것을 핵심역량과 실천영역으로 구분하여 1차적 수준, 2차적 수준으로 적용해 보면 아래 그림 5-10과 같다. 1차적 수준에서는 다양성과 차이 존중, 반차별, 반편견, 소통·공감 능력, 공존·생명의 다섯 가지 핵심역량을 강화하고 비판적 사고를 형성한다. 2차적 수준에서는 젠더, 이주민, 장애, 노동, 세계시민으로 구분하여 차이가 발생하는 맥락적 사고를 통해 가치를 내면화하고 삶 속에서 실천적으로 적용되도록 한다. 이런 과정을 통해 학생이 개인과 집단 간의 수평적이고 평화로운 관계를 지향하도록 하며 인지적 교육을 넘어 학습자가 문화역량을 강화하고 삶 속에서 실천으로 연결되도록 한다.

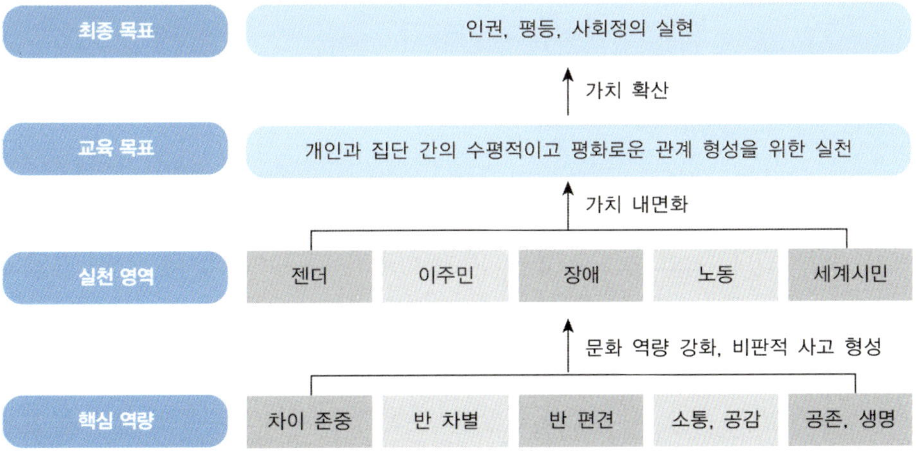

그림 5-10 문화다양성교육의 목표 성취 과정

(3) 교수 · 학습방법

문화다양성교육의 기본 방향은 다양성과 차이에 대한 맥락적 사고를 통해 그동안 당연하게 여겼던 것에 문제를 제기하고 학생이 가진 편견을 드러내도록 한다. 차이가 두드러지는 젠더, 장애, 이주, 노동 영역에서는 차이가 차별과 불평등의 요인으로 작동하는 요인을 찾도록 한다. 특히 이 부분은 개념과 관점의 문제에 주목하고 대화와 성찰을 통한 비판적 사고 과정을 중요하게 다룬다. 비판적 사고를 통해 편견을 해체하고 당사자 관점으로 바라보게 함으로써 공감·소통능력이 강화되도록 한다.

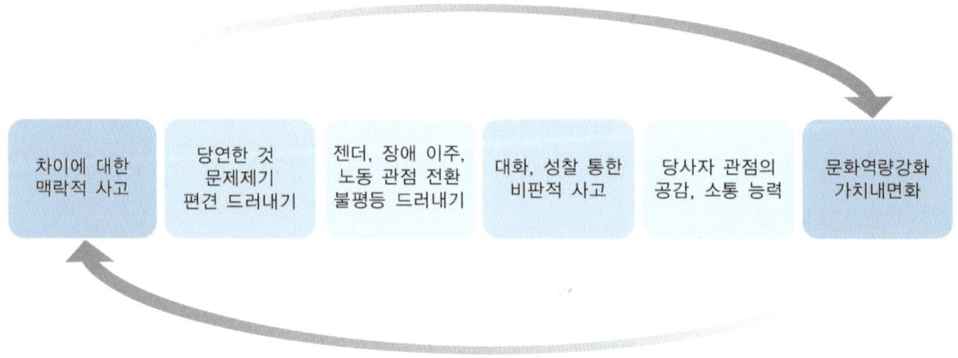

그림 5-11 문화다양성교육의 기본 방향

문화다양성교육의 과정은 순차적·분절적인 것이 아니고 도입부터 정리 단계까지 순환·반복된다. 이런 과정을 통한 '가치내면화'는 교육매개자를 통해 전달되는 일방적인 지식에 순응하는 담론 구조와는 다르다.

수업 전개는 표 5-12와 같이 도입 - 전개 1 - 전개 2 - 정리 4단계로 구분하며 도입에서는 동기유발을 위해 몸 활동과 영상, 그림책 등을 활용하여 수업 열기를 진행한다. 이때는 주로 서클형태를 지향하며 편안하고 안전한 수업 공간을 위해 모드세팅을 하기도 한다. 전개 1은 고정관념과 편견을 드러내고 해체하는 과정을 통해 주제에 접근하도록 하며, 전개 2는 주제를 심화하고 실천역량을 강화하기 위한 표현활동으로 이어진다. 그리고 마지막 정리는 활동을 총화하거나 핵심가치를 복기하는 시간을 갖는다.

표 5-12 문화다양성교육의 수업 전개 방법(예시)

구분	단계 목표	주요 수업방식
도입	• 모드세팅: 안전한 배움의 공간 만들기 • 동기유발: 주제에 대한 생각 열기 및 감각 깨우기	놀이와 몸 활동 영상, 그림책
전개 1	• 주제 접근 활동 – 상황 분석하기: 맥락적, 비판적 사고를 통한 문제 인식 및 고정관념, 편견 드러내고 해체 – 가치 확인하기: 발문과 성찰을 통한 주제 접근	낯설게 하기 토의와 토론 문제기반 학습
전개 2	• 주제 심화 활동 – 주제에 대한 다양한 생각들이 촉발될 수 있는 활동 전개 • 가치 내면화: 핵심가치를 나의 삶에 실천적으로 적용하기 위한 역량 강화	상황극, 스톱모션, Redesign, 체험 예술 표현활동
정리	• 종합성찰 및 실천 찾기	그림카드 활동

문화다양성교육의 주요 교육 방법은 첫째, 모든 수업에서 수업이 시작되면 주제와 관련된 도입활동을 통해 자연스럽게 해당 차시의 주제를 노출시키고 생각할 기회, 동기의 유발을 이끌어 낸다. 예를 들어, 키워드 카드 활동, 감정 카드, 주제 관련 영상이나 그림책 활동 등으로 시작할 수 있다.

둘째, 몸의 감각을 깨워 감수성을 자극하고 학생들의 흥미와 참여를 높이기 위해 주제와 연관된 놀이나 몸 활동을 활용한다. 소외·배제를 경험하는 개미술래 활동, 갈등이 발생하는 지점을 느껴보는 인형극 놀이, 소통이 일어날 때의 몸의 반응을 성찰해 보기 위한 경청과 딴청, 차이와 차별을 구분하는 활동, 협력놀이 등의 몸 활동은 주제에 접근하는 데 도움을 준다.

셋째, 비판적 사고를 위해 발문과 대화를 통한 성찰에 집중한다. 비판은 단순히 부정의 의미가 아니라 기존 현상의 잘못된 부분을 고치고 더 나은 방향으로 가기 위한 창조적인 행위다. 이 과정에서 학생의 대화와 성찰을 촉진하기 위한 발문을 중요시하며 학생은 자신의 관점을 성찰하는 것과 더불어 구조적·문화적인 권력관계에 대해서도 맥락적으로 사고할 수 있도록 한다.

넷째, 편견을 발견하고 공감·소통능력을 강화하기 위해 당사자 관점에서 보도록 한다. 다른 존재 되어 보기, 등 뒤의 나, 차별 경험, 상황극과 같은 활동은 내가 당사자가 되어 봄으로써 공감·소통능력과 반차별 역량을 강화할 수 있다.

다섯째, 강사는 촉진자, 조력자의 역할에 집중한다. 강사는 가르치는 자가 아니라 학생들이 능동적으로 수업을 이끌어 가도록 도우며 학생들이 핵심개념을 이해하는 것을 넘어 원활한 성찰을 할 수 있도록 촉진하는 조력자의 역할을 한다. 이 과정에서 학생들은 서로가 서로에게 배우는 수평적인 배움의 관계를 경험하게 된다.

문화다양성교육에서 사회적 정의 실현 가치는 차이와 통합 사이의 균형을 이루기 위해 소수자에 대한 수평적인 관계 인식(상호의존성과 공평함)을 주요하게 다룬다. 특히 소수자에 대한 관점을 돌보고 보호받아야 할 약자로 간주하여 강자의 의지를 강조하는 것이 아니고 공적 영역에서 누구나 누리고 보호받아야 할 공평한 권리를 강조하고 서로가 덜고 채우는 상호의존성을 인식하도록 한다. 더불어 자기 정체성에 대한 인식을 통해 타자의 문화적 정체성에 대한 존중으로 확장되도록 한다.

또한 문화다양성교육은 한 개인이나 집단이 삶의 방식의 차이에 대해 정상/비정상으로 분리되는 것을 지양하며 차이를 이유로 부당하게 차별하지 않도록 하는 것을 목표로 한다. 이런 맥락에서 아래 활용자료는 장애를 주제로 장애의 개념을 정상 범위에서 벗어나는 객관적이고 불변의 의학적인 개념이 아니라 사회적 정의 및 합의에 따라 만들어진 매우 유동적인 개념으로 제시하며 '장애'를 불완전하고 의존적이며 치료를 받거나 격리되어야 할 대상으로 보는 의료적 관점에 대해 비판적으로 성찰한다. 장애만이 아니라 젠더, 이주민, 세대, 지역, 종교 등의 실천 영역에서도 사회구성원들이 수평적인 관계로 상호작용하고, 공평한 권리와 서로 배움의 관계, 상호의존성이 강조되는 관계로 설정되는 것이 중요하다.

활용자료 문화다양성 교안(중학생 이상)

1) 수업 목표

- 타인이 중요하게 여기는 가치나 보는 방식을 내 기준으로 평가하거나 재단하지 않고 상대방의 입장에서 생각해 볼 수 있다.
- 수평적인 관계에서 상호작용을 하며 서로 다름에서 배움을 추구하는 태도를 배울 수 있다.

2) 수업의 전개

교수-학습 활동	도입(15분)	전개 1(30분)	전개 2(30분)	정리(15분)
	소통이 뭐야 – 경청 / 딴청	눈을 감아보렴 – 그림책	상호의존성 – 서로 배움: 시라토리 겐지 이야기	실천 찾기
수업방법	짝활동, 소집단 토의 활동, PPT 강의, 창의 활동			

단계	교수·학습 내용	자료
도입 (15분)	◎ [도입활동] : 경청 / 딴청하기 ■ 활동의 의미 – 몸의 감각과 느낌을 통해 소통의 의미를 도입한다. ■ 활동 내용 – 2인 1조로 번갈아 가면서 경청/딴청하기 활동을 하면서 몸의 반응과 느낌에 집중해 본다. **■ 활동 방법** 1. 2인 1조로 짝을 지어 마주 앉아서 한 사람이 먼저 1분 이내로 '여행을 가고 싶은 곳과 그 이유'에 대해 말한다(소재는 자유롭게). 2. 다른 사람은 앞 사람의 이야기를 경청해서 듣는다. 이때 최대한 경청하고 있다는 것을 다양한 방식으로 표현하도록 한다. 3. 말하는 사람과 듣는 사람을 바꿔서 이번엔 듣는 사람이 최대한 딴청을 하도록 한다. 4. 상대방이 경청/딴청을 하며 들었을 때의 느낌에 대해 서로 이야기를 나눈다. ■ 주요 발문 – 상대방(말하는 이 / 듣는 이)의 눈빛, 몸짓, 표정, 목소리 등의 태도와 반응은 어땠나요? – 소통이 된다고 느꼈을 때 / 안 된다고 느꼈을 때 어떤 느낌이었나요? – 소통이 안 된다고 느꼈을 때 혹시 어떤 어려움 / 갈등이 있었나요?	

전개 1 (30분)

◎ [전개 1] : 눈을 감아보렴

■ 활동의 의미

– 상대방의 입장에서 생각하고, 상대방의 다름에 대해 있는 그대로 존중할 때 상호작용이 가능하다는 것을 인식한다.

■ 활동 내용

– 색을 시각이 아닌 다른 감각으로 표현해 보는 활동과 그림책 '눈을 감아보렴'을 통해 세상을 인지하는 다양한 방식에 대해 경험해 본다.

– 세상을 바라보는 방식의 차이가 이상하고 잘못되고 불편한 것이 아니라 있는 그 자체 그대로 온전한 것임을 강조하는 활동으로 다문화사회에서 소통의 출발은 상대방의 입장에서 생각하고 다름을 수용하는 것임을 인식한다.

■ 활동 방법

1. 다양한 색깔의 색종이를 1명당 2–3장 정도씩 나눠주고 색에 대한 느낌을 시각이 아닌 다른 감각으로 종이 위에 쓰도록 한다.

〈예시〉

〈초록〉	〈노랑〉	〈빨강〉
시원한 바람이 살갗에 닿는 느낌이다	봄에 어미 닭을 따라 소풍 나온 병아리 같다	뜨거운 활화산이다
아침에 앞뜰에서 나는 풀 냄새 같이 싱그럽다	따스한 햇볕이다	먹기 좋게 농익은 사과처럼 강하다
	오렌지 맛이다	술 마시고 얼큰하게 취한 아빠의 얼굴이다

2. 서로 가까이에 있는 다른 사람들이 쓴 것과 비교해 보도록 하고 색을 시각이 아닌 다른 감각을 이용해서 표현한 것이 눈으로 보는 것과 느낌이 어떻게 다른지 질문해서 몇 명의 이야기를 듣는다.
3. 이어서 학습자 2명에게 그림책 '눈을 감아보렴'의 두 주인공(형, 동생)이 되어 역할극을 하듯이 책을 읽게 한다. 처음에는 그림책 제목을 알려주지 않으며 "그걸 알고 싶니?"라는 엄마의 말까지만 읽게 한다.
4. 다른 학습자들에게는 형과 동생이 사물을 인지하는 방식의 차이를 주의 깊게 관찰하도록 한다. 그리고 엄마가 동생에게 어떤 말을 했을지 상상해 보도록 한다.
5. 그림책 읽기가 끝나면 아래의 발문을 중심으로 함께 이야기를 나누고 다문화사회에서의 소통의 의미를 정의해 본다.

■ 주요 발문

– 형과 동생이 세상을 인지하는 방식은 무엇이 어떻게 달랐나요?

– 동생이 설명하는 것과 다르게 계속 다른 표현을 하는 형 때문에 속상해하는 동생에게 엄마는 뭐라고 말했을까요? 왜 그렇게 말했을까요?

– 서로 다름에서 어떻게 배움의 관계가 형성될 수 있을까요?

색종이
그림책

■ 활용 자료 '눈을 감아보렴'

책: '눈을 감아보렴'
글: 빅토리아 페레스 에스크리바
그림: 클라우디아 라누치
출판사: 한울림스페셜, 2016

시각장애를 가진 형은 눈으로 세상을 인지하는 동생과 달리 마음으로 느끼고 코로 맡고 귀로 듣고 손으로 만져보면서 세상을 상상하고 이해한다. 형에게 나무는 잎사귀가 많이 달린 키 큰 식물이 아니라 '땅에서 뻗어 나와 노래하는 큰 막대기'이다. 시계는 분침, 초침으로 시간을 알려주는 물건이 아니라 '심장을 가진 작은 나무 상자'이다. 달은 하얀색이 아니라 '앞마당에서 노래하는 귀뚜라미 떼', 그리고 비누는 '닳아 없어지는 향기 좋은 돌'이다. 사람들은 각자의 삶의 방식과 보는 방식이 있다. 이상하고 잘못되고 불편한 것이 아니라 있는 그 자체 그대로 온전하다. 여기에서 관용의 의미를 찾을 수 있다. 자신과 다르게 세상을 이야기하는 형을 이해할 수 없는 동생에게 '그럼, 눈을 감아보렴'이라고 말하는 엄마의 태도에서는 당사자 자리에 서서 실천적으로 다름을 수용하는 것을 배울 수 있다. 세상을 자기만의 방식으로 이해하고 시처럼 표현하는 형에게서 우리는 무엇을 배울 수 있을까? 학습자들이 그림책에서 관용과 수용의 의미를 직접 찾아 그 의미를 정의해 보도록 한다.

전개 2 (30분)

◎ [전개활동 2] '상호의존성' – 시라토리 겐지 이야기

■ 활동의 의미
- 시라토리 겐지 이야기를 통해 일방적인 관계가 아니라 상호 소통의 관계를 통해 누구나 다른 누구에게 필요한 존재라는 인식을 할 수 있다.
- 서로 다름에서 배움이 일어나는 수용적인 태도를 배울 수 있다.

■ 활동 내용(모둠 활동)
- 시라토리 겐지 이야기를 모둠 안에서 대화와 토론을 통해 자신의 고정관념과 편견을 발견하고 성찰해 본다.

■ 활용 자료 수용 사례_시라토리 겐지의 이야기

"나 아닌 너의 위치에서…우린, 잘 듣고 말하고 보고 있는 것일까"

시각 장애를 가진 시라토리 겐지 그가 원하는 건 작품을 만지는 것이 아니었다. 그는 '말'로 작품을 감상하길 원했다. 요청에 따라 작품을 '말'로 옮겨 줄 해설자가 붙었다. 시각을 제외한 다른 감각의 확장으로 삶을 살아가는 그가 관람객이 되자 미술관은 완전히 다른 공간이 된다. 낯설게 보고 새롭게 듣기를 촉진한다. 그와 동행하는 사람들은 기존과는 다른 방식으로 작품을 '본다'.

다른 감각을 통한 새로운 방식의 보기, 사유하기, 말하기, 듣기가 이루어지는 현장이

<table>
<tr>
<td></td>
<td>
라고, (중략) 페미니즘에 대한 백래시도, 다름에 대한 혐오와 차별도, 결국 '나'가 '너'가 되어보지 못해서 벌어지는 일이 아닐까. 당신의 말을 잘 듣지 못해서, 제대로 보지 못해서, 다르게 말하기 어려워서 만들어진 상황은 아닐까. 우리는 어떻게 보고 있을까? 타인의 경험과 감각을 상상하며 말하고 있을까? 나의 위치가 아닌, 너의 위치에서 듣고 있을까? 어떻게 하면 다르게 생각하고 사유하고 행동할 수 있을까?
(이하 생략) –이길보라–

출처: 경향신문. 나 아닌 너의 위치에서...우린, 잘 듣고 말하고 보고 있는 것일까. 2021.06.08. https://www.khan.co.kr/culture/culture-general/article/202106082149005

▪ 활동 방법
1. '____스럽다', '_____답다'라는 말의 의미에 대해 학습자들이 가진 생각에 대해 이야기를 나눈다(이런 표현은 다양성을 어떻게 훼손할까? 여기서 꼭 소수자만이 아니라 누구나가 해당될 수 있다는 전제가 필요함).
2. 시라토리 겐지 이야기에서 '소통 역량'과 연결 지을 수 있는 의미를 찾아보도록 한다.
3. 모둠 활동이 끝나면 발표를 통해 전체가 함께 공유한다.
</td>
<td></td>
</tr>
<tr>
<td>정리
(15분)</td>
<td>
◎ [정리활동]
– 전개 2의 활동이 끝나면 다음의 이야기를 함께 나누고 정리한다.

▪ 주요 발문
– '정상'에 대한 사회의 통념이 어떻게 다양성을 훼손하고 그것은 어떻게 혐오, 차별과 연결될까요?
– 다문화사회에서의 소통을 위해 필요한 자세는 어떤 걸까요?

▪ TIP
시간이 남을 경우 '소통'을 주제로 다문화사회의 여러 가지 현상을 의자로 표현하는 활동으로 마무리할 수 있다.

▪ 활동의 의미
– 다문화사회의 여러 갈등 상황을 하나의 구조물로 구성하는 활동을 통해 갈등 상황을 보다 객관적으로 인식할 수 있고 평화로운 소통 관계를 위한 변화를 상상해 볼 수 있다.
</td>
<td>의자
10개</td>
</tr>
</table>

4) 세계시민교육

(1) 개념

세계시민교육은 국제이해교육의 연장선상에 있으며, 국제이해교육의 궁극적인 목표를 글로벌 교육패러다임의 전환에 따라 변혁적으로 진일보하려는 개념이다. 국제이해교육(education for international understanding)은 국경을 초월하여 전 세계인이 하나의 공동체적 시각을 갖고 세계 문제를 이해하고 해결하는 방법을 찾는 교육으로 '국가 간'의 경계를 인정한 상태에서 인류평화를 위해 서로 간의 오해나 갈등을 줄이기 위한 방법으로 '이해'를 중요시한다.

세계시민교육은 세계화된 시대를 살아가는 시민에게 요청되는 세계공동체 구성원으로서의 자질을 함양하는 교육이다(이정우, 2017). 즉 공동체적 시각을 가지고 전 세계가 더불어 살아갈 수 있도록 하는 데 목적을 두고 세계를 하나의 단위로 인식한다는 점에서 국제이해교육보다 포괄적인 개념이라고 할 수 있다. 요컨대 세계시민교육은 차이 이해와 존중을 넘어 개인이 세계시민으로서 국제적 이슈에 관심을 갖고 더 포용적이고, 정의롭고, 평화로운 세상을 만드는 데 필요한 실천과 책임을 보다 강조하는 개념이다.

서울시교육청의 경우 2022년 '평화세계시민교육 기본계획'에서 "다문화교육을 넘어 세계시민교육"이라는 슬로건을 제시하며, '정의롭고 평화로우며 지속가능한 세상'을 만들기 위한 '지식, 기술, 가치와 태도를 길러주는 교육'의 필요성을 강조하였다. 특히 기존의 세계시민교육에서 다소 결여되었던 지역적 특성과 민주시민성을 보완하여 '학생 개인의 일상에서부터 변화를 시작하는 것이 세상을 변화시키는 것'이라는 참여적이고 실천적인 의미의 세계시민교육을 강조하였다. 또한 세계시민교육은 '평화', '인권'이라는 보편적 개념이 단순히 '전쟁의 방지'라는 소극적인 개념에 한정되지 않고, '구조적·문화적 폭력의 철폐'라는 적극적이고 변혁적인 의미를 포함하는 개념이다.

(2) 교육 목표 및 내용

유네스코에서는 학습자들이 세계에 대해 '아는 것'에 그치지 않고 지구촌 구성원으로서의 소속감을 바탕으로 인류 보편의 가치를 내재화하여 국가와 지역의 경계를 넘어 타인과 연대할 수 있으며 지역과 글로벌 단위의 문제해결을 위해 책임감 있게 참여할 수 있는 '행동적 역량'을 갖추는 것을 세계시민교육의 목표로 제시하였다(유네스코 아시아태평양 국제이해교육원, 2017).

세계시민교육은 인지적 영역, 사회·정서적 영역, 행동적 영역으로 구분된다. 인지적 영역은 지식 정보와 비판적 문해력을 갖춘 학습자를 목표로 한다. 이에 따라 '지역·국가·세계의 체계와 구조', '지역·국가·세계 차원에서 공동체 간의 상호작용과 연계에 영향을 미치는 이슈', '암묵적 가정과 권력의 역학관계'를 학습주제로 제시하고 있다.

사회·정서적 영역은 풍부한 사회적 관계 속에서 다양성을 존중하는 학습자를 상정하고 '다양한 차원의 정체성', '사람들이 속한 공동체 간의 상호연계 방식', '차이와 다양성의 존중'을 학습주제로 제시하고 있다.

행동적 영역은 윤리적 책임감을 갖고 참여하는 학습자를 목표로 '개인적·집단적으로 취할 수 있는 행동', '윤리적으로 책임감 있는 행동', '참여하고 행동하기'를 학습주제로 제시하고 있다(유네스코 아시아태평양 국제이해교육원, 2017). 이를 정리하면 다음 표 5-13과 같다.

표 5-13 세계시민교육의 목표와 학습주제(유네스코, 2015)

세계시민교육 목표	세계시민교육 학습주제
인지적 영역 • 지식 정보와 비판적 문해력을 갖춘 학습자	지역·국가·세계의 체계와 구조
	지역·국가·세계 차원에서 공동체 간의 상호작용과 연계에 영향을 미치는 이슈
	암묵적 가정과 권력의 역학관계
사회·정의적 영역 • 풍부한 사회적 관계 속에서 다양성을 존중하는 학습자	다양한 차원의 정체성
	사람들이 속한 사람들이 속한 다양한 공동체와 공동체 간의 상호연계 방식
	차이와 다양성의 존중
행동적 영역 • 윤리적 책임감을 갖고 참여하는 학습자	개인적·집단적으로 취할 수 있는 행동
	윤리적으로 책임감 있는 행동
	참여하고 행동하기

2017년 아태교육원과 국제엠네스티 한국지부, 평화교육 단체인 피스모모, 세계시민교육 보니따, 아름다운 가게가 공동작업으로 발간한 세계시민교육 워크북 『세계시민 모여라』를 살펴보면 유네스코를 중심으로 하는 세계시민교육의 방향과 목표, 내용들을 두루 살펴볼 수 있다. 워크북의 구성 내용은 표 5-14와 같다.

표 5-14 아태교육원 세계시민교육 워크북 구성 내용

구분		주요 내용
주요 목적		• 학습자가 인류 공동으로 직면한 문제들에 관심을 갖고 이를 해결하는 데 필요한 소통, 협력, 창의 및 실천 역량을 갖출 수 있도록 한다. • 학습자가 인권과 사회정의, 다양성, 평등, 평화, 지속가능발전 등의 보편적 가치를 존중하며 관심을 가지고 실천할 수 있도록 한다.
학습 대상		• 초등학교 고학년부터 중학생
교사 역할		• 학습자 중심, 전인적 교육 • 지역 문제와 공동의 관심사, 책임에 대한 인식 향상 • 서로 대화하고 존중하는 학습 환경 장려 • 가치관 형성에 영향을 미치는 문화적 규범, 국가 정책 및 국제 체제 인식 • 비판적 사고와 창의력을 북돋우고 동기를 부여하며 문제해결 지향 • 위기극복 능력과 실천 역량 개발
구성 내용	1	〈나도 세계시민일까?〉 유네스코 아태교육원
		• 세계화로 인해 강화된 상호연결성에 대해 이해할 수 있다. • 일상에서 나와 세계가 이어져 있다는 점을 깨달을 수 있다. • 상호연결로 인해 나의 선택과 행동이 지구촌에 미칠 수 있는 영향에 대해 관심을 갖는다.
	2	〈내 안에 내가 여러 명이 있다고?〉 국제앰네스티 한국지부
		• 한 사람의 정체성을 규정하는 데 다양한 특성이 작용하며 모든 사람은 서로 공통점과 차이점이 있다는 사실을 발견할 수 있다. • 정체성의 개념을 이해하고 다양성의 가치와 중요성을 파악하고 누구나 존중받을 가치가 있다는 것을 이해할 수 있다. • 자신의 이야기를 나누고, 다른 사람의 이야기를 듣는 활동을 통해 상호 존중하는 태도를 기를 수 있다.
	3	〈다른 것이 틀린 것은 아니구나〉 국제앰네스티 한국지부
		• 편견과 고정관념이 사회·문화·제도적 차별과 인권침해로 이어지게 되는 구조를 이해할 수 있다. • 차별하지 않는 것이 모든 사람들이 자신의 인권을 행사하고 주장하도록 하는 데 있어 필수적임

		을 이해할 수 있다. • 차별과 인권침해로 이어지는 사회적 고정관념과 선입견을 발견하고, 이에 대해 문제를 제기할 수 있는 능력을 강화할 수 있다. • 인권의 가치를 이해하고 세계인권선언에서 보장하는 인권의 개념과 중요성을 파악할 수 있다.
	4	〈아하! 평화와 공존의 비밀〉 피스모모 • 평화와 공존을 위한 개인과 집단의 노력에 대해 생각할 수 있다. • 갈등을 파악하고 방지하여 평화를 만들 수 있다
	5	〈샴푸를 쓸수록 숲이 사라진다고?〉 세계시민교육 보니따 • 내 소비가 환경 문제를 일으킬 수 있음을 이해한다. • 세계화를 통해 나와 다른 나라가 연결되어 있음을 설명할 수 있다. • 팜유를 둘러싼 문제를 해결하기 위해 시민으로서 할 수 있는 일을 실천할 수 있다. • 캠페인을 통해 시민의 대표인 국회의원과 소통하는 법을 익힌다.
	6	〈윤리적 소비로 나도 세계시민!〉 아름다운 가게 • 소비와 환경 간의 상관관계를 깨닫는다. • 윤리적 소비의 개념을 이해하고 일상에서 실천할 수 있는 윤리적 소비활동을 찾아보고 실천계획을 수립한다.

출처: 세계시민교육: 교사용 지도서(2017).

(3) 교수 · 학습방법

세계시민교육은 참여적이고, 실천적이고, 변혁적인 교육이다. 요컨대 학습자가 지구촌의 한 구성원으로서 국제적 이슈에 관심을 갖고, 보다 평화롭고 정의로운 방향으로 세상을 변화시키기 위해 노력하는 세계시민으로서의 역량을 갖도록 촉구하는 교육이다. 학습자가 자연스럽게 세계시민으로서의 역량을 함양하기 위해서는 다원적인 수업전략이 필요하다.

첫 번째, 세계화로 인해 심화된 상호연결성에 대해 학습자가 이해하도록 한다. 우선 세계화로 인해 사람, 기술, 노동, 자원, 정보, 문화가 이동하면서 개인의 삶과 세계가 긴밀히 연결되어 있다는 것을 인식함으로써 세계시민으로서의 책임을 생각할 수 있도록 한다. 나아가 학습자가 심화된 세계화의 정도를 이해하도록 현재 지구촌에서 벌어지고 있는 기후위기, 폭력, 불평등, 인권, 크고 작은 분쟁 등 전지구적 문제를 시각적으로 제시한다. 그리고 '세계인권선언'의 내용을 공유하고 제시된 사례가 세계인권선언의 어느 부분에 해당되는지 연결해 보도록 한다. 이것은 편견과 고정관념이 사회·문화·제도적 차별과 인권침해로 이어지게 되는 구조를 이해하고, 인권의 가치와 그 중요성을 파악하도록 한다.

두 번째, 학습자들이 협동학습을 통해 상호의존성에 대해 이해하도록 한다. 협동학습은 실천적 교수·학습 방법으로써 긍정적인 상호의존성과 상호작용을 증진시킨다. 세계시민교육에서 너와 나, 우리와 타자가 상호의존하는 유기적인 관계로 연결되어 있다는 인식에 집중함으로써 공존, 연대, 협력, 상호의존성, 세계시민성과 관련된 역량을 강화하는 것이 중요하다. 예를 들어, 평화의 컵 채우기, 털실이나 밧줄을 활용한 놀이 등 협력 활동을 배치하여 유기적인 관계를 경험하도록 할 수 있다. 사람-사람의 연대와 협력만이 아니라 다양한 생명의 존엄성을 인식하는 것을 목표로 사람-모든 생명의 이어짐에 대한 생태적 사유로 충분히 확장되어야 한다. 환경, 생명에 대한 문명의 폭력은 사회적 약자에 대한 다양한 유형의 폭력과 긴밀하게 연결되어 있기 때문이다.

세 번째, 소집단 내 대화 중심의 활동으로 배움의 과정 자체를 민주적이고 참여적으로 운영한다. 교사에게 권한이 집중되어 학습자와 위계적인 관계가 존재하는 경우 학습자의 행동을 억압할 수 있다. 교사는 교육의 매개자로서 학습자 상호 간에도 배움이 교류될 수 있는 배움의 기술을 경험하게 해야 한다. 교사가 주제와 관련된 이미지 자료를 제시하여 모둠 안에서 그 속에 담긴 의미를 분석하고 해체하도록 한다. 소집단 활동에 참여하는 사람들은 상호작용하는 과정에서 갈등, 경쟁, 조정, 합의를 경험하고, 그것은 공동의 목표를 위한 연대감으로 이어질 수 있다. 무엇보다도 정답이 정해지지 않은 개방적인 대화 과정에 참여한 학습자는 안전하게 자기를 드러내고 문제 상황을 공유함으로써 다른 구성원들의 협력을 이끌어내고 대화를 촉진할 수 있다(권미영, 2023). 이 과정에서 학습자들은 서로가 서로에게 배우는 수평적인 배움의 관계를 경험하게 되고 자신이 사회를 주체적으로 바꿀 수 있는 존재라는 믿음을 가지게 된다.

네 번째, 사회 실천적 접근법(Social Action Approach)은 학습자 자신의 변화와 실천역량 증진을 돕는다. 예를 들어, 개인과 개인 간 소통의 어려움부터 전지구적인 갈등에 이르기까지 갈등의 원인, 갈등의 전개 양상, 갈등 조정 방안을 생각해 보도록 한다. 이때 갈등이 일어나는 문제 자체에만 집착하기보다는 갈등이 변화의 동력으로 작용하고, 더 나은 관계를 위해 변화를 모색하는 기회가 될 수 있다는 것을 안내한다. 학습자들은 세계화로 인한 갈등관계와 인권 문제를 연결하여 브레인스토밍, 역할극, 카드뉴스 제작, 플래시몹 등을 통해 대안을 모색해 볼 수 있다.

마지막으로 한 가지 덧붙이면 학습자들이 가지고 있는 신념이나 경험과 관련지어 성찰해 보도록 하기 위해 교사가 발문을 제시할 수도 있고, 소집단 내에서 학습자들 스스로 발문을 생성해서 학급 전체가 함께 질문의 답을 찾아가는 활동도 도움이 된다. 발문은 입장에 대한 가치를 스스로 학습자가 기존에 규정·판단·평가했던 것들을 보류하고 편견을 찾아 해체, 재구성할 수 있도록 자극한다는 점에서 효과적인 전략이 될 수 있다. 발문은 학습의 목표와 연관되어 잘 조직되어야 하고 단순한 질문과 달리 학생으로 하여금 대화에 참여하도록 하고 비판적 사고를 촉진함으로써 기존의 인식을 확장시킬 수 있다.

활용자료 세계시민교육안(고등학생 이상)

1) 수업 목표

- 세계시민으로서 상호연결성을 인식하고, 인류 공동의 문제를 해결하기 위한 협력과 연대의 필요성을 인식할 수 있다.
- 갈등의 발생 원인을 다양한 관점으로 이해하고, 갈등을 평화롭게 전환해 갈 수 있는 실천역량을 함양한다.

2) 수업의 전개(100분)

	도입(15분)	전개 1(35분)	전개 2(30분)	정리(20분)
교수-학습 활동	평화의 컵 채우기	갈등은 왜 생길까? – 영상 '이웃들'	우리는 연결되어 있어(상호연결성) – 밧줄놀이	그림카드 활동
수업방법	놀이 중심활동, 영상 시청, 모둠 토의, PPT 강의			

단계	교수·학습 내용	자료
도입 (15분)	◎ [도입활동] : 평화의 컵 채우기 ■ 활동의 의미 – 평화를 만들어 가기 위해 상호보완적인 협력관계에 대해 이해한다. ■ 활동 내용 – 평화를 위한 조건이 무엇이며, 평화의 컵을 보다 온전하게 채우기 위한 개인과 집단의 역할을 생각해 본다. **■ 활동 방법** 1. 여러 색깔의 종이컵을 1개씩 나눠준다. 2. 각자 펜으로 종이컵 바닥을 피자 모양으로 6등분하여 6칸을 만든다. 3. 각자가 생각하는 〈평화의 조건〉 6가지를 각 칸에 1개씩 쓴다.  4. 행복의 조건 6가지 각각에 대해 자신이 채울 수 있는 능력만큼만 남기고 잘라낸다. 5. 모둠 안에서 서로의 다양한 종이컵 모양을 관찰하도록 하고, 느낀 점을 공유한다. 6. 모둠 안에서 평화의 컵을 최대한 온전하게 채우기 위한 방안을 논의한다. 이때 진행자는 답을 유도하기보다는 되도록 다양한 방안을 찾도록 한다.  7. 모둠별 발표를 듣는다. 여러 개의 컵을 포갠 모둠이나 다른 방안을 찾은 모둠이나 발문을 통해 우리가 살아가는 세상의 평화를 만들어 가기 위해 협력과 연대가 필요하고, 서로는 서로에게 필요한 존재라는 것을 인식할 수 있도록 한다. ■ 주요 발문 – '나'의 평화의 컵 모양은 어떤가요? 다른 사람의 컵 모양과 무엇이 비슷하고 다른가요? – 그 차이는 무엇을 의미하나요? 그 차이가 불편함, 갈등이 아닌 모두를 위한 강점이 될 수 있을까요? – 우리는 어떻게 평화의 컵을 온전하게 채울 수 있을까요?	다양한 색깔 종이컵 가위
전개 1 (35분)	◎ [전개 1] : 갈등은 왜 생기는 걸까? ■ 활동의 의미 – 세계시민으로서 갈등을 평화적으로 전환해 갈 수 있는 역량이 필요함을 알고, 개인 및 공동체의 역할을 생각해 본다. ■ 활동 내용 – 영상 '이웃들(Neighbours)'을 시청하면서 갈등의 원인, 갈등 양상, 갈등을 조정할 수 있는 방안을 생각해 본다. * 영상자료: 이웃들(Neighbours), 노먼 맥라렌(Norman McLaren) https://youtu.be/4YAYGi8rQag	영상 2절지 포스트잇

■ 활동 방법

1. 우리가 살아가는 사회에서 일어나는 다양한 갈등 사진을 이미지로 제시하여, 어떤 종류의 갈등인지 이야기를 나눈다.
2. 다양한 갈등 이미지에서 개인/집단이 해결할 수 있는 것, 구조적·문화적인 힘이 개입되어 시스템의 변화를 통해 해결할 수 있는 것들로 구분해 본다. (예시: 팔레스타인과 이스라엘 전쟁, 지구온난화로 가라앉고 있는 나라 투발루, 휴대폰의 원료인 콜탄 채굴을 위해 노동착취 당하는 콩고 어린이, 다양한 종의 상실로 겪는 식량 위기, 히잡을 썼다는 이유로 차별을 겪는 여성 등)
3. 영상 '이웃들(Neighbours)'을 시청하면서 영상 속 두 사람의 갈등의 원인이 무엇이고, 갈등이 시작되고 증폭되는 지점에서 두 사람의 몸동작은 어땠는지, 갈등이 심화되는 이유는 무엇이었는지, 갈등으로 초래된 결과는 어땠는지 등을 집중해서 보도록 요청한다.
4. 모둠별로 갈등 그래프 워크시트와 포스트잇을 나눠준 후에 그래프의 각 지점에 해당하는 의견을 포스트잇에 써서 채워 보도록 한다.

〈예시 : 워크시트〉

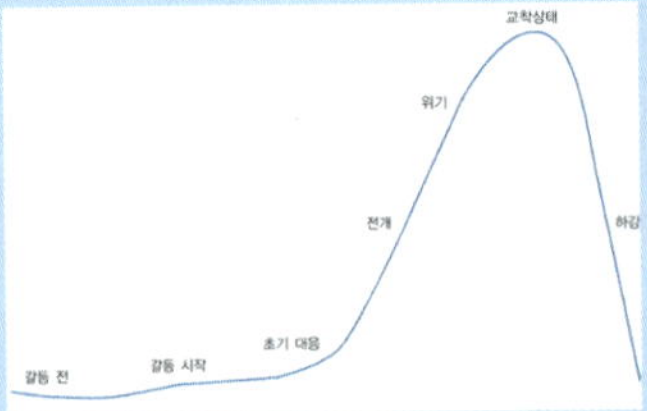

워크시트 출처: '평화와 공존' 〈아하 평화와 공존의 비밀〉 피스모모편, 세계시민교육워크북(2017).

5. 전체활동으로 발문을 통해 갈등을 평화적인 관계로 전환할 수 있는 개인과 집단의 역할, 구조적/문화적인 변화로 구분하여 이야기를 나눈다.
6. 이야기를 마친 후 포스트잇에 개인의 역할, 집단의 역할, 구조적/문화적인 변화에 대해 각자의 생각을 써서 공유한다(만약 포스트잇 대신 오픈채팅이나 구글폼, 패들렛 등을 활용할 수 있다면 수업 후에 서로의 생각에 댓글을 달아 활발한 토론으로 이어질 수 있도록 한다).

■ 주요 발문

- (영상 시청 전) 우리가 살고 있는 지구에서 현재 일어나고 있는 갈등은 어떤 것들인가요? 다음 이미지들에서 보이는 갈등은 어떤 종류이고, 그 갈등의 원인은 무엇에서 기인한 것일까요?
- (영상 시청 후) 갈등 전 – 갈등의 시작 – 초기 대응 – 갈등의 증폭 – 갈등의 결과는 어땠나요? 그 과정에서 영상 속 두 사람의 대응(몸동작, 표정 등)은 어땠나요?
- (모둠 토의 후) 갈등을 평화로운 관계로 전환하기 위해 그래프의 어느 지점에서 무엇

	을 어떻게 바꿀 수 있을까요? – (마무리 포스트잇 활동) 개인이 할 수 있는 것과 집단이 할 수 있는 것, 구조적인 변화가 필요한 것에 대해 각자의 생각을 써 봅시다.	
전개 2 (30분)	◎ [전개 2] 밧줄 놀이 ■ 활동의 의미 – 세계시민으로서 참여자 개개인의 실천적인 참여가 소중하다는 것을 인식한다. ■ 활동 내용 – 얽힌 밧줄을 보고(지구 이슈 인지) 서로가 어떻게 연결되어 있는지 확인을 하면서(상호연결성 인식) 어떻게 하면 얽힌 밧줄을 풀어갈 수 있을지(실천적 연대의 힘)에 집중한다. **■ 활동 방법** 1. 모둠별로 밧줄(10–15m)을 나누어 주고, 밧줄을 얽히게 한 후에 밧줄의 5개 지점을 정해 각 지점을 한 사람씩 오른손으로 잡도록 한다. 2. 이때 진행자는 참여자들이 얽힌 밧줄을 보면서 전개활동1에서 나누었던 다양한 지구 이슈와 갈등상황을 상상하도록 제안한다. 3. 한 사람씩 몸을 움직여 갈등 밧줄을 풀어가도록 한다. 활동할 때 서로 말을 하지 않고, 눈빛이나 행동으로만 소통하도록 한다. 이때 줄이 더 꼬일 수도 있고, 예상했던 결과와 다를 수도 있다는 것을 느껴보도록 한다. 4. 한 사람 한 사람의 움직임(역할)이 전체 시스템과 어떻게 연결되는지를 인식하도록 제안한다. 5. 얽힌 줄을 다 푼 모둠은 밧줄을 이용해 세계시민의 협력과 연대를 상징하는 퍼포먼스를 하도록 한다. 6. 활동이 끝나면 모두 자리에 앉아 발문에 대한 생각을 나눈다. ■ 주요 발문 – (밧줄 풀기 활동이 끝난 후) 진행자가 얽힌 밧줄을 보면서 지구의 이슈와 갈등 상황을 상상하도록 제안했을 때 여러분은 무엇을 떠올렸나요? – 서로의 연결 지점이 느껴졌나요? 그 연결 지점의 어디쯤에 자신이 있다고 느껴졌나요? 누구 하나쯤은 빠져도 밧줄을 성공적으로 풀 수 있었을까요? – 밧줄을 풀면서 어려움은 없었나요? 어떤 점이 어려웠나요? 그것은 어떻게 해결되었나요?	밧줄
정리 (20분)	◎ [정리활동] ■ 활동의 의미 – 그림카드 활동으로 세계시민의 역할에 대해 생각해 본다. ■ 활동 내용 – 학습자들이 지구의 이슈를 해결해 가기 위한 개인적인 차원의 실천과 타인과의 연대를 통해 실천할 수 있는 내용들을 찾는다.	그림 카드

■ 활동 방법

1. 모둠별로 그림카드 1세트씩 배분한다(다양한 생각을 촉발할 수 있는 그림카드를 활용한다. 예: 딕싯카드).

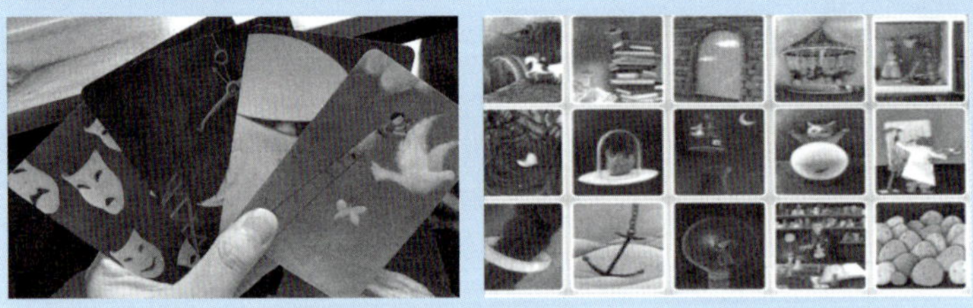

이미지: 보드게임 딕싯(DIXIT) 카드

2. '세계시민은 어떤 사람인가?'라는 질문에 대해 각자 그림카드 중 하나를 선택하고, 모둠별로 1명씩 돌아가면서 자신이 선택한 카드를 보여주며 자기의 생각을 발표한다. 이때 누구 한 사람의 이야기 시간이 길어지지 않도록 1-2분 정도의 시간으로 제한하는 것이 좋다.
3. 모둠별 활동이 끝나면 진행자는 전체 활동으로 모둠 안에서 누구의 이야기가 인상적이었는지를 물으며 몇 명의 발표를 공유한다.
4. 마지막으로 Ego와 Eco 이미지를 제시하며 세계시민과 세계시민성의 의미에 대해 강조하며 수업을 마무리한다.

〈예시〉

	서열이 없는 평등한 관계이며, 지구의 모든 생명이 상호의존적 공생 관계		서열에 의한 수직적인 관계이며, 인간 중심의 개발과 발전

"세계시민은 지구가 포용적이고 정의로우며 평화로운 세상을 만드는 데 필요한 지식과 기술, 태도를 갖춘 사람을 말한다. 이를 위해 세계시민은 전 지구적으로 일어나는 이슈들에 관심을 갖고, 그 이슈가 지구 모든 생명의 삶에 어떤 영향을 미치는지를 비판적으로 사고하며, 원인과 결과를 맥락적으로 인식할 수 있어야 한다. 더불어 세계시민은 인식하는 것에 머물지 않고 개인적 차원의 실천과 타인과의 연대를 통해 지구 문제를 해결하려는 행동하는 시민이다."

"세계시민성은 지구의 평화문화를 만들어 가는 역량이다. 평화는 지구 모든 생명의 상호의존성과 연결성을 인식하고 공감, 포용, 연대를 통해 상생, 공존하려는 과정에서 만들어진다. 세계의 문제를 자기의 삶과 연결지어 문제 해결을 위한 대안을 찾아 자

	기가 속한 공동체 안에서 비평화적인 요소들을 함께 바꾸어 가려는 노력이 필요하다. 차별, 혐오, 갈등과 분열의 문제는 어느 집단, 공동체 안에서도 나타나는 문제이다. 서로의 차이를 존중하고 포용하며, 서로가 위로하고 위로 받는 지지와 환대의 관계를 만들어 가는 그 과정 자체가 평화로워야 한다."	

Chapter 06

한국 다문화교육 방향

들어가며

"I Am, Because You Are"
당신이 있기에 내가 있습니다. 우리는 연결되어 있습니다.

\- 아프리카 반투족의 격언 -

01 성찰: 한국 다문화교육 현장

1) 피상적인 타문화 체험교육

다문화교육이 다양성을 이해하고 편견과 차별을 지양하는 태도 교육이 초점이 되어야 함에도 불구하고 현재 국내에서 실시되고 있는 다문화교육은 다른 나라 문화를 배우거나 특수한 문화적 배경을 이해·존중하는 것에 집중되어 있다. 세계의 다양한 문화를 경험함으로써 견문을 넓히고 보다 개방적 사고를 할 가능성은 있으나 단순히 다른 문화를 배우는 것만으로는 다문화사회에 대한 올바른 태도를 형성하는 데는 큰 도움이 되지 않는다. 오히려 주류집단의 학생에게는 타문화의 다양성을 관용하는 주체의 지위를 부여하고, 이주배경을 가진 학생에게는 이해·존중되어야 할 타자로서 지위를 부여하게 되는 위계질서를 만든다. 이는 다양성은 전시되고, 체험되어야 할 특수한 것으로 인식하게 되는 문제와 더불어, 다문화는 주류 문화체제 안에 동화시켜야 할 대상으로 타자화하는 차별의 단어로 고착화된다.

2) 소극적 다문화 개념의 문제

다문화라는 용어는 매우 다양하고 광범위하게 사용되므로 그 대상과 범위도 사용하는 목적에 따라 달리 개념화되고 있다. 우리 사회 내 다문화와 관련된 용어들은 다민족, 다인종, 다언어 등과 같이 여러 개 문화가 합쳐져 이루어진 개념이다. '다문화'는 모든 집단의 문화는 역사와 전통을 담고 있으며 나름의 가치와 의미가 있으므로 존중받아 마땅하다는 당위성을 내포하고 있다. 그래서 다문화는 한 사회 내 존재하는 다양한 집단들의 문화 간 차이나 다름에 대한 이해와 함께 그 독특성이나 차별성을 인정하고 존중하며 서로 다른 문화가 어울려 새로운 문화를 만들고 발전해 가는 과정과 가치까지도 반영하는 깊이 있고 철학적인 의미를 담고 있다.

그럼에도 한국 사회에서 사용하고 있는 다문화라는 용어는 지금까지도 이주민을 지칭하는 명사나 형용사로 그 대상만을 생각하는 특수한 상황으로 사용하고 있으며, 이주민 중에서도 결혼이민자와 그 가족으로 한정하는 매우 협소한 의미로 인식하고 있다.

이로 인해 다양한 문화적 배경에서 온 각각의 사람들을 '다른 문화권, 나라에서 찾아온 사람들'이라는 하나의 범주에 모두 포함시켜 일반화한다. 그러다 보니 다문화교육 현장에서 다문화는 이주민이라는 이질적인 특성을 부각시켜 구분 짓는 타자화된 대상으로 인식되는 문제가 있다.

다문화의 개념을 한 사회 내 민족이나 인종에 의한 구분만이 아니라 계층, 지역, 성, 직업, 연령, 종교, 성 선호도, 장애 또는 비장애 등에 의해 구분되는 다양한 문화의 개념으로의 인식 전환이 필요하다. 이러한 관점에서 다문화교육은 소수자인 비주류문화 집단이 자신의 문화정체성을 유지하도록 교육하는 것은 물론 다른 한편으로 주류집단과 비주류집단 모두 상호문화를 이해하고 존중하며 공존할 수 있도록 교육하는 데 중점을 두어야 한다.

3) 사회정의를 실현하는 다문화교육 부재

시민교육으로서의 다문화교육은 인간이 다른 사람과 살아가는 과정에서 배워야 할 기본적인 시민의 자세라는 입장에서 접근하는 것이다. 사회통합 및 상호공존을 위하여 다른 사람에 대한 인권을 존중하고 편견 및 고정관념을 약화시키며 평등과 공동의 가치를 배우는 교육적 접근이라고 볼 수 있다. 그럼에도 불구하고 현재 다문화교육은 권력 문제나 불평등, 사회정의, 인권 등의 문제에 주목하지 못한다. 다시 말해 다문화교육이 차이에 대해 인지하는 것을 넘어서 차이가 차별과 불평등으로 이어지는 것에 대해 비판적으로 인식하고, 이를 실천적으로 해결하기 위한 내용이 교육과정에 구체화되지 못했다는 것이다.

그동안 다문화교육이 이주가 발생하는 배경, 권력 문제나 이주민이 한국 사회에서 갖는 권리 등에 대해서는 상대적으로 회피해 오는 사이에 난민과 이주민에 대한 한국 사회의 근거 없는 반감과 혐오는 반다문화 정서를 형성하였다. 이주민에 대한 다문화 정책이 역차별이고, 이주민이 새로운 특권층으로 지원받는 것에 대한 불만이 '국민의 안전'과 대비되면서 반감과 혐오로 나타난 것이다.

난민을 둘러싼 논쟁과 갈등 문제는 다문화사회가 안고 있는 보다 본질적인 문제인 국가 간 힘의 불균형, 기후, 소수민족과 종교에 대한 탄압, 정치·문화적인 억압 등 전 지구적 차원, 인권 차원의 접근이 필요하다. 하지만 기존 다문화교육이 '난민' 이슈에 대해 정면으로 다루지 못하고, 반편견, 반차별 교육으로까지 확장되지 못하는 한계가 있다.

4) 삶을 바꿔내지 못하는 단회기 교육

다문화교육의 개념과 실천원리에서 살펴본 바와 같이 다문화교육의 교육과정의 개혁이 필요하다. 교육부는 2021년 다문화교육지원계획을 통해 전체 학교의 다문화교육을 확대하겠다고 하였으나 2015 교육과정 범교과 학습주제로 '다문화교육'을 제시하고 연간 2시간 이상 교과· 비교과 활동 실시에 대하여 권고 수준에 머무르고 있다. 그리고 다문화교육 선도모델 개발 및 확산을 위해 각 지역 특성과 학교(유치원) 여건에 따라 교과, 창의적 체험활동, 방과후학교 등을 통해 자율적으로 다문화교육을 추진할 수 있는 다문화교육정책학교를 운영하고 있다.

그러나 대부분의 학교는 여전히 학교 행사 시 다문화교육과 관련된 체험활동을 함께 운영하는 단회기의 교육을 기획하거나 특강 형식의 다문화교육을 실시하고 있다. 이는 학습자가 삶 속에서 사회를 변화시켜 나갈 수 있는 주체라는 믿음이 전제되지 못하고, 당위 차원의 인지교육에 집중되는 문제이기도 하다. 학생들이 다문화교육이 강조하는 핵심가치들을 이해하고, 일상생활의 태도 변화로 이어지기 위해서는 좀 더 체계적이고 연속적인 교육프로그램이 필요하다.

학생들은 자신이 속한 특정 집단의 문화가 체화되거나 제도화된 교육을 통해 습득된 것들이 내면화되어 있어 단회기 교육으로 인식과 태도의 변화를 기대하기는 쉽지 않다. 예컨대 학교 도덕, 혹은 사회교과에서 묘사된 '우리'라는 개념은 한국어를 쓰고, 김치를 먹고, 문화재와 조상을 공유하는 원초적 민족집단이고, 집단주의적 세계관이 더 '바람직한 것' 또는 더 '선한 것'으로 제시되고 있다. 이런 원초적인 민족집단의 개념은 공동체 구성원들의 연대를 개념화 및 이해하는 인식의 틀에 영향을 미칠 수 있다(장수빈, 2019).

02 제언: 실천적 한국 다문화교육

1) 모두를 위한 포용성 교육

다문화교육은 이주배경을 가진 구성원들의 특별한 요구를 반영하기 위한 것이 아니며, 이주배경을 가진 구성원을 이해하기 위한 교육이라고도 할 수 없다. 다시 강조하지만 다문화교육은 다양한 사회구성원들이 서로의 차이와 다양성을 존중하고, 조화롭게 관계를 맺고 소통하기 위한 태도와 가치를 배우고, 실천하도록 하기 위해 모두를 대상으로 하는 것이다.

문화적 차이와 다양성은 때로는 갈등을 일으키지만, 그것은 소통과 협의의 과정을 통해 우리 모두를 변화·성장시키는 동력이 되기도 한다. 낯설고 이질적인 것들을 애써 회피할 것이 아니라 포용성을 강조하는 교육을 실시할 필요가 있다.

나아가 다문화교육은 학교에서 뿐만 아니라 사회 전반에서 모든 사회구성원들을 위해 수평적으로 이루어져야 한다. 학교 밖 일상생활에서 마주하는 다문화적 갈등 상황을 해결하기 위하여 이주배경, 비이주배경 구분 없이 학생을 포함한 사회구성원 모두에 대한 다문화교육을 실시할 필요가 있다.

또한 다문화교육은 학생들이 새롭게 학습한 문화 내용과 다양성의 가치들을 원래 자신이 갖고 있던 문화 맥락 속에 적절히 조화시켜 나름의 방식대로 구현해 나가면서 살아갈 수 있도록 돕는 것이 중요하다. 이는 학생들이 '나'의 삶과 연계된 다양성과 차이에 대한 인식을 통해 삶에서 자기 실천적인 변화로 연결되도록 하는 것이고, 다양한 사회구성원에 대한 이해와 포용으로 확장되도록 촉진하는 것이다.

2) 공존을 위한 상호문화교육

한국 사회는 이주민에 대하여 주류사회에 일방적으로 동화시키는 데 가치를 두지 않아야 한다. 이주민의 고유한 문화를 인정하고 새로운 문화 창조를 위해 개인 간, 문화 간, 민족 간의 차이를 이해하고 소통하며 관계를 맺는 상호문화교육이 필요하다. 기존의 학습부진이나 정체성 확립, 적응교육에 대한 초점에서 다문화사회에 대한 총체적인 이해교육으로 대상과 범위를 확대해야 한다. 무엇보다 차이를 이해하고 소통하는 상호작용의 과정에서 자신의 문화와의 유사성을 발견하고 차이에 대한 맥락적 이해를 통해 문화가 가진 보편적이고 기본적인 가치 체제를 찾아 공동의 문화를 형성할 수 있도록 해야 한다.

활용자료 **기울어진 운동장을 들여다보기**

그림 6-3 **유튜브 영상 자료**
(출처: https://youtu.be/Yl3yArSrB28?si=WufuPD59AN0p49oO)

'기울어진 운동장(unlevel playing field)'은 운동장이 기울어져 한쪽이 유리한 지점에서 경기를 치르는 상황을 비유하는 말이다. 운동장에서 축구를 하는데 운동장이 자기 팀의 골대 쪽으로 기울어져 있어서 상대 팀이 골을 넣기가 훨씬 쉬운 상황이며, 기울어진 운동장의 불리함만큼 자기 팀에게 추가적인 지원이 있어야 공정한 경쟁이 가능한 평등한 상황이 된다는 것이다. 이 용어는 원래 축구 경기에서 유래된 용어인데, 다른 축구팀들이 FC 바르셀로나와의 경기에서 계속 패배하면서 농담 삼아 운동장이 기울어졌다고 말하던 게 다른 부분으로 확산된 것이다(출처: 나무위키).

이는 체계적 편향이란 말로도 연결되는데, 각 집단이나 정체성 등에 대한 사회적 대우나 제도가 공평하지 않으며, 특정 집단이나 정체성이 유/불리하게 작용하는 시스템을 말한다.

한국에서는 주로 페미니즘 관련 이슈에 사용되지만 사회적 소수자(주로 성소수자, 인종, 장애인, 저소득층 내지 절대빈곤층)와 관련된 차별 이슈와 장애인의 경우 신체적, 정신적 불편함으로 인해 직접적으로 무관한 것 까지 시혜와 동정의 대상이 되기도 하는데 이로 인해 취직이나 사회적 대우 등에 있어서 불이익을 받기도 한다. 금수저·흙수저 문제도 기울어진 운동장과 연관 있다. 기회의 평등 운운하지만 정작 빈민 태생들에게는 그 기회조차 별로 없거나 적기 때문이다.

우리 사회에 만연한 다문화가정에 대한 차별과 편견에 대해서도 기울어진 운동장을 사용하기도 하는 2020년 선거에 나선 미래통합당 김현기 예비후보(고령-성주-칠곡)은 "다문화가정, 기울어진 운동장을 바로 잡겠다"고 공약하기도 했다.

왜일까? 우리나라는 세계 어느 나라보다도 치열한 대학입시 경쟁 구조 및 극심한 취업 경쟁 하에 있다. 결혼이주여성들은 자신들의 자녀가 과연 가정환경의 열악함을 이겨내고 당당한 사회인으로서 성장할 수 있겠느냐라는 점에서 깊은 우려를 나타내고 있다. 아울러 결혼이주민들이 한국생활에서 겪은 냉대와 차별이 자녀들에게 이어지는 기울어진 운동장에 서 있는 것으로 여긴다. 그래서 최근 들어 결혼이주여성들이 자녀들을 자신의 모국으로 유학 보내는 사례까지 심심치 않게 발견되고 있다.

그런데 사회 일각에서는 다문화가정 출신 자녀들에 대해 외국인에 준하는 대학특례입학제도의 적용, 부모 출신 국가 유학 시 장학금 지원, 학점 상호인정, 튜터(보조 교사)제도 도입, 취업 시 입사시험에서의 가산점 부여 등에 대한 논의에 역차별이라고 한다. 공존을 위한 수평의 운동장은 어떻게 만들 수 있을까?

[영상 원본] : 유튜브 WLDO채널. 기울어진 운동장을 진짜 만든 푸마.
https://youtu.be/Yl3yArSrB28?si=WufuPD59AN0p49oO

▪ **김기현 후보가 언급한 다문화가정의 기울어진 운동장은 무엇일지 구체적인 사례를 찾아보고 이를 해결할 방안을 제시하시오.**

3) 문화다양성 관점의 접근

대부분의 다문화교육은 언어나 외모가 다른 인종적 소수자에게 초점이 맞춰져 있다. 소수자는 어떤 집단에 속해 있다는 이유로 차별과 배제를 당하는 사람들을 뜻하는데 이런 집단은 단지 눈에 보이는 인종뿐만 아니라 신체적·정신적·정서적 능력, 나이, 외모, 신념, 계층, 문화, 가족 구성, 성별, 성적 지향성, 종교 등으로 구분되는 집단이다. 하지만 이처럼 다양한 정체성을 아우르는 다문화주의를 단순히 인종이나 민족적인 측면으로만 해석함으로써 다양한 소수자들에 대한 이해와 교육이 부족한 실정이다(황은영, 2010).

따라서 기존의 인종이나 민족적인 측면에서 문화다양성 관점의 다문화교육 접근을 고려해 볼 수 있다. 문화다양성이란 자연적 조건, 인문적 조건(역사, 종교, 언어,

신념, 인종, 민족, 계층, 성 등)의 차이에 따라 집단과 사회의 문화가 표현되는 다양한 방식과 양상을 의미한다. 개인과 집단의 특수한 환경에서 나타나는 삶의 양식으로서의 문화는 본래 다양성을 전제로 한다. 문화는 나름의 타당성과 합리성이 내재되어 있다는 점에서 어떠한 특정 기준에 의해 문화적 우열을 평가할 수 없다.

그러므로 문화다양성 관점의 다문화교육은 차이 및 다양성의 양상과 가치에 대한 이해를 바탕으로 서로 다른 생활양식에 대한 감수성을 획득하고 타 집단이나 사회와의 대화와 소통에 참여할 수 있는 능력을 기르는 교육이다(설규주, 2012). 다문화교육이 다양한 문화 속에서 조화로운 공존을 강조한다면 문화다양성교육은 사회통합 이전에 문화의 본질, 상대적 가치 등을 강조하며, 각기 다른 문화의 가치를 상호 인정하는 것을 중시한다.

4) 다름의 이해를 넘어 실천적 역량을 기르는 다문화교육

다문화교육은 이질성과 다양성을 지닌 문화 간의 만남에서 더불어 잘살기 위한 조화로운 관계를 형성하는 학습경험을 제공함에 있어 문화의 문제에만 국한되지 않고 인종, 민족, 성, 장애 등에 따른 각종 차별을 없앰으로써 사회정의와 평등을 실현하고자 한다는 점에서 반편견, 반차별 교육으로 이어질 필요가 있다. 이를 통해 사회 속에서 나타나는 다양한 문제들을 맥락적으로 분석하고, 그 안에 숨겨져 있는 불평등을 파악하고 해결하기 위해 교사와 학생들이 적극적인 행동을 하는 것이 중요하다.

그러므로 다문화교육은 일상생활에서 작용하는 편견적이고 차별적인 메커니즘에 대해 의문을 제기하는 비판적 사고에서 출발해야 한다. 그리고 사회구성원이 가진 개개인의 다양성을 이해하고 편견과 고정관념을 해소하여 역지사지의 관점으로 자신의 인식을 변화시켜 사회적 실천의지가 나타날 수 있도록 해야 한다.

관점 전환이나 실천의지를 함양하기 위해서는 다원적이고 참여적인 수업전략이 필요하다. 놀이와 몸활동, 문화예술을 접목한 교육은 동기유발과 능동적인 수업 참여에 기여하고, 구조적이고 문화적인 폭력을 발견하도록 도우며, 당사자의 처지와 감정에 공감하도록 촉진한다. 학생들이 교육 안에서 존중받았던 경험과 소집단 대화 및 상호작용은 학생들을 능동적으로 참여하도록 촉진하고, 타자에 대한 존중으로 확장될 수 있다.

교사는 학생들이 개방적인 수업 분위기, 교사와의 관계, 학생들 간의 관계, 수업에 활용되는 자료나 도구들을 통해서도 많은 배움이 일어난다는 것을 잊지 않아야 한다. 교육은 희망을 만들어갈 수 있어야 한다. 학생들이 긍정적인 다문화사회를 상상하고, 그 길에 기꺼이 참여할 수 있도록 손을 내밀어 이끌어주고 지지해 줄 수 있어야겠다.

활용자료 진정한 평등이란?

출처: Angus Maguire, Interaction Institute for Social Change.

- 진정한 평등이란 어떤 것일까?
  - 3개 그림은 어떤 차이가 있나요?
  - 이 그림에 동의가 되나요? 동의가 되지 않는다면 그 이유는 무엇인가요?
  - 3가지 방법 외에 그림을 새롭게 바꾼다면 무엇을, 왜, 어떻게 바꿔볼 수 있을까요?
  - 이 3개의 그림을 활용해서 다문화교육을 진행한다면 어떤 자료를 만들어 볼 수 있을까요?

활용자료 실천적 다문화교육 교안 구성하기

1. 실천적인 다문화교육이란 어떤 것일까요?

2. 실천적인 다문화교육을 위해 위 제언 중에서 여러분이 특히 강조하고 싶은 것은 무엇인가요?

3. 위 제언 외에 여러분이 추가로 제안하고 싶은 내용은 무엇인가요?

4. 2021년 국민 다문화수용성 조사 결과에서 성인과 청소년 모두 다문화교육 참여자의 수용성 점수가 미참여자보다 각각 4.86점, 2.38점 높게 나타났고, 특히 단회기의 교육보다 3회 이상의 교육이 효과적인 것으로 나타났습니다.

표 6-2 성인과 청소년의 다문화교육 참여율 및 참여여부에 따른 다문화수용성

구분	교육참여(점)	교육미참여(점)
성인(점)	56.88	52.02
청소년(점)	72.51	70.13

▪ 다문화수용성을 증진시키기 위해 필요한 교육 차시와 차시별 포함되어야 할 주제와 내용을 논의하여 교안을 구성해 봅시다.

참고문헌

강보라(2020). 상호문화영화의 의의와 교육적 활용 방안에 관한 연구. 건국대학교 대학원 박사학위논문.

강보라(2020). 상호문화영화의 의의와 교육적 활용 방안에 관한 연구. **인문콘텐츠**, 56, 231-234.

강인애(2009). '학습자 중심 교육'의 의미에 대한 재조명: 현직교사들의 이해와 실천을 중심으로. **학습자중심교과교육연구**, 9(2), 1-34.

강인애·남미진·강은성(2012). 정부산하 비형식교육기관에서의 다문화교육프로그램 개발을 위한 방향성 탐색. **비교교육연구**, 22(5), 303-335.

강인애·남미진·구민경(2013). 문화다양성 역량강화를 위한 연수 프로그램 개발 및 적용 연구: 문화기반시설 종사자를 대상으로. **문화예술교육연구**, 8(2), 105-126.

강인애·주현재(2009). 학습자중심 교육의 의미에 대한 재조명: 현직교사들의 이해와 실천을 중심으로. **학습자중심교과교육연구**, 9(2), 1-34.

고아라(2005). 수도권 초등학생의 인종 편견에 관한 연구. 서울교육대학교 교육대학원 석사학위논문.

고은초(2018). 문화예술의 통합적 접근을 기반으로 한 평화교육 사례 연구: '청소년, 평화의 스텝을 밟다' 프로그램을 대상으로. 경희대학교 대학원 석사학위논문.

고홍규(2015). 한국의 다문화 교육 담론에 대한 비판적 논의의 고찰과 미술교육에의 시사점에 관한 연구. **미술교육논총**, 29(1), 109-131.

곽인신(2020). 일본의 다문화 공생정책에 관한 사례연구: 중앙정부와 지방정부를 중심으로. **국제학논총**, 32, 109-146.

권미영(2020). 비판적 다문화주의 기반의 문화다양성교육 연구- 초등학교 고학년 교육사례를 중심으로. 건국대학교 대학원 석사학위논문.

권미영(2023). 다문화 교양수업 참여 간호대학생의 의사소통능력 함양 과정 및 매개요인에 관한 연구. **교양교육연구**, 17(2), 289-305.

권하나(2013). 개념도를 활용한 평생교육사의 다문화교육에 개념에 관한 연구. 동의대학교 대학원 석사학위논문.

김겸빈(2020). 상호문화수업의 구성 및 실천 효과: 상호문화역량 함양을 중심으로. 한국교원대학교 대학원 석사학위 논문.

김경숙(2016). 문화다양성정책과 교육의 연계에 관한 고찰. **교육연구**, 30(2), 1-23.

김경학(2014). 중앙아시아 고려인의 한국 이주와 정착: 광주 '고려인마을'을 중심으로. **국제지역연구**, 17(4), 259-282.

김규원(2014). 구도심 활성화를 위한 질적 연구. 2차 도정기획과제 연구보고서, 169-174. 청주: 충북연구원.

김기영(2016). 다문화 교육의 이중적 함의에 대한 질적 연구: 경기도 초등학교 사례를 중심으로. 동국대학교 대학원 박사학위논문.

김기하(2008). 사회통합을 위한 법의 역할. **저스티스**, 106, 218-237.

김다원·이경한(2017). 한국 국제이해교육 이행 현장에 관한 연구. **국제이해교육연구**, 12(2), 44-95.

김동윤(2020). 정치적 난민과 월경(越境)의 문학: 김시종의 경우. **탐라문화**, 65, 75-105.

김미영(2017). 결혼이주여성의 삶의 질, 자기효능감, 생활 만족도를 위한 가정생활 프로그램 개발. 서울한영대학교 석사학위논문.

김미윤(2004). 비판적 다문화교육의 관점에서 본 청소년참여의 과제. **청소년문화포럼**, 10, 124-137.

김비환(2007). 아렌트의 '정치적' 헌정주의. **한국정치학회보**, 41(2), 99-120.

김수이(2013). 최근 한국시에 나타난 문화다양성. **다문화사회연구** 6(1), 33-57.

김영순·박봉수·팜티휀짱(2012). 중도입국청소년의 문화적응 중심 재사회화 경험에 관한 질적 연구. **언어와문화**, 8(3), 37-63.

김영천·주재홍·이동성(2012). 2012 문화다양성교육 추진을 위한 기초연구. 한국문화예술교육진흥원.

김영천·주재홍·이동성(2014). 문화다양성교육 매뉴얼. 한국문화예술교육진흥원.

김영철(2005). 브라질의 인종관계와 인종차별철폐법안. **이베로아메리카**, 7(1), 139-162.

김유휘·이정은(2022). 한국 돌봄서비스의 이주노동자 실태 분석. **보건복지포럼**, 304, 66-80.

김이선·최윤정·정연주·장희영·이명진·양계민(2022). 2021년 국민 다문화수용성 조사 결과. 여성가족부.

김정규(2010). 미국, 캐나다, 호주의 다문화주의 비교연구. **사회이론**, 37, 159-203.

김진희(2019). 한국 성인의 다문화수용성 비판과 이주민에 대한 편향적 태도 분석. **평생학습사회**, 15(2), 127-153.

김태준(2021). 국민의 삶을 책임지는 교육정책과 사회정책의 균형과 통합을 위한 과제. **경제·인문사회연구회**, 332-383.

김학태(2015). 다문화사회에서의 법적 갈등과 해결방안에 관한 연구 -다문화사회에서의 인권개념에 관한 논의를 중심으로-. **외법논집**, 39(1), 281-301.

김한길·소경희(2018). 한국의 다문화교육정책 문서에 나타난 다문화교육 성격의 변화 양상 분석. **다문화교육연구**, 11(2), 59-83.

김혜순(2008). 결혼이주여성과 한국의 다문화사회 실험. **한국사회학**, 42(2), 36-71.

김혜순(2019). 국내 이민현상에서 비동시성의 동시성: 이민현상 행위자 간 어긋난 시대성과 대안으로서 이민관점. **다문화사회연구**, 12(2), 147-179.

모경환(2022). 초등학교 문화다양성교육 내용에 대한 전문가 델파이 조사 연구. **시민교육연구**, 54(4), 177-200.

문아영·전세현·하니(2018). 평화배움 교안 시리즈 2. 피스모모. https://peacemomo.org/

박경태(2009). '화교(華僑)'서 '화인(華人)'으로. **다문화사회연구**, 2(2), 33-61.

박선운(2019). 민족·문화 정체성 발달이론과 한국 다문화시민교육에의 함의. **다문화교육연구**

12(4), 1-29.

박성호(2012). 일본의 다문화공생제도와 한국의 다문화정책. **일본연구**, 33, 239-254.

박수홍·안영식·정주영(2005). 핵심역량강화를 위한 체계적 액션러닝 프로그램 개발 -부산지역 관광컨벤션산업 중심으로-. **교육정보미디어연구**, 11(4), 95-124.

박윤경(2014). 다문화 시대 한국인 정체성의 의미: 서울 지역 초등학생의 목소리를 중심으로. **시민교육연구**, 46(3), 73-103.

박윤경(2020). 정치사회적 이슈 스토리 기반 토론에 대한 초중고 학생들의 반응 분석: 학교 민주시민교육에의 시사점. **시민교육연구**, 52(2), 155-196.

박윤경·박정서(2018). 사회과 이슈 스토리 기반 학습 자료 개발. **시민교육연구**, 50(4), 77-101.

박은정(2019). 결혼이주여성의 사회통합에 영향을 미치는 요인 연구. 숙명여자대학교 대학원 박사학위논문.

박정서(2012). 청소년의 국민정체성과 다문화적태도 분석 연구. **열린교육연구**, 20(4), 89-113.

박진경(2010). 한국의 다문화주의와 다문화정책의 선택적 적용. **한국정책학회보**, 19(3), 259-288.

박채복(2008). 한국 이주자 사회통합정책의 방향과 과제. **한국동북아논총**, 46, 253-274.

박현선(2022). 상호문화 행동역량 강화를 위한 문화수업 방안 연구. **독어교육**, 85, 33-57.

박환보(2020). 국내 세계시민교육 모니터링 체제 구축 연구. **한국국제이해교육학회 제21차 국제학술대회 자료집**, 17-36.

박환보(2020). 세계시민교육 국내 모니터링 체제 구축 연구. 서울: 유네스코 아시아태평양 국제이해교육원.

백승대·안태준(2013). 국민정체성이 청소년의 다문화수용성에 미치는 영향. **대한정치학회보**, 21(2), 1-24.

서윤경·고명희(2013). 프로젝트중심학습을 적용한 실천 중심의 인성교육 프로그램 개발 및 운영 사례. **학습과학연구**, 7(1), 49-77.

설규주(2012). 문화다양성교육을 위한 커리큘럼 및 매뉴얼 개발 연구. 제2회 문화다양성교육 심포지엄 자료집.

설동훈(2004). 외국인 관련 국가인권정책기본계획 수립을 위한 연구. [NHRC] 국가인권위원회 발간자료.

설연경(2016). 다문화감수성 함양을 위한 문화예술기반 다문화 교육프로그램 사례분석. **조형교육**, 57, 65-97.

성경희(2019). 2009 개정과 2015 개정 중학교 '사회' 교육과정에 나타난 세계시민교육 내용요소 비교 분석. **교육연구**, 74, 55-70.

손지현(2010). 다문화 미술교육의 접근 방안 연구. **미술교육논총**, 31, 167-190.

신동훈·양경은(2020). 일상 속 이주민 목격과 대중매체의 이주민 재현이 다문화 수용성에 미치는 영향. **사회과학연구**, 46(1), 111-139.

신소현·박윤경·조영달(2021). 서울 지역 중·고등학생들이 구성하는 한국인 정체성: 시민적 정체성 강조의 가능성과 한계. **다문화교육연구**, 14(3), 117-142.

심성보(2002). **프레이리의 삶과 교육사상**. 연세대학교 교육철학연구회(편). 위대한 교육사상가들 Ⅵ, 483-535. 서울: 교육과학사.

심이리나(2009). 러시아 거주 독일인 디아스포라의 국제 이주에 관한 연구. 전남대학교 대학원 석사학위논문.

심준영·백민경(2021). 디자인씽킹을 활용한 다문화학생 리빙랩 프로그램 적용 사례 연구. **실과교육연구**, 27(2), 5-64.

안권순(2009). 다문화청소년의 건전 육성 방안. **청소년학연구**, 16(7), 99-126.

안상수·민무숙·김이선·이명진·김금미(2012). 국민 다문화수용성 조사 연구. 여성가족부 다문화가족과.

안희은(2019). 한국어교육 정책의 발전 방향 고찰. **예술인문사회 융합멀티미디어**, 9(5), 55-64.

양근숙(2021). 결혼이주여성 강사양성을 위한 상호문화주의 관점 다문화교육 역량 프로그램 개발. 동의대학교 대학원 박사학위논문.

양근숙(2022). 상호문화주의 관점에 기반한 결혼이주여성 강사양성 프로그램 개발 연구. **다문화아동청소년연구**, 7(3), 115-141.

엄미숙(1999). 다문화 교육을 위한 유아의 인종인식에 관한 연구. 성신여자대학원 석사학위논문.

염철현(2000). 교육법제와 사회통합의 과제. **교육법학연구**, 12, 81-104.

염철현(2014). 미국, 영어권 국가의 교육복지 및 학생안전 입법사례 연구. **교육법학연구**, 26(1), 47-71.

오경석 외(2007). **한국에서의 다문화주의**. 서울: 한울.

오정은(2012). 유럽의 상호문화정책 연구: 상호문화도시 프로그램을 중심으로. **다문화와 평화**, 6(1), 38-62.

유네스코 아시아태평양 국제이해교육원(2006). **다문화사회의 이해**. 서울: 동녘.

유네스코 아시아태평양 국제이해교육원(2017). **2015 개정 교육과정 맞춤 교수학습 가이드: 새로운 교육과정에 담은 세계시민교육**. 서울: 유네스코 아시아태평양 국제이해교육원.

유미희(2019). 2015개정 교육과정 초등교과서와 지도서에 나타난 표현활동의 문화다양성교육. **무용예술학연구**, 75(3), 95-113.

유민이(2019). 이주민에 대한 국민수용성 제고사업 추진현황 및 과제. **2019년 한국이민정책학회·한국행정연구원 하계공동학술대회 발표논문집**, 83-109.

유선영(2018). 문화적 역량을 향상시키기 위한 다문화교육에서의 액션러닝의 적용: 성찰저널에 나타난 학습자의 경험을 중심으로. **글로벌교육연구**, 10(1), 25-52.

유정석(2003). 세계화 시대의 다문화주의. 고려대학교 대학원 석사학위논문.

유정석(2008). 캐나다의 인구이동 현황과 전망: 다문화주의 '헌법'에 반영된 다양성의 원리. **민족연구**, 34, 123-149.

윤경희·양문승(2010). 이명박 정부의 다문화가정 정책 추진 성과 및 문제점: 경찰활동 관점에서의 평가. **한국공안행정학회보**, 19(4), 237-269.

윤인진(1998). 중앙아시아 한인의 언어와 민족 정체성. **재외한인연구**, 7(1), 63-120.

윤인진(2008). 북한이주민 연구와 정착지원정책의 이론적 스펙트럼. **한국사회학회 사회학대회 논문집**, 833-842.

은지용·이윤정(2021). 미디어 비평에 기반한 다문화교육 프로그램이 초등학생들의 다문화 수용성에 미치는 효과. **다문화교육연구**, 14(3), 143-172.

이경호(2002). 다문화사회의 대두와 시민교육의 과제: 관용성을 중심으로. **사회와교육**, 25, 279-303.

이기범(2009). 미국의 이민정책과 사회통합. **다문화사회연구**, 2(1), 67-92.

이길용(2010). 일본 사회의 '다문화공생'의 의미와 다문화공생사회로의 과제. **일본연구**, 28, 469-488.

이대훈(2016). **모두가 모두에게 배우는 P·E·A·C·E 페다고지**. 모모평화교육 시리즈 1. 서울: 피스모모.

이동성·주재홍(2012). 문화다양성 교육 추진을 위한 기초연구. 제2회 문화다양성교육 심포지엄-문화다양성교육의 방향과 가치 자료집.

이병민(2005). 국제 비교를 통해 본 국어교육의 역사와 논리: 리터러시 개념의 변화와 미국의 리터러시 교육. **국어교육**, 117, 133-175.

이성숙(2019). 실과 식생활 영역의 상호문화교육 적용 방안 연구. **실과교육연구**, 25(4), 21-37.

이용승(2007). 특집: 현대의 민족문제와 다문화주의; 호주: 호주 다문화주의의 역진(逆進). **민족연구**, 30, 26-51.

이유진(2009). 캐나다의 이민자 통합정책 레짐에 대한 연구: 온타리오 주를 중심으로. **다문화사회연구**, 2(1), 5-31.

이정우(2017). 사회과 교육과정에 반영된 세계시민교육: 제6차 교육과정에서 2015 개정 교육과정의 변화를 중심으로. **교육연구**, 68, 57-88.

이정은(2017). 다문화주의와 상호문화주의의 대결: 한국적 적용을 위한 연구. **시대와 철학**, 28(1), 191-234.

이종찬(2017). 확증편향의 시대에 읽는 역사. **황해문화**, 95, 341-347.

이주연·이동기·최지훈(2019). 전라북도 다문화가족정책 개선방안: 사회통합 증진을 중심으로. 전북연구원.

이주현(2018). PBL을 적용한 자유학기제 디자인교육 프로그램 개발연구. 숙명여자대학교 대학원 석사학위논문.

이창원(2015). **이주민 분류방식 및 용어사용의 부처별 차이와 문제점**. 경기도: IOM이민정책연구원.

임선일·오영훈·조인제·이용민·이은정(2019). 초·중등학교 다문화감수성교육의 한계와 다양화 방안 모색. **문화교류와 다문화교육**, 8(1), 173-202.

임성택(2003). 세계시민교육 관점에서의 외국인에 대한 한국학생들의 고정관념 분석. **교육학연구**, 41(3), 275-301.

임은숙(2022). **바다 건너온 영애씨**. 경기: 마리앤 샬롯.

임철일·김성욱·최소영·김선희(2013). 문화다양성교육을 위한 지속적 성찰 중심 교수설계 모형 개발 연구. **교육공학연구**, 29(4), 751-782.

임철일·김선희·김성욱(2014). 문화다양성교육을 위한 교육과정 및 문화예술기반 교육 방법 탐색. **다문화 교육연구**, 7(2), 27-57.

임철일·성상환·설규주·최유미(2012). 문화다양성교육커리큘럼 및 매뉴얼 개발연구 - 초중등학생 대상. 서울: 한국문화예술교육진흥원.

장경원(2013). 대학에서의 액션러닝을 위한 과제 선정 과정 연구. **역량개발학습연구**, 8(1), 74-97.

장수빈(2019). 초등 도덕 교과서에 대한 비판적 담론 분석: 국가 공동체성에 관한 내용을 중심으로. **시민교육연구**, 51(1), 175-206.

장승심(2013). 문화반응교수를 적용한 초등 사회과 다문화교육. 제주대학교 대학원 박사학위논문.

장한업(2012). **상호문화사회**. 교육과학사. Verbunt, G. (2001). La société interculturelle.

장한업(2014). **이제는 상호문화교육이다**. 서울: 교육과학사.

장한업(2016). 상호문화교육의 철학적 기반에 대한 고찰 - 상호주관성과 상호문화성을 중심으로. **교육의 이론과 실천**, 21(2), 33-54.

장한업(2018). 20세기 '상호문화 담론들'에 대한 비교 고찰. **한국비교교육학회**, 28(3), 265-289.

장한업(2020). **상호문화교육: 한국 다문화 사회의 교육적 대안**. 서울: 박영사.

전경숙·박혜정(2005). 자민족중심주의, 패션 선도력의 관계 및 명품구매태도에 미치는 영향에 관한 연구. **한국의류학회지**, 29(11), 1498-1506.

전영은(2015). 다문화교육에서 활용되는 문화예술 체험활동에 관한 문화인지론적 연구: 신체성을 중심으로. 인하대학교 대학원 박사학위논문.

전영평(2008). 참여정부의 지방분권 평가와 새 정부의 과제. **경남발전**, 90, 6-15.

전태국(2010). 한국 사회의 세계화와 글로벌 의식. **사회와이론**, 17(2), 279-345.

전형권(2008). 국제이주에 대한 이론적 재검토: 디아스포라 현상의 통합모형 접근. **한국동북아논총**, 13(4), 259-284.

전형권(2009). 중국의 환경거버넌스 등장과 국가-사회관계 변화: 환경 NGO를 중심으로. 한국연구재단 과제.

정영훈(2002). 한민족공동체 형성과제와 민족정체성 문제. **재외한인연구**, 12(2), 5-38.

정옥희(2017). 예술교육의 다문화주의 실천양상에 대한 비판적 논의. **문화예술교육연구**, 12(5), 1-26.

정윤석·주창범(2018). 중·고등학생의 다문화수용성 제고방안 모색. **한국정책학회보**, 27(4), 225-247.

정재각(2011). 독일의 이주정책과 사회통합 간의 갈등에 관한 연구. **한독사회과학논총**, 21(3), 79-106.

정지선(2018). 학교 현장에서의 다문화 교육에 관한 연구: 집단 간 대화 프로그램을 중심으로. **글로벌교육연구**, 10(4), 33-60.

정지현(2015). 다문화 리터러시 교육 참여 고등학생의 학습 경험에 나타난 프락시스의 의미. 인하대학교 대학원 박사학위논문.

정지현·김영순(2012). 생산직 이주근로자 고용 한국 회사 내 한국인 근로자의 다문화감수성에 관한 연구. **교육문화연구**, 18(4), 139-162.

정지현·김영순·홍정훈(2014). 다문화 리터러시 교육을 위한 유레카 프로그램의 교육적 의미. **한국언어문화학**, 11(1), 165-194.

정진리·유가현(2020). 국민정체성 인식과 접촉 경험이 북한이탈주민에 대한 태도에 미치는 영향: 다문화교육적 접근의 필요성. **다문화교육연구**, 13(3), 85-111.

조병준·고정은 (2013). 다문화시대 한국인의 국민정체성 고찰. **언어와 문화**, 9(3), 301-327.

조운정(2018). 다문화 특별학급의 문화반응교수법 적용에 대한 실행 연구. 경인교육대학교 대학원 석사학위논문.

주광순(2015). 상호문화철학적 해석학: Mall의 유비적 해석학과 Foucault의 권력비판. **철학논총**, 81, 281-298.

지종화·정명주·김도경(2009). 한국의 다문화 국가 현상과 새로운 정책모형. **지방정부연구**, 13(2), 109-136.

최봉도(2022). 대학생의 다문화감수성 향상을 위한 교육의 필요성과 상호문화역량 인식에 관한 연구. **인문사회21**, 13(1), 1325-1338.

한건수(2012). 다문화주의의 한계와 대안 모색. **대구가톨릭대학교 다문화연구소**, 4, 41-47.

한경구(2017). 국제이해교육에서 세계시민교육으로: 글로벌 교육패러다임의 진화 그리고 현장의 혼란. **국제이해교육연구**, 12(2), 1-43.

한국다문화교육연구학회(2014). **다문화교육용어사전**. 교육과학사.

한국청소년개발원(2002). 청소년의 타민족·문화에 대한 태도 및 세계시민교육 방안. 연구보고 02-R06.

한규석(2002). **사회심리학의 이해**. 서울: 학지사.

한동우(2002). 리더십과 조직문화의 적합유형과 직무성과 간의 관계. 비판과 대안을 위한 사회복지학회 학술대회 발표논문집, 106-132.

허영선(2021). 미국 국가 기준 가정과교육과정에 포함된 세계시민교육 관련 목표와 내용 탐색: '세계' 관점과 핵심어를 중심으로. **한국가정과교육학회지**, 33(3). 107-127.

홍현지(2013). 영국식 인종차별의 어제와 오늘: 인종차별금지법과 다문화주의. **연세유럽연구**, 2(1), 71-86.

황은영(2010). 포용교육에 기초한 다문화교육의 재성찰. **글로벌교육연구**, 2(1), 31-61.

황정미(2011). 다문화 담론의 확산과 '국민'의 경계에 대한 인식 변화: 의식조사 결과 분석을 중심으로. **재외한인연구**, (24), 7-41.

Banks, J. A. (1994). *An introduction to multicultural education*(2nd Ed.). M, A.: Allyn & Bacon.

Banks, J. A. (2003). Teaching for multicultural literacy, global citizenship, and social justice. http://www.lib.umd.edu/PAL/SCPA/fowlercolloq2003banks paper.html on Octorber 22. 2007.

Barrett, M. D., & Buchanan-Barrow, E. (Eds.) (2005). *Children's understanding of society.* Psychology Press.

Bennett, C. I. (2007). *Comprehensive multicultural education: Theory and practice.* Boston: Pearson Education Inc.

Bennett, C. I. (2011). *Comprehensive multicultural education: Theory and practice*(7th ed). Boston: Allyn & Bacon.

Castles, S., & Miller, M. J. (2013). **이주의 시대**. 서울: 일조각.

Crozier, M. (2001). Guidelines for a cultural diversity policy: An advocacy document. Retrieved from http://www.community-relations.org.uk/fs/doc/CRC_Cultural_Guidelines.pdf.

Freire, P. (1970). *Pedagogy of the oppressed.* NY: Herder and Herder.

Freire, P. (2000). *Pedagogy of the oppressed.* New York: Continuum International Publishing Group. 남경태 역(2009). **페다고지**. 서울: 그린비.

Freire. P. (1998c). *Pedagogy of freedom: Ethics, democracy, and civic courage*. 사람대사람 역(2007). **자유의 교육학**. 아침이슬.

Geertz, C. (1999). *The interpretation of cultures*. 문옥표 역(2009). **문화의 해석**. 서울: 까치.

Goodenough, D. R. (1976). The role of individual differences in field dependence as a factor in learning and memory. *Psychological Bulletin, 83*(4), 675-694.

Han, C. M. (1988). The role of consumer patriotism in the choice of domestic versus foreign products. *Journal of Advertising Research, 27*, 25-32.

Herbert, Ulrich. (2001). *Geschichte der Ausländerpolitik in Deutschland: Saisonarbeiter, Zwangsarbeiter, Gastarbeiter, Flüchtlinge.* München: Beck.

Johnson, D. W., & Johnson, R. T. (2002). *Multicultural education and human relations*. 김영순 외 공역(2010). **다문화교육과 인간관계**. 경기: 교육과학사.

Johnson, S., & Johnson, D. W. (1989). *Cooperation and competition: Theory research*. Edina, MN: Interaction Book Company.

Kymlicka, W. (1995). *Multicultural citizenship: A liberal theory of minority rights*. Oxford, UK: Clarendon Press.

Levine, L. A., & Campbell, D. T. (1972). E*thnocentrism: Theories of conflict, ethnic attitudes and group behavior*. NY: John Wiley & Sons.

Levinson, D. J. (1986). A conception of adult development. *American Psychologist, 41*(1), 3-13.

Levinson, D., & Ember, M. (1996). *Encyclopedia of cultural anthropology*. Henry Holt and Co. New York 1996.

Nieto, J. (2006). The cultural plunge: cultural immersion as a means of promoting self-awareness and cultural sensitivity among student teachers. *Teacher education quarterly, 33*(1), 75-84.

Nieto, S. (2004). *Affirming diversity: the sociopolitical context of multicultural education* (4th ed.). Boston, MA: Allyn and Bacon.

Schinschke, A. (1995). Perspektivenübernahme als grundlegende Fähigkeit im Umgang mit Fremden. Didaktik des Fremdverstehens. Tübingen: Narr, 35-50.

Sennett, R. (1970). *The uses of disorder: Personal Identity and City Life*. W.W.Norton Company.

Sharma, S., Shimp, T. A., & Shin, J. (1995). Consumer Ethnocentrism: A Test of Antecedents and Moderators. *Journal of the Academy of Marketing Science*, *23*(1), 26-37.

Sleeter, C., & Grant, C. (1987). An analysis of multicultural education in the United States. *Harvard Educational Review, 57*(4), 421-445.

Spindler, G. D. (1982). *Doing the ethnography of schooling: Educational anthropology in action.* Waveland Press.

Stalker, P. (2001). *The no-nonsense guide to international migration.* 김보영 역(2004). 국제이주. 이소출판사.

Taylor, C. (1994). The Politics of Recognition. In A. Gutmann(Ed.), *Multiculturalism and politics of education.* Princeton University Press.

Thornbury, S. (2006). *An A-Z of ELT.* Oxford: Macmillan.

Triandis, H. C. (1995). *Individualism & collectivism.* West view Press.

UNESCO(2010). UNESCO world report 2: Investing in cultural diversity and intercultural dialogue. Paris, France: UNESCO.

<보도자료, 웹사이트>

IOM(2008). Migration Glossary.

IOM(2009). World Migration 2008.

SBS한국어. https://www.sbs.com.au/language/korean/ko/article/visas-in-three-days-for-teachers-and-nurses/kr18uveaq(검색일: 2023.12.16)

경기도교육청(2022). 2022년 경기도교육청 다문화교육 추진계획. https://search.goe.go.kr(검색일: 2022.12.1)

경기문화재단(2022). 더 나은 문화예술교육을 위한 문화다양성 안내서. http://ggarte.ggcf.kr(검색일: 2022.12.1)

교육부(2006). 다문화가정 자녀 교육지원 대책.

교육부(2008). 다문화교육 지원계획. https://www.moe.go.kr(검색일: 2022.11.19)

교육부(2014). 다문화교육 지원계획. https://www.moe.go.kr(검색일: 2022.11.19)

교육부(2020). 다문화교육 지원계획. https://www.moe.go.kr(검색일: 2022.11.19)

교육부(2022). 다문화교육정책 지원계획.

교육부(2023). 2023년 다문화가정 자녀 교육지원 계획. https://www.moe.go.kr/boardCnts/viewRenew.do?boardID=316&lev=0&statusYN=W&s=moe&m=0302&opType=N&boardSeq=94267(검색일: 2023.12.19)

교육부(2023). 이주배경학생 인재양성 지원방안(2023~2027년). https://if-blog.tistory.com/14531(검색일: 2023.12.20)

교육인적자원부(2006). 2006년 다문화가정 자녀 교육지원 계획.

국가인권위원회(2020). 한국사회의 인종차별 실태와 인종차별철폐를 위한 법제화 연구.
국사편찬위원회. https://www.history.go.kr/
나무위키. https://namu.wiki/
다누리배움터 홈페이지. https://www.danurischool.kr/main.do
동아시아연구원(2020). 2020 한국인의 정체성: 지난 15년간 변화의 궤적. https://www.eai.or.kr/
문화체육관광부(2014). 보도자료 [www.mcst.go.kr], 2014.5.2.
문화체육관광부. https://www.mcst.go.kr/
법무부 출입국·외국인정책본부(2023). 출입국·외국인정책 통계월보 2023년 4월호.
법무부(2018). 제3차 외국인정책 기본계획(2018년~2022년).
법무부(2022). 제4차 외국인정책 기본계획 수립방안.
법무부(2023). 연도별 인구대비 체류외국인 현황. https://www.moj.go.kr/moj/2412/subview.do (검색일: 2023.12.16)
법무부(2023). 외국인정책 기본계획 수립 추진구조. https://www.immigration.go.kr/immigration/1605/subview.do(검색일: 2023.12.20)
서울시교육청(2022). 2022년 서울시교육청 다문화교육 기본계획.
서울특별시(2015). 서울, 어디까지 가봤니? https://news.seoul.go.kr/culture/archives/55741
세계한민족문화대전. http://www.okpedia.kr/Contents/ContentsView?localCode=krcn&contentsId=GC05311967
아산정책연구원(2018). 닫힌 대한민국 Ⅱ: 한국인의 다문화 인식과 정책. https://www.asaninst.org
여성가족부(2021). 전국 다문화가족 실태조사 결과보고서. https://www.data.go.kr(검색일: 2022.12.1)
여성가족부(2022). 2021년 국민다문화수용성 조사결과 발표.
여성가족부(2022.03.31). 2021년 국민 다문화수용성 조사 결과 발표. 보도자료.
여성가족부(2022.08.29). 2021년 전국 다문화가족실태조사 결과 발표. 보도자료.
여성가족부(2022). 제3차 다문화가족정책 기본계획.
여성가족부(2023). 제4차 다문화가족정책 기본계획.
위키백과. https://ko.wikipedia.org
유네스코한국위원회(2001). 유네스코 문화다양성 선언. https://unesco.or.kr/upload/data_center/%EC%9C%A0%EB%84%A4%EC%8A%A4%EC%BD%94%EB%AC%B8%ED%99%94%EB%8B%A4%EC%96%91%EC%84%B1%EC%84%A0%EC%96%B8_2001.pdf(검색일: 2023.12.16)
유네스코한국위원회(2023). [위원 칼럼] 문화다양성 주간을 맞이하며. https://unesco.or.kr/data/unesco_news/view/803/1535/page/0?(검색일: 2023.12.16)
은평문화재단. https://www.efac.or.kr/
통계청(2023). 2022년 국제인구이동통계. 외국인 입국 체류자격별 추이(2000년~2022년).

한국건강가정진흥원(2023.03.08.). 다양한 가족 이해교육 강사 강의 활용자료.
한국문화예술교육진흥원. https://www.arte.or.kr/
한국민족문화대백과사전. https://encykorea.aks.ac.kr/Article/E0046845(검색일: 2023.12.16)

<이미지 자료 출처>
https://www.migrationdataportal.org
MBC뉴스. (2020.06.05). 방탄소년단 "인종차별·폭력 반대". https://imnews.imbc.com/replay/2020/nwtoday/article/5799113_32531.html
MovieBloc. 재일 디아스포라' 양영희 감독 3부작을 만나는 특별한 시간. https://www.moviebloc.com/news/64dc7447951efd1019ba8cfc/ko
newsm. (2021.05.25). 한국 이민자의 삶을 다룬 영화 두 편: 국(國, Gook, 2017), 그리고 미스 퍼플(Ms. Purple, 2019). http://www.newsm.com/news/articleView.html?idxno=23310
WODL(2022.05.19). 기울어진 운동장을 진짜로 만든 퓨마. https://youtu.be/Yl3yArSrB28?si=WufuPD59AN0p49oO
YTN PLUS. (2019.04.08). 젓가락으로 햄버거를?...버거킹 광고 인종차별 논란 휩싸여. https://www.ytn.co.kr/_ln/0104_201904081125068593
경남신문. (2013.08.06). 허황옥 신행길, '아시아의 사랑길'로 만든다. http://www.knnews.co.kr/news/articleView.php?idxno=1081908
경향신문. (2012.06.17). 역차별 다문화정책 중단하라. https://m.khan.co.kr/national/national-general/article/201206171425101#c2b
경향신문. (2022.06.01). 백악관 간 BTS "아시아계 증오범죄 그만"…바이든 "생큐". (사진: 빅히트 뮤직 제공) https://m.khan.co.kr/world/world-general/article/202206012241015#c2b
경향신문. (2023.07.31). "외국인 가사도우미요? 부모가 아이 키울 시간부터 보장해주세요". https://m.khan.co.kr/national/national-general/article/202307311442001#c2b
광주고려인 마을. https://www.koreancoop.com/
교육부(2014). 행복한 교육 2014년 01월호. https://www.moe.go.kr/brochureBoard/list.do?type=default&page=15&m=020203&renew=T&board=1&s=moe
국제신문. (2022.12.11). 모로코 4강 진출 뒤엔 디아스포라의 한, 열광적인 서포터즈가 있었다. (사진 출처: 연합뉴스) http://www.kookje.co.kr/news2011/asp/newsbody.asp?code=0600&key=20221211.99099003113
나무위키. 영국 제국주의자 세실로즈 풍자. https://namu.wiki/w/%EB%A1%9C%EB%8F%84%EC%8A%A4%EC%9D%98%20%EA%B1%B0%EC%83%81.
나무위키. 혜초의 인도와 중앙아시아 여행로. https://namu.wiki/w/%ED%98 %9C%EC%B4%88
뉴스M. (2021.05.25). 한국 이민자의 삶을 다룬 영화 두 편:국(國, Gook, 2017), 그리고 미스 퍼플(Ms. Purple, 2019). http://www.newsm.com/news/articleView.html?idxno=23310
다문화TV뉴스. (2022.09.29). "다문화가족, 정책 제안 및 수립 직접한다". http://www.damun

hwanews.com/news/articleView.html?idxno=2863
다문화축제 MAMF. https://www.mamf.co.kr
아시아엔. (2023.01.11). '동포(고려인)마을' 전북에도 조성을…새만금 배후도시 김제 '최적'. http://kor.theasian.asia/archives/329647
아프리카인사이트. http://africainsight.org/advocacy/campaign/endpovertyporn/
연합뉴스. (2020.05.27). 터키 최초 韓특파원서 희극인으로 '인생 2막' 알파고 시나씨. (사진: 알파고 시나씨 제공) https://www.yna.co.kr/view/AKR20200526078200371
연합뉴스. (2020.06.08). 영국 시위대, 17세기 노예무역상 동상 끌어내려 강물에 버려. https://m.yna.co.kr/view/IPT20200608000012365
연합뉴스. (2021.06.18). 세계 인구 100명 중 1명은 난민…8천240만 명 '사상 최다'. https://www.yna.co.kr/view/AKR20210618116700371
연합뉴스. (2022.01.25). 부패인식지수(CPI) 순위. https://www.yna.co.kr/view/GYH20220125001600044
연합뉴스. (2022.10.10). 공휴일을 공휴일이라고 못하고…계속되는 美 콜럼버스데이 논란. https://www.yna.co.kr/view/AKR20221010005400072?input=1179m
연합뉴스. (2023.07.15). 물에 잠기고 박물관 유물 대피…폭우에 '백제 고도' 피해 속출. (사진 문화재청 제공) https://www.yna.co.kr/view/AKR20230715053000005
영남신문. (2022.05.18). 삼일초, E3프로그램으로 다문화 감수성을 키워요! 다문화 교육주간 운영. http://www.ynamnews.co.kr/news/articleView.html?idxno=62031
우리문화신문. (2017.05.01). 사진신부 심영신, 하와이로 건너가 독립운동가 되다. https://www.koya-culture.com/news/article.html?no=107873
우리문화신문. (2019.10.19). 중앙아시아로 강제 이주당한 고려인들. https://www.koya-culture.com/mobile/article.html?no=121058
위키백과. 아일랜드 대기근 조형물. https://ko.wikipedia.org/wiki/%EC%95%84%EC%9D%BC%EB%9E%9C%EB%93%9C_%EB%8C%80%EA%B8%B0%EA%B7%BC
이민진 페이스북. https://www.facebook.com/minjinleebooks/photos
이민진 홈페이지. https://www.minjinlee.com/
조선멤버스. (2020.02.05). 1788년 英이주민이 시드니 땅 밟은 날…호주 역사의 시작. http://newsteacher.chosun.com/site/data/html_dir/2020/02/03/2020020304074.html
조선일보. (2014.06.01). 인천 아시안게임 축구대표팀, 국기에 대한 경례. (사진: OSEN) https://www.chosun.com/site/data/html_dir/2014/06/01/2014060101620.html
조선일보. (2021.07.01) 원주민 어린이 시신 1000구 쏟아졌다... 캐나다의 충격적 과거사. (사진: EAP 연합뉴스)
https://www.chosun.com/international/us/2021/06/30/7FZCT7XGVRAV5F6LNUK2PZ343A/
중앙일보. (2015.09.15). 시리아 난민 꼬마 조롱 만평…애도는 못할망정. https://www.joongang.co.kr/article/18670929#home

중앙일보. (2021.05.18). 성상품화 공격받는 미인대회서 '사회적 메시지' 눈길. https://www.joongang.co.kr/article/24060935#home

중앙일보. (2022.01.27). "전 사투리 안써유~" 당구 캄보디아댁 피아비, 옷 잘 안사는 이유. https://www.joongang.co.kr/article/25044053#home

충남도교육청(2022). 2022년 충남도교육청 다문화교육 기본계획. https://search.cne.go.kr(검색일: 2022.12.1)

쿠키뉴스. (2015.11.27). '한 남자의 여러 모습' 6명의 사진작가에게 피사체에 대한 다른 배경을 전하면? https://www.kukinews.com/newsView/kuk201511270011

한겨레. (2021.04.20). 영국에 인종차별 없다고……전문가들 "완전한 엉터리" (사진: AP 연합뉴스) https://www.hani.co.kr/arti/international/international_general/991731.html

한겨레. (2023.03.13). 양자경, 오스카 여우주연상…아시아 여성 최초. (사진: 연합뉴스) https://www.hani.co.kr/arti/culture/culture_general/1083344.html

한국건강가정진흥원. https://www.kihf.or.kr/

한국민족문화대백과사전. 지문날인 거부운동. https://encykorea.aks.ac.kr/Article/E0073596

한국영상자료원. https://www.koreafilm.or.kr/

한국이민사박물관. www.incheon.go.kr/museum

한식진흥원(한식재단). 대동한식맛지도. https://www.hansik.or.kr

저자 소개

양근숙 ygs0604@deu.ac.kr

동의대학교 교육대학원 평생교육학과에서 석사학위를 취득하고, 동대학교 일반대학원 평생교육 평가 및 컨설팅전공으로 교육학 박사학위를 취득하였다. 현재 동의대학교에서 액션러닝 교과와 융합창의력개발과 디자인적 사고, 다문화교육의 이해와 실천 교과목을 강의하고 있다. 그리고 다문화 아동청소년연구원의 이사, 연제공동체라디오 우리 FM '양교수의 다가감'을 진행하고 있다. 이주민 다문화강사 양성과 다문화교육 프로그램 개발 및 실천 관련 논문이 있으며, 공저로는 결혼이주민과 함께 출간한 꼴라주 그림책 『바다 건너온 영애 씨』와 『다문화교육의 이론과 실천』 등이 있다.

정지현 oxy59j@inha.ac.kr

인하대학교 교육대학원 외국어로서의 한국어학과에서 석사학위를 취득하고, 동대학교 일반대학원 다문화교육 전공으로 교육학 박사학위를 취득하였다. 인하대학교 언어교육원에서 학문목적 학습자를 대상으로 한국어를 강의하였고, 동대학교 일반대학원에서 다문화교육 관련 과목을 강의하였다. 현재 서정대학교 의료코디네이션과 학과장직을 수행하고 있다. 한국어교육 및 다문화 리터러시 교육과 관련하여 다수의 논문이 있으며, 공저로는 『다문화교육 용어사전』, 『다문화교육의 이론과 적용』, 『새인하한국어 주교재1』, 『새인하한국어 익힘책1』, 『새인하한국어 주교재2』, 『새인하한국어 익힘책2』, 『처음 만나는 다문화교육』 등이 있다.

권미영 k38my@hanmail.net

건국대학교 교육대학원에서 다문화소통교육을 전공하고, 인하대학교 일반대학원에서 다문화교육 전공으로 박사과정 중이다. 현재 평화, 다양성, 젠더에 주목하여 글쓰기와 교육·연구 활동을 수행하고 있다. 관련 교육·연구 활동과 연계하여 〈경기도 농촌 청소년 성의식 조사연구: 9개 시·군 중·고등학생을 중심으로〉, 〈한 난민 R의 생애경험에 나타난 정치적 주체의 의미 탐색〉, 〈비판적 다문화주의 기반의 문화다양성교육 사례연구〉, 〈청소년지도사 다문화감수성 프로그램개발〉 등 다수의 논문이 있으며, 공저로는 『미치도록 눈부시던』, 『치타공 언덕 바르기, 한국을 날다』 등이 있다.

다문화교육의 이론과 실천

|사회교육론|

초판 1쇄 인쇄 / 2024년 1월 25일
초판 1쇄 발행 / 2024년 1월 30일

•

공저자 / 양근숙 · 정지현 · 권미영
발행인 / 이 중 수
발행처 / **동 문 사**

•

서울특별시 서대문구 홍제원 1길 12
(홍제동 137-8)
Tel: 02)736-3718(대), 736-3710, 3720
Fax: 02)736-3719
등록번호: 1974.04.27. 제9-17호
가격: 19,000원

•

ISBN: 979-11-6328-532-8(93370)
E-mail: dong736@naver.com
www.dongmunsa.com